"交通强国"
指引下深中通道工程管理

王康臣　盛昭瀚　宋神友　陈伟乐　著

南京大学出版社

图书在版编目(CIP)数据

"交通强国"指引下深中通道工程管理 / 王康臣等
著. -- 南京：南京大学出版社，2025. 3. -- ISBN 978-
7-305-28430-4

Ⅰ. U459.9

中国国家版本馆 CIP 数据核字第 20242618UJ 号

出版发行　南京大学出版社
社　　址　南京市汉口路 22 号　　邮　　编　210093
书　　名　**"交通强国"指引下深中通道工程管理**
　　　　　"JIAOTONG QIANGGUO" ZHIYIN XIA SHENZHONG TONGDAO GONGCHENG
　　　　　GUANLI
著　　者　王康臣　盛昭瀚　宋神友　陈伟乐
责任编辑　余凯莉

照　　排　南京布克文化发展有限公司
印　　刷　徐州绪权印刷有限公司
开　　本　718 mm×1000 mm　1/16　印张　18.5　字数　353 千
版　　次　2025 年 3 月第 1 版　印　次　2025 年 3 月第 1 次印刷
ISBN 978-7-305-28430-4
定　　价　138.00 元

网　　址　http://www.njupco.com
官方微博　http://weibo.com/njupco
官方微信　njupress
销售热线　025-83594756

总序

交通强国　数智赋能
培育打造深中通道品质工程新质生产力新动能

中国南海。悠悠珠江口，滔滔伶仃洋。

2016 年 12 月 28 日，粤港澳大湾区核心交通枢纽、跨越珠江东西两岸、集"桥、岛、隧、水下互通"于一体的深中通道集群工程开工建设，历经两千七百多个日日夜夜，凝聚了万余建设者的心血与奉献，于 2024 年 6 月 30 日建成通车。

深圳至中山跨江通道工程，简称深中通道，是中华人民共和国广东省境内连接深圳市和中山市以及广州市南沙区的跨海通道，东起深圳市机场互通立交，西至中山市翠亨东互通，全长约 24 千米，双向八车道，设计速度 100 千米/小时。海底隧道长约 6.8 千米，其中沉管段长约 5 千米，国内率先、国际首次大规模采用钢壳混凝土组合结构沉管隧道，是世界上最长最宽的海底钢壳混凝土沉管隧道；桥梁工程长约 17.031 千米，其关键控制性工程包括"580 m＋1 666 m＋580 m"三跨吊悬索桥——深中大桥与主跨 580 m 斜拉桥——中山大桥。深中通道是粤港澳大湾区综合交通网络的重要组成部分，建成后将极大加速珠江东西两岸的协调发展与深圳和中山同城化进程，对于促进珠三角的区域一体化和产业转型升级以及加快广东省东西两翼经济发展都具有重要的战略意义。

巍巍深中通道，昭显民族之大任，国力之强盛；圆梦于人民，服务于人民。

深中通道修建历时七年，刷新了当今世界桥梁工程建设诸多令人称奇的世界之最：世界最高通航净空的海中大桥、世界跨径最大的全离岸海中钢箱梁悬索桥、世界最高抗风等级钢箱梁悬索桥、世界最大体量海中锚碇、世界首例双向八车道钢壳混凝土沉管隧道和世界上最长最宽的海底钢壳混凝土沉管隧道……

深中通道修建历时七年,广大建设者不仅为大湾区、为中华民族、为世界托起了深中通道这一跨海巨龙,而且在工程建设管理领域中的哲学思维、文化逻辑、系统理论、治理范式、组织变革,以及数智赋能、数智平台、智慧工地、智能制造、协同管理等诸方面,通过系统性的探索与创新,取得了序列性的创新成果。

在一定意义上,深中通道技术领域与管理领域的创新与成果表征了深中通道从物理与管理两个不同维度对当今世界重大工程建设与人类工程管理文明的重要贡献,因此,应该潜心研究。

关于深中通道建设管理的研究可以从不同层次展开,如工程现场操作层面的标准化、专业化、工厂化管理以及专门性层面的投融资、风险管理等,这些对深中通道建设都具有重要的现实意义与经验价值。但是,作为管理理论创新的源泉,深中通道管理实践最重大的意义是,它以其自身"国之重器"的规模、地位与复杂性,成为当今世界工程界复杂工程系统极其稀缺的样本,蕴含着丰富的全球罕见的复杂工程系统的属性内涵与工程管理复杂性问题场景。这些内涵与场景为我们提供了当今重大工程管理理论创新的土壤,如能深入研究,将其潜在的理论价值"外部化",必将成为当今重大工程管理领域新的学术生长点。

应该看到,深中通道管理的这一独特性情景与语境的价值,是其他许许多多工程难以提供的,因此,开展深中通道管理理论研究,最有意义的价值定位是突破基于工程实体论与还原论相结合的项目管理工程思维与知识体系,提出包括工程哲学、思维范式、管理思想与理论创新的自主性"学术主张"与"知识变革",体现深中通道管理理论研究的实践逻辑与创新范式。这是深中通道这一"国之重器"在当今全球重大工程管理现实世界中为理论研究提供的独特性资源与贡献,也是深中通道管理中心与南京大学等高校联合课题组开展深中通道管理理论研究的初心。

本研究还有一个非常现实的考虑:当今,面对重大工程建设管理的复杂性挑战,在工程管理诸多资源中,人才资源已经成为最为宝贵的资源。其中,不仅需要能够在各种资源齐全的常态环境下,运用成熟技术、按照工程程序与管理规范完成工程建设管理各项任务的人才,更需要那些在工程环境严峻、技术复杂、资源短缺、能力不足的非常态情况下,具有解决战略性、全局性、综合性、统筹性、突破性、应急性等高层次、多维度与大尺度复杂工程建设管理问题的人才。一般,他们需要具备自主、强烈的创新意识与驾驭复杂性能力及现代化综合管理素养。

对这类高层次人才的培养,一方面,需要通过扎根重大复杂工程建设管理实践,在实际岗位上磨炼;另一方面,需要强化他们的复杂系统管理哲学思维,提高其当代"大科学"与"大工程"时代工程管理理论水平。打个比方,对一般工程管理人员,主要希望他们能够按照既定程序,整合已有资源,按部就班地做出工程造物的"有米之炊";但是,对于高层次工程管理领军人才,则需要培养他们在环境复杂、资源短缺的情况下,通过创新思维,逐一填补工程建设管理短板、缺板,破解"卡脖子"难点,做出工程造物的"无米之炊"能力。

显然,在这个意义上,本课题在复杂系统思维层次,确立开展深中复杂工程管理的理论研究定位和主题,更显示出其意义的深远性。

上文所述,正是我们开展深中通道建设工程管理研究的定位与主旨,即超越项目管理操作层面与一般现代工程管理思维层面、感知层面与经验总结层面,聚焦深中通道工程管理本质属性及其认识论与方法论层面,尊重深中通道管理实践,遵循管理理论研究一般范式,并以复杂系统思维对深中通道工程管理经验进行深度解读,对管理理论进行精准提炼,并且尽量运用普适性话语方式进行表述。所有这些,构成了本课题研究的主要任务和努力实现的目标。

我们所开展的深中通道工程管理研究应该属于具有重大实践背景的重大工程管理科学问题研究。对于这一类科学问题,管理理论的时代性与时代化将是该类科学问题的基本属性与特征,这意味着,深中通道工程管理理论研究是中国工程管理工程界与学术界联盟对当代重大工程管理问题的深度关切与回应,这就是深中通道管理研究的时代性;进一步,深中通道管理理论还有其时代化的内涵,即深中通道工程管理理论反映了随时代发展而与时俱进的特征。总体上,时代性是深中通道工程管理理论的生命力表征,而时代化则是该理论生命性的鲜活度;时代性与时代化的统一则构成了深中通道工程管理理论创新的基本品格。

从整体上讲,深中通道工程建设管理深刻体现出新时期中国式重大工程建设管理现代化的以下科学内涵:

(1)交通强国战略成为深中通道工程建设管理的强大引领;

(2)现代交通产业体系成为深中通道工程建设管理的深厚基础;

(3)数智科技赋能与管理变革成为深中通道工程建设管理的协同驱动力;

(4)新质生产力成为深中通道工程建设管理新动能;

(5)高品质成为深中通道工程建设管理新发展目标;

(6)复杂系统观念成为深中通道工程建设管理的科学思想方法。

　　具体的,深中通道工程管理沿着以下两个主题表征其时代性与时代化特征:

　　(1)交通强国指引主题。当今,我国各族人民正以中国式现代化全面推进中华民族伟大复兴,其中,推进交通强国战略是新时期建设我国现代化综合交通网路、高质量发展我国新时代交通事业的总抓手,也必然指引着深中通道建设管理的前进方向。

　　(2)数智赋能驱动主题。深中通道是当今"大科学"与"大工程"时代的"国之重器",必然在工程建设管理中充分实施创新驱动发展战略。坚持科技是工程建设第一生产力理念,使当代先进的数字化、智能化技术深度融入深中通道工程建设管理活动中,实现原有工程建设生产力水平与生产率的提升,这一方针既是深中通道建设管理的总体技术路线,也是当今我国重大工程管理数智赋能或者智改数转的具体写照。

　　今天,关于深中通道工程建设管理的研究课题基本告一段落,并形成了各有侧重点又融为一体的《"交通强国"指引下深中通道工程管理》与《"数智赋能"驱动下深中通道工程管理》两本著作,本文则是这两本著作的总序。

三

　　本节主要介绍《"交通强国"指引下深中通道工程管理》的研究学理逻辑。

　　本研究主题强调了交通强国战略如何指引着深中通道工程管理在整体上形成新的理念与格局,并且在新的理念与格局下,创新性地形成了怎样的管理着力点和战略性管理架构与体系。正是这些战略性管理着力点既构建了打造深中通道品质工程的方向,也保证了深中通道应有的工程品质,其基本学理如下:

　　深中通道建设管理的内涵已经远远超越传统项目管理范畴,也不能仅仅基于项目管理添加一些系统工程成分,而要以交通强国战略作为全部造物任务的指导思想与行为准则。例如,深中通道的战略规划、功能定位、建设目标以及实现路径都必须在交通强国这一我国新时代交通事业发展总抓手的引领下,才能够保证方向的正确性与战略的科学性;保证"以科学的态度对待科学、以真理的精神追求真理……不断拓展认识的广度和深度……以新的理论指导新的实践",以及"必须坚持系统观念……不断提高战略思维、历史思维、辩证思维、系统思维、创新思维、法治思维、底线思维能力,为前瞻性思考、全局性谋划、整体性推进"深中通道建设管理"提供科学思想方法"。因此,整个研究明晰确立了以中国著名系统科学家钱学森综合现代自然科学研究成果与中国天人合一、知行合一的哲学理念,深入探讨以深中通道工程建设管理为现象实体的复杂的系统存在的本质的思路,即凝练深中通道作为复杂的系统现实存在的本体属性,并确立以"还原论不可逆"为内核的"复杂性"为深中通道工程建设管理的本质属性。

这一自主独创性科学思维,不仅从学理上解决了运用复杂系统范式认识和应对深中通道管理复杂性问题的适用性与逻辑性,而且能够通过复杂系统思维范式转移,构建一类基于复杂系统思维范式的深中通道工程管理的理论体系。

在这一思维视角下,深中通道工程实体是一个复杂的系统。因此,要有效应对和驾驭深中通道复杂工程系统的管理复杂性,必须通过复杂系统管理思维范式转移,在打造深中通道品质工程过程中,夯实驾驭复杂性、本质管理与协同管理等重要理念,明确深中通道管理的"四个一流"着力点。

根据复杂系统管理思维,在整体上,深中通道建设管理不仅包括较低层面的管理体系,还包括更高层面的治理体系。深中通道工程治理的内涵主要是有效界定深通道工程管理"事权"(处理工程管理事务的权力)、事权的合理配置、科学制衡以及"事能"(完成工程管理事务的能力)体系的构建等,所有这些,主要表现于深中通道管理体系的较高层面的党建、决策、法规、制度与文化建设等。做好这类工作,交通强国战略指引与复杂系统管理思维才有基础性与综合性的保证。

从工程造物活动的本质是"制造"一类人造物系统产品这一基本观点出发,任何重大工程制造和建设活动都是创造与生产一类重大工程产品的行为,因此,必须在某种形式的生产力(制造力)作用下才能够实现,这是关于重大工程治理理论的一个重要的新理念和新思维。它不仅意味着,生产力这一经济学领域中的传统概念可以融入重大工程建设管理理论研究;而且,在当今,由于生产力的内涵比传统的定义要深刻和丰富得多,它除了涉及资源、劳动力和技术等传统经济要素的有效利用,还拓展成为一个社会学概念,与社会结构、制度和各种社会关系等因素相互交织。

特别是,由于当今科学技术的快速发展以及科学技术在创造价值和提升投入产出效率方面的重要作用,科学技术也成为工程造物生产力中的重要现实要素,普遍在各类工程创造生产过程中转化为实际生产能力;进一步,这一转化还会引起劳动资料、劳动对象和劳动者素质的社会性深刻变革,极大地改善生产要素之间的关系,成为工程造物生产发展的决定性因素。按此学理逻辑,深中通道建设生产力体系中,通过某种生产要素之间的变革与重构可以诱发或者催化其中的科技要素的积极作用,并且能够提高工程生产制造的投入产出效率,充分凸显具有这一属性特征的生产力并不是传统建筑意义上的生产力概念,而是一种重大工程创造与制造的新质生产力。同时,重大工程建设过程中的各类社会关系在一定意义上则可以理解为这类新质生产力相应的生产关系。

基于上述思想,本课题的这一部分研究首次在构建深中通道管理新格局,着力打造深中通道百年品质工程理念下,率先提出了基于深中通道的产业链供应链管理新的理论议题。主要理论要点有:

(1)根据复杂系统管理理论以及智改数转内涵,深中通道管理中的智改数转就是通过数智技术对深中通道建设管理系统新的重构与集成过程。这一过程之实质是以微观上规整性的"格"形成工程系统宏观品质性的涌现,这一涌现就是深中通道复杂系统管理由微观到宏观的复杂整体性的"局",整个过程就是深中通道工程管理"新格局"的形成过程。

(2)产业链供应链的深度融合成为深中通道建设管理新格局的重要支撑与关键抓手。只有抓住产业链供应链一体化这个新的着力点,才能使深中通道建设新质生产力的各类生产要素配置、整合、流通畅通有效,源头的创新如活水之源向工程技术提供必要的科技成果。其中,产业链能构建贯通式科技成果转化体系,优化创新体系整体效能,实现从产品研发到产品市场化各个环节的完整化;而供应链则在生产要素中实现合理流动、高效配置,总体上有效破解深中通道建设管理新格局形成过程中可能的堵点、卡点与断点,不仅提升了深中通道建设生产力的供给质量与能力,而且能够增强生产力应对复杂环境变化的适应性,这就是产业链供应链在深中通道管理新格局中的新内涵、新作用与新意义。

(3)深中通道建设管理全过程中相关的产业链与供应链是深中通道造物生产力体系的重要组成部分,因此,产业链供应链的形态、品质,以及与其他如工程物资、技术与人力等生产要素的关联、结构及形成的功能决定了深中通道生产力的整体品质。在深中通道建设管理实践中,一个重要的实践原则是以产业链供应链管理为基础,形成基于产业链供应链融合的新质生产力构件,并以此为基础实现深中通道建设新动能,因此,深中通道产业链供应链管理,实质上是对建构深中通道新质生产力的推动和打造。

(4)无论从思维变革上,还是从实践操作上,深中通道产业链供应链管理能够为我们提供工程造物生产力新动能,实现以生产力结构重构来提升对工程造物复杂性的驾驭能力,并以生产力新的"质性"丰富深中通道品质内涵。具体地讲,在实践中,深中通道产业链供应链管理转化为一种形同"降维打击"思维的、基于"双链"融合的生产力新动能。

四

本节主要介绍《"数智赋能"驱动下深中通道工程管理》主题研究的学理逻辑。

"'数智赋能'驱动下深中通道工程管理"的研究强调了数智技术如何提升深中通道建设管理主体的数字化、智能化能力,并且主体通过什么样的路径形成高水平的驱动抓手将这类能力深度融入打造深中通道品质工程的实践之中,使原本潜在的数智能力转换成现实化、外部化的打造(驱动)活动与行为。其实践意义不仅是使工程建设管理效率得到提升,而且能够因为数智技术的应用在"新质"层面上,使原来工程建设管理中的堵点、难点、"卡脖子"点得以破解,因此,本主题之核心不仅是"数智赋能",更是数智赋能后的"驱动"(简称"数智驱动")。基本学理如下:

对于本研究主题,"数智赋能驱动"是一个核心关键词,也是一个基础性概念。"数智赋能驱动"可分解为"数智赋能"与"赋能驱动"两个阶段以及"赋能"与"驱动"两次转换。具体地说:

(1)因为深中通道建设管理遇到了大量的复杂性问题的挑战,管理主体即使充分发挥自身的传统知识与经验的作用,仍然会感到力不从心或能力有限,因此需要新的思维与范式,特别是运用新的技术来提升自己的能力与本领。在这方面,当今的数智技术具有很大的优势并能够胜任此责,此即深中通道管理数智赋能的由来。

(2)在深中通道建设管理实践中,管理主体接受了数智技术的赋能并因此提高了自身的能力并非最终的目的。其被赋能的意义完全在于以新的高水平能力与本领实施对工程的建设与管理,使各项建设与管理任务完成得更好、效率更高,这就是所谓的"数智赋能驱动",简称为"数智驱动"。

将以上两点综合起来,可见"数智赋能驱动"之重心与核心是基于数字赋能后新的建设管理驱动行为。举个通俗的例子:给猎人一把好弓和一打利箭,此为向猎人赋能,而其核心意义是猎人利用被给予的弓箭更加精准地捕获到更多的猎物,此即赋能后的驱动。如果有了好弓和利箭,猎人只将它们拿在手中,赞叹"好弓好箭",或者不能用其猎取到猎物,即赋能不能转化为有水平的驱动,赋能也就失去了它的实际意义。由此可见,相比于被数智技术赋能,更重要的是,深中通道建设管理者能够运用数智技术驱动并有效解决和驾驭工程建设管理各类复杂性难题。

概言之,本课题研究的"数智赋能驱动","赋能"是前序、是准备,而"驱动"才是打造深中通道百年品质工程和提高工程建设生产率的现实价值与意义,是实实在在的真功夫、真本领。

对于打造深中通道品质工程这样的复杂整体性活动,数智驱动不是赋予了某些单元性智能技术即可,而是要构建与形成相应的数智驱动体系,例如,主体要以数智赋能为抓手,设计并形成新的驱动路径,包括新的变革性的管理思维、组织模式、管理流程,还包括找准数智驱动的现实抓手,并且以此为导向,设计和建构数智平台。因此,对深中通道建设管理而言,数智赋能驱动自身就是一项复杂系统工程,是包括管理范式的一次深刻变革。

这表明,不宜把深中通道管理的数智赋能看作一项纯粹的技术创新问题,而要从本质属性上认识到数智赋能作为培育新质生产力新引擎的重要作用。这样,"数智赋能驱动"才可以以一种新质生产力形态融入打造(驱动)深中通道品质工程的实践中,也意味着"数智赋能驱动"本质上是工程主体设计和建构一类新质生产力的现实路径,并使该生产力潜能现实化与外部化。

也只有在这个认知高度,才能够形成以数智生产力为核心的深中通道建设管理新格局,并且涌现出"降维打击"新能量,逐一解决"打造"深中通道品质工程中的难点、堵点、断点、关键点,乃至"卡脖子"问题,或者深层次实现深中通道建设的防灾减灾(底线管理)、绿色低碳、生态文明(和谐管理)以及以人为本和为人民办交通的价值观。所有这些,都是因为通过数智驱动形成了新质生产力的新能量而成为现实。

为了使数智驱动以工程现场实践需求为导向,本研究依据复杂系统管理的物理复杂性—系统复杂性—管理复杂性有序范式,从战略规划开始,就做好数智驱动实践中的顶层设计、整体方案、技术路线、平台构建、数据治理、程序开发、场景应用等各项不可或缺且逻辑有序的安排,这就是深中通道数智驱动的实践原则。进一步,诠释了对一个事物或活动实现数智驱动,实际是构建一个新的系统或对原有系统进行重构。就"驱动深中通道建设管理"这一活动而言,数智驱动应属于对原有建设管理体系进行重构,即对原有的工程建设管理体系进行智能化改造与数字化转型,简称为"智改数转"。根据这一认知逻辑,数智驱动深中通道建设管理与深中通道建设管理智改数转在学理上是同一的,虽然表述方式不同,但内涵上是等价的。

从这一认知基点出发,深中通道数智赋能平台(推动和实现数智技术潜在能力"外部化"所提供的环境和条件)其核心功能不是数智技术的"传授"与"赋予",而是为实施数智技术融入的"打造"与"驱动"活动提供环境与条件。所以,在学理上,数智赋能平台更应该理解为一个数智驱动平台或者智改数转平台。从深中通道各类智能化现实任务与问题出发,这一平台不仅是一个数字化平台,而且是一个智能化平台,即数字化与智能化多层次综合平台。

深中通道数智驱动平台是工程现场各类驱动活动的环境与条件保障,驱动的"一线"主要汇聚于工程现场。而在互联网、物联网与智能化环境中,深中通道现场不宜再理解为狭义的工程工地。对于重大工程而言,实物型工程造物"现场"是指人造物实体最终成型的地理空间所在地,也是人们物化工程实体的最终场所。随着重大工程建造规模日趋变大,重大工程现场不仅包括最终工程实体成型地,还包括分布在不同地点的工程装备、构件及相关中间物的制造场所以及相应的供应链空间。

不难理解,深中通道的数智驱动需要工程整体成型的数智现场,这就需要对现场数智化进行顶层设计、平台构建、"点—线—面—体"数智驱动路径等完整的深中通道智能现场建构。

有了平台作为保障和现场作为现实空间,深中通道数智驱动就可以"有声有色"地开展。无论从工程建设的纵向有序性,还是从工程管理的横向协同性,主体都可以在平台的支撑下,在现场的空间中,分别聚焦深中通道造物中的物(物质型工程实体制造)、事(工程管理诸要素的协同管控)与人(工程多元性主体的价值观与行为协调)三类不同场景,进行基于数智技术的分解和综合驱动,并且构成深中通道数智驱动的主要驱动着力点。

最终,深中工程"数智驱动"的全部活动与行为融合到一点,就是数智赋能打造深中通道百年品质工程。这不仅是数智赋能驱动深中通道全过程的终点,还是交通强国战略指引下集深中通道建设管理新格局、新理念、新质生产力、新动能的综合之大成。必须强调的是,在复杂系统管理思维下,综合之大成不是工程建设各个局部、各个阶段工作的简单叠加和机械式"拼盘",即使我们将七年来深中通道建设管理活动全部罗列在一起,也难以就认为把"数智赋能打造深中通道百年品质工程"的内涵描述清楚与总结深刻。个中原因,是"数智赋能打造深中通道百年品质工程"中的"打造"不仅仅是对工程的物质型资源的构造,更是深中通道工程品质的形成与涌现,而品质不完全是物质型的,它既有结构性,又有半结构性,还有非结构性,即涌现性。这就不能完全从物质型构造中获得,而要依靠包括数智赋能在内的工程建设新质生产力、新动能来推动,这一过程本质上是一种复杂系统新的属性形成与演化的过程,也是"打造"深中通道工程品质的深刻内涵。

在分析了打造深中通道百年品质工程面临的新挑战之后,本研究论证了复杂系统思维与新质生产力对于打造深中通道百年品质工程的必要性,以及数智赋能是打造深中通道百年品质工程的新引擎。特别是,根据数智驱动与智改数转的学理同一性,明确指出了智改数转是数智赋能驱动打造深中通道百年品质工程的实际抓手与着力点,必须落地和夯实;而数智集成则是打造深中通道百年品质工程行为的支承与转换的总成。

具体地说,根据本书前述,数智赋能驱动打造深中通道品质工程实践活动的本质是在打造过程中,充分、有序地运用数智技术,并在数智技术赋能的基础上,实现如下转换:

$$工程数智＋系统集成＝工程系统智能集成$$

这里的"工程智能"是指在工程造物活动中广泛运用的如互联网、大数据、物联网、人工智能等信息和计算机技术,特别是数字化技术与智能化技术;"系统集成"是指遵照一定的目的,将相关要素汇聚综合而成一个具有某种功能的新系统,例如,工程造物、工程管理的实现等都属于系统集成;"工程数智＋系统集成"可以理解为将工程领域的数字化与智能化技术深度运用和融入工程建设管理活动中;"＝"则表示了上述运用与融入在实践上形成了一种转换和涌现;"工程系统智能集成"则是指这一转换和涌现出现了以"智能"为新的生产力要素与动力学机理,并且驱动和集成了一类新的"工程系统",本研究所谓的"工程系统"专指打造而成的深中通道品质工程。

由此可见,在打造深中通道品质工程过程中,"工程数智＋系统集成＝工程系统智能集成"这一转换关系不是系统要素的简单叠加,而意味着在转换中,一种新的工程系统连同它的品质整体性地被一种新质生产力机理所创造并形成,这一动力学机理就是智能集成。

为什么数智集成能够成为打造深中通道品质工程的动力学机理?这不仅仅是因为数字化技术与智能化技术的单元性、局部性赋能,更因为数智技术体系在融入打造深中通道品质工程过程中以其自身的能量集成了产业链供应链的新的生产力功能,促进了工程工厂化制造模式的形成,多维度、大幅度提升了深中通道品质工程建设管理需要的理念创新、技术创新、范式创新与全要素生产率的跃迁,全面提升了打造深中通道品质工程生产力的质量、能力与效率,成为合成、汇聚多种生产力新要素集成的"催化剂"与"融合剂"。

由上可知,在打造深中通道品质工程的全部活动与全过程中,作为"打造"行为支承与转换总成的就是基于全情景、全过程数智赋能的数智集成,它是打造深中通道品质工程持续稳定的动能与保证。

至于数智赋能打造深中通道品质工程实践示范,我们以一种新的思维架构,分别从全域新质生产力要素数智集成、产业链供应链全情景过程数智集成、现场物—事—人协同数智集成、业务—数智融合数智集成、建—管—养—运一体化数智集成以及破解"卡脖子"技术数智集成,多层次、多维度与多尺度地进行了描述和凝练,从整体上体验新质生产力数智集成的支承与转换的总成作用。

前面着重指出,深中通道工程建设管理的数智赋能驱动不仅仅是数字化技术范畴内的事情,而重在驱动,因此,必须进行工程管理理念、组织、现场、行为以及物—事—人协同等一系列先导性与适应性变革。没有相应的变革,相当于新的生产力中缺少新的相适应的生产关系,新的生产力的新动能也难以被释放和难以具有鲁棒性与韧性。正因为如此,本研究并未一味介绍深中通道工程采用的数字化技术,而是系统研究并首次提出了基于数智新动能驱动工程建设新的管理思维范式转移与管理模式变革。这对我国当今一类重大工程的数智化具有引导性和示范性意义。

旭日东升,大浪淘沙。从今后,百年深中通道似长虹贯日,落霞卧波;桥下千舸竞发,桥上万车奔流。这是我国交通行业又一次震撼世界桥梁工程历史的跨越,也是中华民族伟大力量的彰显!

随着深中通道胜利竣工通车的大剧落幕,关于深中通道工程管理理论创新的研究也基本告一段落,这两本书(《"交通强国"指引下深中通道工程管理》与《"数智赋能"驱动下深中通道工程管理》)承载着深中通道建设工程界与南京大学等高校工程管理学术界对新时代大背景下深中通道建设管理理论的共同探索与思考,其中的内容要点清晰地告诉我们:

当前,深刻精准地对我国重大工程管理理论的基本品格,特别是工程管理理论时代性与时代化的学术研究,要求我们努力扎根我国重大工程建设管理实践,回应重要的时代命题。在这一过程中,工程界需要持续学习,不断提升自身的理论学养;而学术界则要杜绝脱离工程实践的"纸上谈兵"与"坐而论道",或者编造无根无源的"新名词",在概念中炒来炒去。

大量事实表明,我国重大工程管理的学术研究,是一个理论与实践相互交融的科学议题。我国越来越多的重大工程管理问题、管理规律、管理理论都需要通过扎根我国重大工程实践来总结和提炼。这其中,需要我们按照管理理论时代化与中国化相结合的原则,注重我国工程管理实践和问题所蕴藏的理论内涵与对人类管理文明的贡献,努力按照普适性又秉持自主性,立足我国管理实践,形成具有自主性、原创性和中国特色的工程管理理论与话语体系。

无论重大工程建设总量，还是单体工程规模，当今我国都在全世界首屈一指。我国重大工程建设的伟大实践，给重大工程管理理论时代化提供了强大动力和广阔空间。因此，中国工程界与学术界应当努力结盟，联合起来，取长补短，相互学习，相互促进，开展重大工程管理实践与理论创新研究，在实践基础上提炼理论再到实践中去，并且努力建构富有感染力、说服力的中国式话语体系来表达好我们的理论创新与学术主张，在世界工程管理学术舞台上发出中国声音。

马克思在其早年论著《〈黑格尔法哲学批判〉导言》中提出一个重要的哲学思想。他写道："批判的武器当然不能代替武器的批判，物质力量只能用物质力量来摧毁；但是理论一经掌握群众，也会变成物质力量。理论只要说服人，就能掌握群众；而理论只要彻底，就能说服人。"马克思的这一思想深刻地揭示和阐明了理论转化为现实的必要性、可能性与现实性。在这一思想的引导下，我们应该永不停止地持续开展源于我国重大工程实践的工程管理理论研究，并且不断地将理论的力量转化为强大的尊重自然、创造世界的物质力量。

在具有时代性的重大工程管理理论研究面前，我们首先确信理论是从实践中产生的，重大工程管理理论创新根本上源于重大工程建设管理实践。在一定意义上，实践自身就是重大工程管理理论伟大的思想者。

当今，深中通道品质工程建设管理的实践表明，我国重大工程管理实践因其复杂性、前沿性、新颖性，在全世界已经不再是"跟跑者"，许多时候已经处于领先地位。因此，研究我国重大工程管理理论问题在许多时候就是在研究世界工程管理理论前沿性问题，解决了这些理论难题，在某种意义上就是在解决世界性的工程管理理论难题。所以，我们要充满信心地认识到，源于中国重大工程管理实践的重大工程管理理论创新，不仅是直接在为我国重大工程建设需求服务，也是在为全人类工程管理理论发展作出贡献。这是悠悠珠江口、滔滔伶仃洋上的一座桥——深中通道给予我们的理论自信与启示。

盛世建桥。桥，水之梁。巍峨挺拔于伶仃洋之上的深中通道，建设历程之艰辛、建设风采之豪迈、建设技术之先进、建设管理之深刻、建设成果之丰硕、建设文化之多彩，非神州不足以成其大，唯盛世方能够毕其功。

深中通道，中国人民的钢铁脊梁，中华民族在世界桥梁工程史上谱写的新篇章。

于 2024 年 6 月 30 日深中通道通车之日

Contents 目录

第一章

"交通强国"指引下深中通道工程建设总论

2017年党的十九大提出"交通强国"要求,吹响建设交通强国的号角。2019年9月,中共中央、国务院正式印发了《交通强国建设纲要》,并发出通知,要求各地区各部门结合实际认真贯彻落实。建设交通强国是以习近平同志为核心的党中央立足国情、着眼全局、面向未来作出的重大战略决策,是建设现代化经济体系的先行领域,是全面建成社会主义现代化强国的重要支撑,是新时代做好交通工作的总抓手。在提出以"人民满意、保障有力、世界前列"为总目标加快建设交通强国的同时,十九大提出的"交通强国"战略为深中通道工程建设指明了方向,勾画了一幅安全、便捷、高效、绿色、经济的现代化综合交通体系蓝图。《交通强国建设纲要》进一步细化了深中通道工程的建设定位、建设目标和品质工程路径。

1.1 交通强国战略是我国新时代交通事业发展的总抓手

"交通强国"作为加快建设创新型国家的一项重要战略举措在党的十九大报告中被正式提出,此后,习近平总书记就此战略又多次作出重要论述,丰富和完善了新时代交通强国战略的理论内涵和实践路径。以"人民满意、保障有力、世界前列"为总目标加快建设交通强国,是我国交通事业服务人民的需要、服务国家的需要,也是时代的需要。

1.1.1 以"人民满意"为根本宗旨

人民满意是交通强国战略的根本宗旨。这一宗旨体现了以人民为中心的发展思想,是对人民期盼的回应,也是党对人民的庄严承诺。实现人民满意不仅是交通强国建设的出发点和落脚点,也是重大单体交通工程的建设目标。

1. 彰显人本价值是交通强国战略的根本价值取向

交通工程,特别是修桥筑路这类公共交通基础设施,自古以来就是利国惠民之功德工程。"人本价值"强调的是在交通工程建设和规划过程中,以人的需求和福祉为中心,将人的全面发展和社会的整体利益放在首位。人本价值体现了对人的尊重和关怀,强调交通工程的设计、建设和运营应当服务于人的方便、安全和舒适,促进人的交流和活动,提高人的生活质量。这一价值观体现出如下观点:

(1)寿命持久。任何一个交通工程都具有"功能寿命"和"社会寿命"。"功能寿命"通常指工程从建设完成开始,能够满足设计要求和使用需求的时间长度。"社会寿命"不仅包括了工程的功能寿命,还涉及工程对社会的适应性和影响。社会寿命考虑的是工程在整个生命周期内对社会、经济、环境等方面的综合影响。为了确保我国交通基础设施的持续、稳定、高效运行,需要使工程的"社会寿命"大于"功能寿命"。

(2)节约资源。工程对自然的索取与利用要"适度"和"有节",以保证"国家足用,财务不屈",即资源节约型,实现工程的可持续发展。

(3)环境协调。交通工程是技术、艺术与生态的融合,必须实现交通工程与环境的和谐,使工程成为民众通行和观赏的佳选。

(4)廉洁自律。工程建设既然"为民",工程建设者绝不能"为私",特别要杜绝工程建设中官企之间的"隧道行为"以及"权利寻租",任何损害人民利益的贪腐行为都是与"为民造福"的交通工程建设宗旨相悖的。

人民性是建设"以人民为中心"交通强国战略的根本特征,只有践行为人民服务这一宗旨,才能依靠人民建立人民满意的交通。改革开放以来,我国交通运输事业坚持"发展为了人民,发展依靠人民",积极回应人民群众出行需求,着重解决交通"有没有"和"好不好"的问题。因此,交通强国战略不只是人民对交通行业发展的期盼,更是党对人民的庄严承诺。交通运输行业的广大干部群众,正积极依托交通强国战略,为打造人民满意的现代化交通运输体系而努力奋斗。

2. 坚持党的领导是建设好人民满意交通的核心所在

在中国共产党的坚强领导下,几十年来,我国交通运输事业不断砥砺奋进、探索前行,走出了一条具有中国特色的交通运输发展道路,取得了举世瞩目的成就。这一历程中,党的领导始终是贯彻和落实人民交通价值本位的核心所在,是交通强国战略实现人民需求、国家战略、时代使命的核心力量。

党的十八大以来,党中央进一步明确了交通运输发展"先行官"的历史新定位,提出了建设交通强国战略,为新时代交通运输改革发展指明了方向。党中央对我国交通运输事业发展高度重视,把交通工程建设摆在撬动经济社会发展、促进民生进步和联通全球的基础性位置。港珠澳大桥、杭州湾跨海大桥、四渡河大桥、北盘江大桥等路桥工程的伟大实践成就,表明党的领导是新时代交通强国建设的核心力量。

当前的实践进一步证明,坚持党的领导,充分发挥中国特色社会主义制度优势,是我国交通运输事业持续健康发展的根本政治保证,是我国交通运输改革发展成功经验的集中体现。

3. 以人民满意为目标实施单体交通工程建设

以人民满意为目标,建设单体交通工程应从需求调研与规划、工程设计、施工质量、技术创新、环境保护、社会参与、安全管理、后期维护、经济合理性和服务品质等方面开展,确保工程建设能够满足人民群众的期望。

(1)需求调研与规划是实现人民满意的基础。工程建设必须充分调研和分析人民群众的出行需求,确保工程建设与人民群众实际需求相匹配。同时,要制定科学合理的规划,充分考虑未来交通发展的趋势和潜在需求,确保交通设施的可持续发展。

(2)工程设计是实现人民满意的关键。要采用人性化设计,注重提升行车的舒适性和安全性,确保交通设施的使用体验。

(3)施工质量是实现人民满意的重要保障。要严格按照国家标准和规范进行施工,确保工程质量。强化质量监督,杜绝偷工减料和质量隐患,让人民群众放心使用交通设施。

（4）技术创新是实现人民满意的动力。要引入先进的技术和材料，提高工程建设的科技含量。推进智慧交通建设，如智能导航、实时交通信息、电子支付、紧急救援和事故响应等，让人民群众享受到更便捷的交通服务。

（5）环境保护是实现人民满意的重要方面。要采取环保措施，减少施工对环境的影响。建设绿色交通设施，如生态廊道、绿色照明等，使人民群众从环保中获益。

（6）社会参与是实现人民满意的重要途径。要鼓励公众参与工程建设，听取意见和建议，让人民群众参与到交通设施的建设中来。加强与周边社区和居民的沟通，减少施工对居民生活的影响，提升人民群众的满意度。

（7）安全管理是实现人民满意的重要保障。要强化施工现场的安全管理，确保施工过程中的安全。提高交通安全设施的标准，预防交通事故，保障人民群众的生命安全。

（8）后期维护是实现人民满意的重要环节。要建立完善的后期维护体系，确保交通设施的长期稳定运行。及时修复和更新老旧设施，保持设施的现代化水平，让人民群众享受到工程持久的安全和便利。

（9）经济合理性是实现人民满意的重要考量。要在保证工程质量和安全的前提下，控制工程造价，确保交通设施的建设成本保持在人民群众的承受范围内。

（10）服务品质是实现人民满意的核心。要提供优质的交通服务，如快捷的出行速度、舒适的乘车环境、周到的服务态度等，让人民群众享受到交通带来的便利和舒适。

1.1.2 以"保障有力"为基本定位

"保障有力"旨在确保交通事业的全面进步，为国家重大战略部署提供坚实的支持，并建立现代化的交通体系。实现交通运输"保障有力"的具体目标，可以从以下几个方面着手：

1. 保证党的全面领导

党的领导是中国特色社会主义事业取得胜利的法宝，是建设中国特色交通强国的核心力量。依托中国特色社会主义制度优势锻造交通强国战略的建设力量，最重要的是坚持和完善党的全面领导，特别是要重点发挥各级党组织在交通基础设施建设的战略引领、凝聚共识、资源配置、要素保障、制度建设、风险化解、交通文化、治理体系等方面的总揽全局、统筹协调作用，切实形成党全面领导加快建设交通强国的体制机制，这既符合中国特色社会主义的本质规定，也是切实形成交通强国战略优势的时代必需。

交通强则国家强,交通兴则百业兴。党的十八大以来,以高质量党建引领保障交通事业高质量发展的实践,是中国交通事业快速成长壮大最重要的历史经验。交通建设要把坚持党的领导、加强党的建设作为"根"和"魂",把党的领导融入交通发展治理各环节,发挥党组织的领导核心作用,为保证党和国家方针政策、重大部署的贯彻执行提供坚强政治保证、组织保证。

2. 充分发挥交通运输事业的基础性和战略性作用

交通运输是国民经济中具有基础性、先导性、战略性的产业,是重要的服务性行业。"保障有力"主要体现于交通运输事业的基础性和战略性作用上。公路交通的基础性和战略性涉及国家发展、社会进步、民生福祉及生态环境保护等多个方面:

(1)连接城乡与促进区域协调发展。公路交通作为连接城市与农村、促进城乡一体化发展的重要基础设施,其战略地位十分重要,公路交通的发展对于缩小城乡差距、促进区域协调发展具有重要作用,通过公路交通的建设和完善,城市与农村之间的联系得到加强,物资、信息和人才得以更加顺畅地流动。这不仅有助于提高农村地区的经济发展水平,促进农业现代化,还能够促进城市与农村之间的互动,实现区域经济的均衡发展。

(2)推动产业布局优化。公路交通的发展对于产业布局的优化具有重要作用,公路交通的便捷性和高效性能够降低企业的运输成本,提高经济效益。此外,公路交通的发展还能够促进产业集聚,形成产业链和产业集群,提升区域竞争力。例如,在珠三角、长三角等地区,公路交通的快速发展带动了产业布局的优化,形成了具有国际竞争力的产业集聚区。

(3)保障国家安全。公路交通在战时能够发挥重要的战略作用,确保军事物资的快速运输和人员疏散;它能够提升国家的快速反应能力,维护国家的安全和稳定。此外,公路交通还能够加强国防建设,提升国家的防御能力。例如,我国在边境地区建设了大量的公路交通设施,提升了边防部队的快速反应能力,有效维护了国家的边境安全。

(4)强化应急响应和救援能力。公路交通是应急响应和救援的关键通道,能够使救援主体迅速调配人员和物资,应对自然灾害和突发事件。在自然灾害发生后,借助公路交通系统能够迅速启动应急预案,确保救援队伍和物资迅速到达灾区。例如,在汶川地震、玉树地震等自然灾害中,公路交通系统发挥了重要作用,为灾区提供了及时的救援。

(5)促进旅游和文化交流。公路交通的发展有助于旅游业的发展,促进旅游资源的开发和利用。通过公路交通的建设和完善,旅游景点之间的连接更加便捷,增强了吸引更多游客的能力。此外,公路交通的发展还能够加强不同地区之间的文化交流,增进彼此间的了解和友谊。例如,在丝绸之路经济带建设中,公路交通的快速发展促进了沿线国家之间的文化交流和合作。

(6)改善民生。公路交通的发展能够改善人民群众的出行条件,提高出行效率,促进就业和创业。公路交通的建设和完善,使得偏远地区的居民出行更加方便,有利于他们外出务工、经商,提高收入水平。此外,公路交通还能够带动沿线地区的经济发展,提高人民的生活水平。例如,在贫困地区建设公路交通设施,有助于当地居民脱贫致富。

(7)促进绿色出行。公路交通的发展能够促进绿色出行,减少交通拥堵和污染。通过公路交通的建设和完善,公共交通的覆盖范围得到扩大,促进人们使用公共交通工具,减少私家车出行。

公路交通的基础性和战略性定位体现在连接城乡与促进区域协调发展、推动产业布局优化、保障国家安全、强化应急响应和救援能力、促进旅游和文化交流、改善民生以及促进绿色出行等方面。因此,公路交通的建设和发展的基础性与战略性,对于实现国家的战略目标具有重要意义。

3. 强化技术创新与智能化应用

技术创新与智能化应用在交通工程领域的发展是国家战略能力提升的重要驱动力。随着信息技术的飞速进步,交通信息化和数字化已经成为提高交通系统效率、增强安全性和可持续性的关键手段。信息化与数字化在交通领域的应用体现在以下几个重要方面:

(1)提高工程质量和效率。技术创新如预制构件和自动化施工技术已在多个大型交通工程中得到应用,在深中通道的建设中,其桥梁工程长约 17 km,其中非通航孔桥共 791 片混凝土箱梁在中山智慧梁场完成预制,然后运到现场进行快速组装,大大提高了施工速度和工程质量。

(2)增强工程安全性。智能化技术在提高工程安全性方面也发挥了重要作用,广东海事部门在深中通道建设期间,通过智慧海事服务,实现了水上交通的"零事故、零污染、零伤亡"目标。他们利用信息化手段,如 VTS(船舶交通管理系统)和智能监控,对施工水域进行实时监控,确保施工和通航安全。

(3)优化资源配置。智能化技术在资源配置方面的应用,如大数据分析和智能调度系统,已在许多交通工程中显示其优势。在高速公路的建设和运营过程中,通过建立物资管理系统和智能调度系统,可以实时追踪和管理建设物资的供应和使用情况,从而有效减少资源浪费,提高资源利用效率。

综上所述,技术创新与智能化在交通领域的发展不仅提高了交通系统的效率和安全性,还为国家的信息化战略提供了坚实的支持。随着技术的不断进步,未来交通领域的信息化与数字化将更加深入,为构建智能、高效、安全的现代交通体系奠定坚实的基础。

1.1.3 以"世界前列"为战略要求

建设交通强国顺应世界交通发展大势的客观需要,事关国家竞争力提升。当前,新一轮交通运输科技革命和产业变革正在孕育兴起,智能交通、绿色交通、共享交通等新技术、新业态竞相涌现,成为各国培育交通发展新优势的重要发力点。交通强国战略要求我们抢抓世界科技革命机遇,对标世界先进水平,推动我国交通综合实力进入世界前列。"世界前列"就是要全面实现交通现代化,使交通综合实力进入世界领先地位和处在前沿位置。具体来说,到本世纪中叶,我国交通运输基础设施规模质量、技术装备、科技创新能力、智能化与绿色化水平位居世界前列,交通安全水平、治理能力、文明程度、国际竞争力及影响力达到国际先进水平。

1. 以科技创新提升国际竞争力

我国在科技创新方面,尤其是在交通工程建设领域的显著成就,体现了国家在自主研发和引进消化再创新方面的强大能力。我国成功掌握了多项关键技术,成为世界上少数几个能够独立建造大跨度桥梁的国家之一。例如,深中通道的深中大桥是一项世界级的工程,它采用了众多创新技术,如新型组合气动控制技术、2 060 兆帕高强钢丝主缆、超大锚碇设计等。此外,我国还建造了许多大跨度桥梁,如全长 36.48 km 的胶州湾跨海大桥、全长 36 km 的杭州湾跨海大桥等,这些桥梁在设计和建设过程中都体现了中国在桥梁工程领域的创新能力。

2. 以装备先进性引领国际行业发展

在交通工程领域,我国通过高性能沥青摊铺机、智能压实机等装备的研发与应用,展现了技术实力。这些设备通过先进的控制系统和传感器技术,实现了沥青摊铺的精准控制,从而提高了路面平整度和施工质量。同时,我国在高速公路维护技术装备方面也取得了显著进步,路面铣刨机和路面摊铺机能够实现精准的铣刨和摊铺作业,提高路面修复质量。此外,智能交通管理系统,包括交通信号控制系统和智能监控系统,通过实时监测和数据分析,优化了交通流,提高了通行效率。这些技术装备的先进性不仅提高了公路交通建设的效率和质量,还提升了我国的国际影响力,助力我国交通事业的发展。

3. 以国际视野探寻全球方位和中国特色

21世纪的交通强国是全球化语境下凸显国际影响力的交通强国,是居于世界前列且持续保持领先优势的交通强国。这是时代赋予中国交通强国战略的属性诉求,也是对标先进国家并顺势成长为具有中国特色交通强国的必经之路。中共中央、国务院印发的《交通强国建设纲要》指出,我们致力建设和实现的交通强国实体是一个联通世界客运、货运、信息、数据的现代化综合交通运输体系,是以"一带一路"、周边国家和地区、世界主要经济体等人类命运共同体为重要节点的互联互通的全球化交通运输网络,也是全球范围内具有重要交通技术创新引领力、交通运输标准话语权、交通治理体系、交通运输国际议程话语权的软实力强国,这也是中国交通强国的特色所在。

1.2　交通强国战略指引着深中通道工程建设

深中通道总体建设方案为东隧西桥方案,路线起自深圳市宝安区机场互通立交,东侧与广深沿江高速二期工程(深圳侧连接线)相接,设置东人工岛和机场互通立交,实现与广深沿江高速、深圳侧接线、宝安机场等方向快速交通转换,向西依次下穿大铲航道、机场支航道、矾石水道,设西人工岛实现隧桥转换,再上跨伶仃航道(广州港出海主航道),经万顷沙下游浅滩区,再跨越横门东水道,在中山市翠亨新区马鞍岛登陆,与中开高速对接。

深中通道路线全长23.973 km,全线桥梁长17 031 m,其中伶仃航道桥采用580 m+1 666 m+580 m三跨吊钢箱梁悬索桥、横门东航道桥采用110 m+185 m+580 m+185 m+110 m斜拉桥;海中隧道6 845 m/座,其中沉管段长度5 035 m;海中设人工岛2处;全线设互通式立交3处(机场枢纽互通立交、万顷沙互通、翠亨东互通),设通信监控中心1处(马鞍岛管理中心)、通信监控所1处(西人工岛)、养护工区2处、消防站3处、应急救援站1处、匝道收费站2处。

1.2.1　交通强国指引概述

在交通强国战略的指引下,深中通道被定位为"平安百年品质工程",旨在建设世界一流的可持续跨海通道,并创造大湾区百年门户工程。该工程以实现安全舒适、优质耐久、经济环保、和谐美观等建设为目标,以提升我国交通建设的整体水平。为实现这一宏伟目标,深中通道提出了多条品质工程路径,包括提升工程安全管理水平、低碳环保建设水平、工程质量管控水平、科技创新发展水平、质量效益、品质文化建设水平等。

立足"人民满意、保障有力、世界前列"的总目标,深中通道采取了一系列具体措施。在人民满意维度,深中通道以满足人民日益增长的交通出行需求为目标,通过品质建设、质量管理、技术创新、环境保护等路径提升工程建设品质,实现人民满意的目标。在保障有力维度,深中通道为国家重大战略部署提供支持,通过强化技术创新、装备先进性等措施确保国家发展和社会进步需求。深中通道工程作为连接珠三角东西两岸的重要交通通道,对于连接城乡与促进区域协调发展、推动产业布局优化、保障国家安全、强化应急响应和救援能力、促进旅游和文化交流、改善民生、促进绿色出行等具有重要作用。因此,在保障有力维度,深中通道工程需要充分发挥交通运输事业的基础性和战略性作用,为国家重大战略部署提供坚实支持;在世界前列维度,深中通道工程应以科技创新为支撑,攻克核心技术难题,推动数字建设,提升我国交通建设的国际竞争力。深中通道在建设过程中,积极开展关键核心技术研发,解决行业"卡脖子"技术难题,形成国际首创的关键技术成果。同时,深中通道还推动数字建设创新发展,探索BIM数字化集成应用,提高工程管理创新水平。通过攻克核心技术难题和推动数字建设,深中通道工程将提升我国交通建设的国际竞争力,为我国在世界交通建设领域树立新的标杆。

交通强国指引深中通道工程概况如图 1-1 所示。

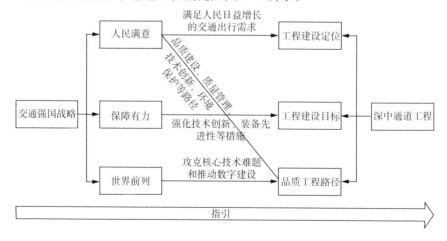

图 1-1　交通强国指引深中通道工程概况

1.2.2　指引深中通道建设定位

建设交通强国是满足人民日益增长的美好生活需要的客观要求,深中通道是交通强国战略的重要组成部分,肩负着优化珠三角交通路网结构、助力粤港澳大湾区建设、完善国家高速公路网络、助力加快建设交通强国和质量强国等重大使命。

1. 优化珠三角交通路网结构

珠江三角洲区域的广佛肇、深莞惠、珠中江三大都市区呈"扇面"拓展的一体化、网络型、开放式的空间发展格局。目前,广东省粤港澳大湾区规划的跨珠江口的通道总规模达到 13 条,其中公路通道 8 条、铁路 4 条、公铁复合通道 1 条,但这些通道分布大多集中在中上游,公路通道有 5 条均规划为广州与东莞之间的连接通道:南沙大桥是连接东莞市与广州市南沙区的直达通道,同时直接分担虎门大桥的车流量,均衡车流交通分布;深江铁路连接珠江东西两岸的深圳与东莞、广州南沙与中山等城市群,使深圳的前海自贸片区与广州的南沙自贸片区实现半小时高铁互联互通,深圳与江门实现 1 小时内通达,进一步完善广东省东西两翼高速铁路通道。而下游的港珠澳大桥主要连接香港特别行政区、珠海市和澳门特别行政区,承担跨界交通需求,受通行政策影响,无法实现珠江口东西两岸城市群直接交通。

因此,整个珠江口下游地区约 65 km 内仅依靠深中通道一条直连通道满足"深莞惠"与"珠中江"两大城市组团之间的直连需求。深中通道工程的建设将会成为珠江两岸"A"字型交通骨架的重要一横,可大大改善"深莞惠"与"珠中江"两大都市区之间的交通直接可达性,使区域综合性服务(广州、深圳、珠海)和地区性服务中心之间,以及各地区性服务中心之间的交通出行实现 1 小时内直达。

2. 助力粤港澳大湾区建设

当前,港澳、珠三角东岸与西岸地区在经济发展上存在一定程度的差异,主要原因之一在于交通运输条件。依靠自身的经济实力和区位优势,港澳在大珠三角东岸经济发展中起着龙头作用,港澳的现代服务业占了 GDP 的 90% 以上。珠江东岸与香港陆路相连,区位优势明显,经济得以迅速成长;而西岸地区与香港之间隔有宽阔的珠江,虽有虎门大桥联通,但绕道费时。深中通道的建设将大大降低珠江西岸的运输成本,从而加速缩小东西岸之间的差距,对于加速产业结构调整,形成珠三角经济发展新格局具有重要作用。

早在 2008 年 5 月,广东省委、省政府颁布了《中共广东省委、广东省人民政府关于推进产业转移和劳动力转移的决定》,鼓励珠三角产业向东西两翼和粤北山区转移。随着珠三角产业转移和产业升级战略的实施,珠三角与东西两翼地区联系更加紧密,这也更要求珠三角与外围地区之间有便捷的交通设施支撑,为客货往来提供快捷服务。深中通道的东岸与机荷高速公路对接,大大提高了珠三角地区经济相对发达的深圳向西岸出行的便捷程度。随着产业升级调整,珠三角产品向高端化、轻型化方向发展,对运输质量也提出了更高的要求。深中通道交通运输力大、服务水平高,能满足客货运输快速性、安全性等多方面需求。作为联系珠江两岸的重要陆路运输通道,深中通道能够促进珠江东西两岸经济、社会、人文均衡发展,更好地惠及珠江两岸人民群众,助力粤港澳大湾区协调发展。

3. 完善国家高速公路网络

改革开放以来,珠江三角洲地区的经济社会发展取得了令世人瞩目的成就。珠三角地区经济能如此迅猛地发展,很大程度上得益于改革开放后国家和地方政府贯彻"经济发展,交通先行"的科学理念,大力推进交通基础设施建设。经济发展的基础是交通,特别是快速、便捷的公路运输通道,这就必然要求增强珠江东西两岸之间的交通联系,从而实现各地区资源互补、信息共享,实现珠三角区域内部产业发展的快速转移。

2011年1月,广东省第十一届人民代表大会第四次会议通过《广东省国民经济和社会发展第十二个五年规划纲要》,纲要明确提出重点完善综合运输通道主骨架,优化、提升京港澳以及沿海两大主要通道,拓展、增加重要综合运输通道。加强珠江口东西两岸通道建设,推进琼州海峡跨海通道等主要出省通道前期工作,增强运输网络承载能力和运输机动性。

从国家高速公路网的层面来看,深中通道是G2518(深圳至广西岑溪)的重要组成部分,同时又成为东南沿海大通道——G15(沈阳至海口国家高速公路)粤境段过江快捷通道,通过深中通道跨越珠江,比目前绕行广州市区可节约行车里程约80公里。因此深中通道具有国家高速公路沿海高速公路网沿海大通道G15沈海高速公路的功能,对于加快珠三角东西两翼经济发展具有重要作用。

从广东省高速公路网层面来看,深中通道直接连通深圳和中山两市,是广东省高速公路网中"横五线"的重要组成部分,是构筑珠江三角洲东翼通往我国大西南地区的高速公路出省通道,有利于环珠江三角洲区域接受经济辐射。同时,深中通道位于珠江东西两岸的南部走廊带上,东西两岸分别与珠三角外环的深外环高速、机荷高速和中开高速、江中高速相接,从而将深圳市纳入珠外环而形成真正的珠三角外环,是珠三角外环高速公路的有力补充,对满足珠江东西两岸间快速增长的交通需求,促进珠三角经济一体化发展具有重要的战略意义。

因此,深中通道建设是完善广东省、国家高速公路网络和珠三角地区综合运输体系的重要举措,对于改善珠江东西两岸运输条件、合理平衡珠江东西两岸交通量、完善综合交通运输体系将产生积极的影响。

4. 助力加快建设交通强国和质量强国

深中通道是集"桥、岛、隧、水下互通"于一体的世界级超大型跨海交通集群工程。项目建设条件复杂、工程规模宏大、综合技术难度极高。为贯彻国家"科技强国、质量强国、交通强国"战略,深中通道工程需要结合当前信息技术、互联网技术的发展进行跨海交通集群工程建设技术的产业升级。

(1)国家战略要求

2015年,国家印发《中国制造2025》,提出以提质增效为中心,以加快新一代信息技术与制造业深度融合为主线,以推进智能制造为主攻方向,促进产业转型升级。党的二十大报告提出,要"加快建设制造强国、质量强国、航天强国、交通强国、网络强国、数字中国"。同时,新一轮科技革命和产业变革蓄势待发,互联网、云计算、大数据、智能制造等新技术方兴未艾。

(2)行业需求

当前,我国跨海通道建设技术虽已取得较大进步,建成了以"大型化、标准化、工厂化、装配化"为主要特征的港珠澳大桥跨海集群工程,但也面临交通行业与工业化、信息技术如何深度融合,集群工程智能建造技术与装备制造如何创新发展等问题。因此,迫切需要依托国家重大跨海通道工程,在"工业化、智能化"等现代工程技术领域实现精准突破,从而提升我国跨海集群工程的智能建造水平。

深中通道作为"十三五"期间国家重大工程,需要践行国家战略要求,促进交通行业高质量发展。

1.2.3 指引深中通道建设目标

深中通道规模宏大、建设条件极其复杂、技术难度大、建设品质要求高,是集"桥、岛、隧、水下互通"于一体的集群工程,已被国家列为"十三五"重大工程,并被定位为国家重大工程,项目建设总目标为"打造平安百年品质工程示范、交通强国重大工程典范",具体包含工程目标、行业目标和国家目标。

深中通道工程目标为"建世界一流可持续跨海通道,创大湾区百年门户工程",以及实现安全舒适、优质耐久、经济环保与和谐美观,具体诠释如下:

(1)建世界一流可持续跨海通道。世界一流可持续跨海通道的目标主要表达的是本工程在功能质量、服务质量、本质安全、设计、建造与技术创新水平、可维护性及运营管理等方面达到世界一流水平。同时要求项目坚持全生命周期最优及绿色环保建设理念等。

(2)创大湾区百年门户工程。主要表达了工程耐久性、景观及标志性三方面的建设目标,要求本工程实现百年的设计使用年限,要求其在珠江口的景观和谐性及标志性能成为百年经典。

项目建设目标主要是安全舒适、优质耐久、经济环保、和谐美观。具体而言,安全舒适的目标是通过高品质设计、智能运营管理,提供安全、舒适、智慧、高效的交通运输服务,关键在于路线走廊选择、技术标准、路网衔接、路线互通总体设计、防灾救援设计和智能交通管控。优质耐久的目标则体现在结构性能上,通过可持续工程的建设理念、精益设计和建造以及精心维护,提供结构安全、品质优秀、使用耐久的硬件设施。经济环保的目标则是通过系统工程和价值工程理念,实现资源综合利用,实现工程与自然的和谐及工程的经济性。和谐美观的目标则是通过设计创作、人本化的设计、建设及运营理念,与周边自然环境及城市规划和谐统一且标志性突出。

行业目标主要表现在深中通道项目还旨在通过延伸研究攻克行业技术难题,形成可推广的关键技术成果,促进行业产业升级;并通过深化研究,形成跨海通道建设的中国技术标准,带动相关产业发展,提升国家竞争力,为国家"一带一路"倡议、粤港澳大湾区建设等服务,成为交通基础设施行业"平安百年、品质工程"高质量发展的典范,争创国家科技进步奖与国际结构大奖。

1.2.4 指引深中通道品质打造路径

在实施平安百年品质工程建设目标的过程中,深中通道强调了尊重客观规律和强化责任意识的重要性。尊重规律意味着在打造品质工程时,要坚持辩证思维,结合实际情况因地制宜,全生命周期最优。这要求我们在提升工程品质的同时,避免盲目追求规模和盲目增加成本,确保工程建设的合理性和可持续性。强化责任意识则体现在对历史、人民和自己的高度负责上,以这种精神指导工程建设,追求工程品质。此外,深中通道还强调了规则意识和匠心意识的重要性。规则意识要求我们遵守行为规范、严守制度标准,并将其转化为自觉行为,形成良好的工作习惯,以确保工程品质。匠心意识则要求我们在工程建设的每一个细节上都精益求精,通过精进管理、精益建造、精工细作,不断提升工程品质,达到甚至超越预期的标准。

基于此,深中通道提出多条实现品质工程的路径,包括提升工程安全管理水平、提升工程低碳环保建设水平、提升工程管理制度管控水平、提升工程技术创新发展水平、提升工程建设质量效益和提升品质文化建设水平。

1. 提升工程安全管理水平

深中通道工程从设计之初就将安全理念融入每个环节,通过采用先进的设计方法和严格的安全标准,实施科学的施工管理,确保工程结构的稳定性和可靠性。同时,全面的风险评估和应急预案的制定,进一步增强了工程对潜在风险的预防和应对能力。深中通道的安全文化既是平安工地的基础,也是品质工程的基石。

以"平安工地"建设活动为载体,将安全生产法律法规、技术标准落实到深中通道项目中,将"安全生产责任制""一岗双责制度"真正落到实处,全面夯实安全工作基础,做到施工现场安全防护标准化、场容场貌规范化、安全管理程序化、安全教育培训持续有效,有效控制施工安全风险,减少事故总量,预防较大事故、杜绝重大事故,推进项目安全生产管理水平整体提升。围绕"平安工地"建设活动,深中通道采取如下措施:

(1)建立安全管理体系,如图1-2所示:

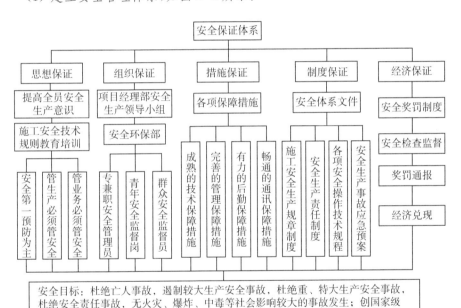

图 1-2 深中通道安全管理体系

(2)建立安全管理制度,如表1-1所示:

表 1-1 深中通道安全管理制度

序号	制度名称	序号	制度名称
1	全员安全生产责任制及考核奖惩制度	19	施工现场消防安全责任制

序号	制度名称	序号	制度名称
2	安全生产会议制度	20	危险品安全管理制度
3	安全生产费用管理制度	22	"平安工地"建设评价制度
4	劳务用工实名制登记制度	23	安全生产考核和奖惩制度
5	劳动防护用品管理制度	24	危险作业安全管理制度
6	特种作业人员管理制度	25	职业健康安全管理制度
7	船舶安全管理制度	27	岗位安全生产标准化操作制度
8	施工机械设备安全管理制度	26	应急救援管理制度
9	安全风险辨识、评估与分级管控制度	21	外来施工队伍安全管理制度
10	领导带班、值班制度	28	气瓶安全管理制度
11	安全生产教育培训制度	29	油库安全管理规定
12	"平安班组"建设制度	30	电气安全管理制度
13	施工安全技术交底制度	31	动能隔离上锁挂牌管理规定
14	危险性较大工程安全管理制度	32	起重品索具使用管理制度
15	生产安全事故隐患排查治理制度	33	临时用电作业许可管理制度
16	安全生产检查制度	34	受限空间作业管理制度
17	生产安全事故报告和调查处理制度	35	三级动火作业许可管理制度
18	安全生产业资料管理制度		

（3）强化施工生产安全风险管控

①项目总工开工前组织项目部各部门对工程危险源进行辨析,编制出项目部《危险源辨识登记表》,并对重大危险源制定安全管理方案及控制措施,采取书面告知、现场设置告知牌等方式对施工人员进行警示教育。各级风险源明确管理责任人,对危险源进行定期巡查。

②风险监测:建立风险动态监控机制,按规定进行监测、评估、预警,及时掌握风险的状态和变化趋势;对重大风险进行监测、检查,建立风险动态监控台账。

③风险评估:按规定开展施工安全风险辨识和风险评估;根据风险辨识和评估结果编制重大风险清单;分部分项工程发生变更时需重新进行安全风险分析,制定保障措施,由安全部负责监督。

④风险控制:对重大风险制定安全管控方案。重大风险按规定告知作业人员;对风险较高区域设置隔离区或警戒区以及风险告知牌;重大风险按规定向属地直接监管的安全监督管理部门进行报备;作业场所和工作岗位存在的危险因素、防范措施以及事故应急措施,应当如实告知作业人员;明确特殊时间、危险作业环节项目负责人带班制度。

2. 提升工程低碳环保建设水平

深中通道在施工过程中会因为沉管基槽开挖及管节浮运航道疏浚作业产生大量疏浚物,这些疏浚物如果不进行处置会对环境造成巨大破坏,因此深中通道本着"节约、环保和双赢"的原则,多次优化方案,结合南沙龙穴岛、中山翠亨新区等城市规划的填海工程,南沙新区城市建设,中山市马鞍岛、南沙区万顷沙等围垦区的土壤改良,以及大万山南外海倾倒区等,对疏浚物进行综合处置利用,将工程废弃物转变为城市建设的料源。针对不同土质的疏浚物进行分类转运上岸,并利用"陆域纳泥"手段将废弃疏浚土转化为填海造陆资源,缩短运距,降低疏浚成本,减少对海洋渔业生态环境的影响。同时,在施工过程中充分考虑对中华白海豚的保护,保证最小化施工给其带来的影响。此外,在岛隧工程建设过程中,还创新运用大量环保施工技术,大幅减少对底栖生物及海洋环境的影响。

在施工过程中不可忽视的一部分就是碳排放的问题。深中通道建设范围广,混凝土、钢筋工程多,在建设过程中不可避免地要产生大量碳排放,而在"双碳"目标的背景下,深中通道多措并举,最大限度降低工程建设碳排放。一方面,其统筹项目内外资源利用助力减碳,例如:沉管预制厂统筹集约利用,龙穴船厂钢壳制作和浇筑同址建设,均利用原船厂改造,实现一站式完成,减少转运能源消耗;预制梁场产业化应用,深中通道 60 m 混凝土箱梁预制场充分利用原港珠澳大桥中山梁场制梁区建设,先后用于十个主要功能区域,预制结束后还将提供给大湾区其他基础设施建设项目使用,充分实现了社会资源的统筹集约利用。另一方面,深中通道充分体现绿色低碳技术引领作用,例如:制造智能小车实现管节转运,大大提升管节转运工效,显著降低沉管转运过程中的能耗和碳排放;研发超高索塔钢筋部品化施工工艺、超高桥塔一体化智能筑塔机等等,帮助施工实现自动化、机械化,提高能源利用率,降低能耗。除此之外,在隧道的通风照明技术上,根据深中通道沉管隧道单向四车道的空间结构特点、交通流和日照条件等的变化规律,采用针对性配光设计的 LED 照明灯具,通过对照明亮度、色温指标的二元精细化调节,实现隧道照明安全性与节能效益平衡。

3. 提升工程管理制度管控水平

深中通道专用技术标准及专用管理制度是实现项目建设目标的重要保障。项目专用技术标准为项目设计、施工及运营全过程提供技术支撑,项目专用管理制度体系为项目顺利实施提供保障。深中通道的工程产品形成过程,必须遵循深中通道专用标准体系;深中通道的建设项目管理流程,必须遵循深中通道项目专用管理制度。

深中通道专用技术标准包括:工可阶段项目建设条件论证成果、项目全生命周期功能需求等;初步设计阶段项目专用设计指导准则,项目施工及验收指导准则;施工阶段项目专用设计指南、手册,项目施工及验收标准;运营阶段专用运营维护手册。技术标准体系涵盖项目全生命周期,对项目设计、建设、运营全过程形成技术支撑。项目设计成果及建设成品形成过程,均需要遵循项目专用技术标准。深中通道项目专用技术标准体系一览表如表1-2所示:

表1-2 深中通道项目专用技术标准体系一览表

序号	类别	标准名称
1	深中通道钢壳混凝土沉管隧道设计	第一分册:《钢壳混凝土沉管隧道结构设计规程》
		第二分册:《钢壳混凝土沉管隧道钢壳耐久性防护设计规程》
		第三分册:《钢壳混凝土沉管隧道舾装件及预留预埋附属设施设计规程》
		第四分册:《海洋环境DCM复合地基及基础垫层设计规程》
		第五分册:《水下枢纽互通立交匝道隧道设计规程》
		第六分册:《钢壳混凝土沉管隧道结构及接头防火设计规程》
2	深中通道钢壳混凝土沉管隧道施工技术	第一分册:《沉管隧道钢壳制作技术规程》
		第二分册:《高稳健、低收缩自密实混凝土施工技术规程》
		第三分册:《海洋环境DCM复合地基及基础垫层施工技术规程》
3	深中通道钢壳混凝土沉管隧道设计与施工	《深中通道钢壳混凝土沉管隧道设计与施工指南》
4	钢壳混凝土沉管隧道无损脱空检测技术	《钢壳混凝土沉管隧道无损脱空检测技术规程》
5	深中通道岛隧工程施工及质量检验评定	《深中通道岛隧工程施工及质量检验评定标准》

序号	类别	标准名称
6	"桥、岛、隧、水下互通"跨海集群工程结构健康监测技术	《"桥、岛、隧、水下互通"跨海集群工程结构健康监测技术规程》
7	深中通道桥梁施工技术	第一分册：《U肋全熔透焊接质量控制及检测验收标准》
		第二分册：《钢箱梁智能制造实施标准》
		第三分册：《锌铝多元合金镀层钢丝索股制造标准》
		第四分册：《锌铝镁镀层钢丝索股制造技术标准》
8	深中通道项目BIM技术	《深中通道工程信息模型BIM建模标准（试行）》
		《深中通道工程信息模型BIM交付标准（试行）》
		《深中通道工程BIM分类与编码标准（试行）》
		《深中通道工程信息模型BIM模型应用标准（试行）》
		《深中通道施工期BIM应用技术指南（试行）》
9	深中通道项目运营维护设计	《深中通道项目运营维护设计指南》
10	其他	《深中通道项目机制砂水泥混凝土应用技术规程（试行版）》

深中通道项目专用管理制度包括建设管理制度体系文件（设计及建设阶段）和运营管理制度体系文件（运营阶段）两个部分。专用管理制度在全生命周期内对本项目形成管理支撑。

深中通道项目管理制度体系由总纲要、纲要、管理办法及内部管理制度等四级规章组成。项目管理总纲要是项目建设管理纲领性文件，体现了项目业主对项目系统的管理思想，主要包括建设目标及理念、项目建设总体思路、项目建设管理体系框架及总体实施计划。项目管理纲要主要是对工程控制核心要素及工程管理基本要素提出管理目标、总体思路及保障措施。管理办法主要是明晰各管理要素项目法人内部及项目法人与参建单位之间的业务流程。内部管理制度用于明晰项目法人内部员工的业务流程。

深中通道项目专用管理制度是系统集成工程观理念、可持续工程建设理念、功能引领设计理念和创新驱动理念在项目管理上的集中体现，是深中通道建设目标得以实现的支撑性文件。

4．提升工程技术创新发展水平

深中通道是集"桥、岛、隧、水下互通"于一体的世界级集群巨系统工程。海底隧道是世界最长、最宽的双向八车道沉管隧道，也是世界规模最大的钢壳混凝土沉管隧道；伶仃洋大桥是世界最大跨径全离岸海中超大跨悬索桥；机场互通立交为我国首例高速公路水下枢纽互通。可以说，深中通道是目前世界上综合技术难度最高的交通基础设施工程之一。

（1）开展关键核心技术研发，解决行业"卡脖子"技术难题

深中通道沉管隧道建造技术的研发，面临着亟须解决的钢壳沉管受力机理、合理构造、耐久性保障、最终接头、自流平混凝土制备、施工工艺及关键装备研发等一大批技术难题，由于其他国家的核心技术很难吸收借鉴，所以只能走自主创新发展道路。依托广东省重点领域研发计划钢壳混凝土沉管隧道建设成套技术，各高校、建设单位、制造单位合作创新进行了大量研究，力求填补国内空白、突破行业制约、解决"卡脖子"技术难题、形成国际首创。获得的成果如表 1-3、表 1-4 所示。

表 1-3　深中通道十大首创重大装备

序号	成果名称	具体内容
1	超大体量复杂钢结构智能制造生产线	以"互联网＋BIM 技术＋智能焊接机器人"为抓手，深中通道在重工业领域首创了复杂巨型钢结构"四线一系统"智能制造车间，世界上首次实现了钢结构块体智能焊接及智能涂装，促进了我国交通行业和造船行业技术装备水平提升，制造工效提升 20％以上，焊接喷涂一次合格率由 96％提高到 99％以上，提升了大型钢结构制造工效及品质。
2	钢壳－混凝土沉管混凝土智能浇筑装备及系统	研制了高稳健自密实自流平混凝土，提出了适应混凝土流动排气规律的工艺孔合理构造；世界首次研制了自动定位寻孔、智能控制的钢壳沉管混凝土浇筑装备及控制系统，突破了大体量自密实混凝土填充密实性世界难题，累计浇筑自密实混凝土 90 万立方米，实现填充合格率 100％，创 1 月预制 1 节的世界纪录，混凝土浇筑品质、脱空控制及工效均优于国际类似工程。
3	沉管管节运安一体船及控制系统	世界首制管节浮运安装一体船，破解了 8 万吨管节 5 km 长距离复杂航路浮运安全及深水高精度对接世界性技术难题，工效提升 4 倍。该装备集成了北斗定位、DP 系统等九大控制系统，创造了大型管节深水条件下毫米级安装精度世界纪录，进一步巩固了我国在沉管隧道施工领域的领先地位。

续 表

序号	成果名称	具体内容
4	8万吨级沉管快速纵向移动装备及系统	为实现8万吨超大体量管节快速平稳纵移,世界首次研制出单台承载力达到800吨的台车和200列电动轮轨式液压台车智能移动系统。该系统采用"多点支撑、三点平衡、同步行走",200台台车同时编队作业、管节无源支撑系统与台车支撑系统相互转换,实现了8万吨管节3小时移运216 m的重大技术突破,极大提升了管节移动速度(由同类项目的7天提升至3小时)。
5	自升式快速碎石整平装备	为解决珠江口复杂气象环境及大回淤条件下超宽管节碎石基础快速高质量铺设难题,国内自主研制了自升式快速整平船,实现了对整平船定位、碎石输送系统控制、下料管升降控制、整平刮道高程调节、整平台车纵横向移动控制、水下目标的高程动态定位、下料管料位控制、碎石铺设的同步质量检测等铺设施工作业的自动化、一体化控制,将单个管节作业工效由同类项目的15天提升为4天,解决了珠江口大回淤条件下超宽管节碎石垫层快速高质量铺设难题。
6	钢壳-混凝土高精度脱空检测装备与系统	世界首制冲击映像法和中子法耦合脱空检测技术及装备,突破了厚板及复杂构造条件下钢与混凝土脱空定量检测的世界性难题,实现了脱空位置、高度的毫米级精准快速检测,填补了该技术领域空白。
7	沉管隧道整体预制海中推出式接头装置与推出系统	因地制宜,世界首创沉管整体预制水下推出式最终接头新工艺,研制了管节顶推及纠偏系统、滑轨及推出系统等11项专用装备及系统,形成了功能完善、实施便捷的水下推出式最终接头总成装置及施工工艺,为沉管最终接头提供了新方法和新技术。
8	超大直径钢圆筒12锤联动振沉装备与控制系统	世界首次提出28 m大直径钢圆筒、12锤联动振沉技术及水下致密砂层DSM法预处理技术,攻克了风化花岗岩地层岩面起伏较大且穿透致密砂层快速成岛难题,创造了西人工岛4.5个月成岛世界纪录。
9	超高混凝土主塔智能筑塔机	世界首创具有混凝土布料、自动振捣、蒸汽养护等功能的多功能一体化智能筑塔机,首次实现现浇混凝土桥塔垂直工厂化建造。减少高空作业量70%,实现超高桥塔工效达到1.2米/天,提升现浇混凝土桥塔工程品质。
10	钢桥面智能涂布摊铺一体化专用装备	世界首创具有环氧树脂和环氧混合料同步涂刷、同步摊铺及同步养生的一体化智能涂布摊铺系统与装备,首次实现了钢桥面热拌环氧沥青铺装体系中期由原来需要3个连续晴天缩短至1个晴好天气,工效提高300%;同时混合料层间粘结力提高50%以上,提升了钢桥面铺装耐久性。

表1-4 深中通道十大首创重大技术

序号	名称	创新点凝练和技术产出效果
1	钢壳-混凝土沉管隧道设计方法及合理构造技术	钢壳-混凝土组合结构沉管隧道突破了受力机理、设计方法、合理构造、新材料、新工艺、检测方法等全产业链技术难题,填补国内技术空白,形成了钢壳-混凝土沉管隧道设计方法及合理构造成套技术,评价为总体国际领先。
2	沉管隧道深厚软基沉降控制技术	创新沉管隧道深厚淤泥层"大直径深层水泥搅拌桩DCM+块石振密"复合地基处理新技术,处理软基约64万立方米,质量检测合格率100%,绿色环保、工效高,且实测基础沉降在50 mm以内,沉管隧道基础沉降控制达到国际领先水平。
3	海域深厚软基超大深基坑近接构筑物基坑变形控制技术	为解决东人工岛及隧道近接既有运营高速公路桥梁基坑施工变形控制难题,创新采用"钢管桩加固+深基坑被动区土体加固+钢支撑伺服补偿系统"等主动控制措施,适时监测、预判和补偿,采取主动纠偏等手段,实现海域深厚软基超大深基坑近接构筑物基坑开挖累计变形控制指标值为1.8 mm(控制标准5 mm),变形控制水平优于同类工程。
4	海洋环境大跨径悬索桥超高强缆索制造与防腐技术	率先开发出抗拉强度达到2 060 MPa以上且韧塑性良好的高耐久性"锌-10%铝-稀土"和"锌—铝—镁"两种高强多合金镀层钢丝,其耐久性寿命在热镀锌铝钢丝基础上再提高50%以上,为当前应用到悬索桥上的最高强度主缆钢丝,评价为总体国际领先。
5	强台风区超大跨悬索桥抗风御灾技术	针对悬索桥强台风区风致振动稳定难题,研发出"整体钢箱梁+水平导流板+上下稳定板+高透风率栏杆"组合的新型气动控制技术,将整体钢箱梁的颤振临界风速从70 m/s提升至88 m/s,使其颤振临界风速提高26%,大幅提升整体钢箱悬索桥的颤振临界风速,有效解决了台风频发区海中超大跨悬索桥抗风难题。
6	正交异性钢桥面板抗疲劳韧性提升技术	研发了正交异形钢桥面板U肋全熔透焊接接头,实现了U肋焊接的全熔透、无缺陷、可检测,一次检验合格率达99%以上,较传统接头提升钢桥面板疲劳耐久性100%以上,并提高生产效率30%以上,保障了正交异性钢桥面板的长效化和高质量。
7	海中大型锚碇建造集成技术	针对海中深厚软基超大型锚碇建设难题,世界首次采用"锁扣钢管桩及柔性成品索围箍筑岛+地连墙"集成技术,实现快速安全筑岛。锚碇基坑整个围护结构累计位移不超过10 mm(远小于报警值25 mm)。

续 表

序号	名称	创新点凝练和技术产出效果
8	海洋环境超大体积混凝土控裂技术	针对海工混凝土组成复杂、结构约束强、开裂风险突出等影响海工构筑物使用功能与服役寿命等难题,创新性提出考虑"水化—温度—湿度—约束"多场耦合作用机制的抗裂评估方法,研发了大体积混凝土智能温控措施解决海工大体积混凝土控裂问题,其中伶仃洋大桥主塔未见可见裂缝,西岛暗埋段未见有害裂缝,裂缝相较类似工程减少50%以上。
9	超大断面海底沉管隧道火灾排烟新技术	为解决两孔一管廊双向八车道超宽沉管隧道在饱和交通量、高货车比下的火灾排烟技术难题,创新性提出"横向烟道+侧壁联合排烟"新技术及构造,解决了超大断面沉管隧道防排烟技术难题,提升排烟效率42%,有效减少了排烟道面积;平均增加人员疏散可用时间320 s,平均达到610 s,极大延长了人员疏散有效逃生时间,成果评价为总体国际领先。
10	智能交通管控技术与系统	综合应用云计算、大数据、人工智能、数字孪生等新型ICT技术,搭建起了"1314"系统架构,实现"交通智慧管控、通行智慧服务、设施智慧运维、应急智慧响应"四大顶层应用,建立起以泛在感知为基础、数据融合分析为驱动、全面协调联动为目标,开放互联、可持续演进的智慧管控综合体,有效解决了大交通流下跨海集群通道的交通管控与应急处置、水下特长隧道运营安全保障、水下互通交通组织诱导、超大断面隧道火灾排烟等难题。

（2）推动数字建设创新发展,探索 BIM 数字化集成应用

深中通道在设计招标文件中要求采用 BIM 技术,整个工程将以 BIM 技术为核心建立信息化管理系统的数字化管理平台,依靠数字化平台开展全过程项目管理工作。深中通道数字化平台集成了"智慧建造集成平台、项目协同管理平台、智慧工地平台和 BIM+GIS 一体化平台",智能建造集成平台集成了隧道数字建造系统和桥梁数字建造系统,服务于钢壳智能制造、钢壳混凝土智能浇筑、智慧安装、钢箱梁智能制造和智慧梁场。深中通道数字化平台框架如图 1-3 所示。

5. 提升工程建设质量效益

（1）推动标准化设计

标准化是保证质量、提高效益、降低成本的有效手段。对于深中通道此类复杂的重大基础设施建设工程而言,施工内容更加复杂,涉及工种多样,通过标准化设计可以实现对项目进行整体规划,提高公路工程建设质量,延长公路使用寿命。《关于实施绿色公路建设的指导意见》中也提出了要全面实施标准化施工,

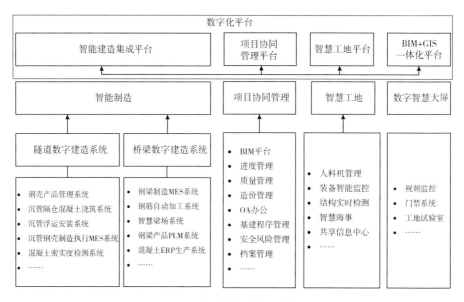

图 1-3　深中通道数字化平台框架图

建立标准化施工长效机制,实现工地标准化、工艺标准化和管理标准化。因此,深中通道在设计阶段就开始转变理念,深化设计标准化与施工标准化的融合,加强设计标准化和施工标准化的良性互动机制,尽可能采用标准化设计方案,以设计先行,应对建设挑战。例如,全线桥梁上部结构、桥墩、沉管隧道结构均采用标准化、模块化设计,桥梁引桥有 110 m、60 m 和 40 m 三种跨径,钢壳管节仅有123.8 m 和 165 m 两个长度,为工厂化制造、装配化施工创造条件。并且深中通道从全生命周期角度出发,充分考虑结构耐久性,在满足建设条件及技术能力的前提下,对通道各构造物选择"受力简洁明确、结构构造合理、施工方便、质量可靠"的建设方案。

（2）推行跨海集群工程智能建造

以项目需求为导向,以"两化"(工业化、信息化)融合为基础,以《中国制造2025》为契机,以提质增效为中心,在跨海通道工程大力推行智能建造,推进交通行业高质量发展,为此策划了本项目智能建造体系。具体包括钢壳智能制造、钢箱梁智能制造、钢壳混凝土智能浇注、智慧安装、智慧梁场以及智慧工地六个部分。

①钢壳智能制造。以"互联网＋BIM 技术＋智能机器人"为抓手,深度推动造船行业与交通行业深度融合(军民融合),研发钢壳小节段车间智能制造、中节段数字化搭载、大节段自动化总拼生产线。小节段车间智能制造是核心,研发"四线一系统"智能制造生产线,具体包括板材/型材智能切割生产线、片体智能

焊接生产线、块体智能焊接生产线、智能涂装生产线、车间制造执行过程的信息化管控系统；在中节段，通过应用三维全站仪、自动化焊接设备及模拟吊装和模拟搭载系统软件，实现构件中节段场地数字化搭载；在大节段，为满足钢壳沉管平整度要求，通过采用三维液压顶升装备、自动化焊接设备及管理系统软件，实现构件大节段自动化总组。利用 BIM 技术、物联网、云计算、大数据等新一代信息技术研究开发钢结构信息化管控系统，实现车间设计、工艺、制造、管理、监测、物流等环节的集成优化；采用大数据技术进行智能管理与决策，从而实现钢壳智能制造，全面提升钢壳建造品质和综合管理水平，提升造船技术，打造国家南方现代化造船基地，促进交通行业发展，提高国家战备能力。

②钢箱梁智能制造。围绕克服正交异性钢桥面板焊接接头初始缺陷、提升正交异性钢桥面板疲劳性能主要目标，推进 BIM、移动互联网、智能焊接机器人等技术在制造生产线中的实施应用，构建钢箱梁智能制造生产线，具体为"四线一系统"，包括板材/型材智能切割下料生产线、板单元智能焊接生产线、节段梁智能化总拼焊接生产线、智能涂装生产线和智能制造 MES 管控系统。智能制造生产线着力解决正交异性钢桥面焊接接头初始缺陷问题，提高耐久性，主要为：提出新型高品质 U 肋和顶板焊接接头细节构造，开发 U 肋和顶板的全熔透焊接技术，实现焊缝全熔透、无缺陷、可检测，消除初始缺陷；采用高精度激光切割技术，以确保横隔板弧形缺口切割面光滑，减少应力集中现象；研发横隔板与 U 肋双机器人热熔包脚焊技术，以消除该部位的焊接初始缺陷。通过智能制造工艺提升正交异性钢桥面板疲劳耐久性。

③钢壳混凝土沉管自密实混凝土智能浇筑。为保障自密实混凝土浇筑质量，研发自密实混凝土浇筑设备，开发智能浇筑控制系统：一是研发智能化浇筑监测装备和智能浇筑小车，通过传感器（温度传感器、定位仪、混凝土液面测距仪等），智能浇筑小车可实现混凝土自动布料、自动浇筑以及浇筑速度控制；二是基于 BIM、智能传感和物联网技术，研发涵盖混凝土生产、运输、浇筑、检测的钢壳沉管混凝土浇筑全过程智能化、信息化管理系统，利用大数据辅助决策，实现沉管预制各环节任务智能分配、实时监控记录，以及施工缺陷快速定位、自动生成报表的优质、高效、智能化、精细化管理，提升混凝土浇筑品质。

④钢壳沉管管节智慧安装。结合项目需求，研发沉管运输安装一体船及沉管沉放智能控制系统，实现智慧安装。一体船具有接沉管出坞、带沉管自航到施工水域进行自动定位安装等功能，综合沉放驳及动力船的特点，具有航迹线控制力强、自航速度快、横流抵抗力强、航道通航影响小、应急回拖、施工风险可控、管节结构适应性强等优点，能够提升长距离管节浮运施工安全保障能力，并大幅提

升浮运安装工效。

⑤打造智慧梁场。研发"二线五系统"的智慧预制梁场生产线,具体包括:混凝土智能搅拌生产线、钢筋自动化数控加工生产线、液压模板自动控制系统、智能布料、浇筑及振捣系统、预应力智能张拉及压浆系统、智能化喷淋养护系统,以及集成控制系统。通过生产线设备智能化、工序卡控智能化、施工管理精细化,提升预制梁的品质及工效,实现桥梁建造向工业化生产转型,提升我国交通行业技术水平及装备水平,提高国家竞争力。

⑥建设基于BIM+移动互联网的智慧工地,实现数据共享及工作协同。探索"互联网+交通基础设施现代管理理念"发展新思路,推进大数据与项目管理系统深度融合,建立以BIM技术为基础的项目管理平台,逐步实现工程全生命周期关键信息的互联共享以及参建各方工作协同,实现管理扁平化及提质增效;推进"智慧工地"建设,积极推广智慧工卡、一机一码、工艺监测、安全预警、隐蔽工程数据采集、远程视频监控等设施设备在施工管理中的集成应用,实现建设全过程、全方位管控,提升项目管理信息化水平,推动现代工程管理水平及工程品质的提升。

6. 提升品质文化建设水平

(1) 倡导设计创作,提升工程品味

深中通道属于大型连线工程,由多个单元组成,各单元具有不同的功能、不同的设计方法。基于系列化设计的理念,这些不同的单元需要保持一致性,共同组成一条通道,而非碎片的堆叠。深中通道的方案设计基于桥、岛、隧集群工程系列化设计的理念,使得通道所有的元素都共享一个平衡、和谐的设计主题,两座通航孔桥、两个人工岛、一条隧道,每一个元素都具备独特性,通过系列化设计形成一个自然、流畅的线形,并在功能、尺度和比例上相互呼应,形成一个整体。

①西人工岛:西人工岛的岛形设计采用了菱形(风筝造型)方案,是集防洪、交通转化、施工和景观美学四重优势于一体的岛形方案。

②伶仃洋大桥:由于为跨径超大、全离岸海中悬索桥,如采用空间缆方案,造价较高、施工难度较大,因此初设评审最终推荐了常规的平行缆方案。方案确定后,项目单位组织建筑师开展建筑景观专项设计,推荐采用棱角分明的建筑风格,统一采用晶体切面建筑元素。对于锚碇,改变了国内将主缆IP设置于桥面高度附近的习惯,沿袭优胜方案设计思路,通过将IP点后移来降低锚体高度,减小其结构体量,改善景观效果。

③其他桥梁及附属设施:中山大桥索塔风格与伶仃洋大桥保持一致。引桥桥墩与主桥索塔风格保持一致,墩型采用整体式桥墩的设计思路,墩头由三角钢

架优化成施工更便利的大挑臂盖梁。桥梁附属设施运用晶体切面几何元素,与主体风格保持一致。

④房建设施:与主体结构风格保持一致,融入岭南地域文化。西人工岛的房建采用现代简洁的特征,为适应岭南地区的亚热带气候特点,屋面由封闭式玻璃幕墙调整为镂空式遮阳棚,满足通风、遮阳、采光等功能需求,具有生态、环保、节能等优势,体现出鲜明的岭南特色,是西人工岛乃至整个项目的点睛之处。项目管理中心房建也采用了现代简洁的风格,建筑立面大量运用镂空、格栅等设计元素。

⑤景观照明:主要对主桥、西人工岛等标志性构筑物打亮外轮廓,营造梦幻、飘逸的夜景。

(2)高服务标准,从源头保障项目服务质量

深中通道路线起自深圳机场南,与广深沿江高速对接,设置机场枢纽互通立交(图1-4),路线向西通过东人工岛进行桥隧转换,通过海中特长隧道(6 845 m)穿越大铲航道、机场支航道、矾石航道,通过西人工岛再次进行隧桥转换,以超大跨径桥梁跨越伶仃航道,再折向西北,经万顷沙下游浅滩区,通过万顷沙互通接至南沙新区,路线再向西垂直跨越横门东水道,于中山翠亨新区马鞍岛登陆,与中开高速公路对接,并设置翠亨东互通立交,三个互通立交设计位于不同设计方案的交接处,可以作为系列化设计的代表。

深中通道的机场互通立交为广深沿江高速公路与深圳至中山跨江通道两条高速公路交通转换所设的枢纽立交,广深沿江高速为已建工程,采用了双向八车道高速公路设计标准,工程设计方案预留了与深中通道项目连接匝道的鼻端出入口。在此基础上,深中通道项目采用涡轮型枢纽设计方案,其中主线隧道(互通区主线隧道长1 972.4 m)和E、F、G、H四条匝道(匝道隧道总长1 839 m)的隧道部分纳入深中通道项目建设,通过系列化设计,在满足功能需求的基础上,实现了工程的经济性。

深中通道项目的万顷沙互通立交位于海中浅滩区,立交布设主要受水利防洪、横门东水道特大桥主桥、万顷沙连接线规划位置的限制,项目针对互通立交进行系列化设计,将该系统设计为预留互通,通过规划的万顷沙连接线可向北连接至南沙新区。立交西侧的珠江防洪治导线及横门东水道桥,在防洪要求的基础上进行设计,防洪治导线以内桥梁跨径不得小于110 m,故匝道及主线变宽段不能进入治导线范围。横门东水道桥起点位于治导线以西45 m,匝道不进入治导线同时也不会进入横门东水道桥,为满足本项目主线行车景观要求,匝道均按照下穿主线来进行设计。系列设计的内容环环相扣,满足了项目的功能需求。

翠亨东互通立交位于深中通道项目的终点,与在建的中开高速公路直接对

图 1-4　深中通道机场互通立交

接,原计划采用涡轮型枢纽互通方案,但基于系列化设计的原则,为确保中开高速公路东段与深中通道车道数平衡、通行能力一致,中开高速公路翠亨东互通立交至横门西互通立交段需要采用双向八车道高速公路设计标准,翠亨东互通立交需要由枢纽互通式调整为一般互通式。调整后的互通式立交采用菱形方案,结合地方未来的发展需要,进一步设计主线纵断面及互通匝道。通过这样的系列化设计,工程得以提供足够的服务,提升安全水平。

(3) 建管养一体化,提升交通运行服务能力

基于系列化设计的理念,深中通道项目强化建管养一体化设计,以保障工程项目全生命周期的耐久性、安全性。

在工程总体设计方案完成的基础上,进行交通工程及沿线设施的总体设计。深中通道采用"省中心—路段中心—基层单位"三级管理体制设计,在管理中心设置监控通信收费中心、应急指挥中心、海上救援及物资配送中心、路政大队、养管中心;在西人工岛设置监控所、通信站、养护站、消防救援站、海上救援及物资配送点、路政/交警执勤点、建设成果展览馆;在东人工岛设置海上救援及物资配送基地、航道维护基地;在三围互通地块设置消防救援站、通信站、养护班组、路政/交警执勤点(图 1-5)。

在交通工程及沿线设施总体设计完成的基础上,进行跨海桥隧集群工程的建养一体化监测养护设计,项目通过开发多参数监测技术和耐久性监测技术,实现对跨海桥隧沉降、应力、温度等多项关键参数的监测和对混凝土内钢筋及拉索内钢丝的锈蚀监测,建立跨海集群工程建养一体化监测养护综合管理系统,解决了"隧、岛、桥、水下互通"跨海集群工程建养一体化监测养护体系与评价决策

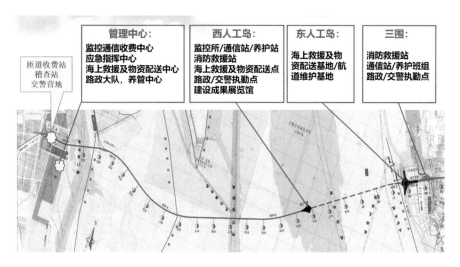

图1-5 深中通道管理分区布局示意

问题。

通过对深中通道建设、管理、养护方案的系列化设计,保障了工程的耐久性,强化了工程的运营安全,提升了工程设计的品质。

（4）培育工匠精神,推进工程质量文化建设

以人为本,培养产业化工人,全面提升施工班组专业能力,培育工匠精神。以工程项目为依据,深耕班组建设。通过开展技能竞赛、技术比武、实体比较、"首件认可制"等活动,并建立"清退制"与"激励制"等制度,对班组作业进行专项管理,逐步建立班组优选制度;统筹做好检查指导和培训教育管理工作,提升专业化施工能力;培育工匠精神,打造工匠队伍,为建设"品质工程"服务。

除此之外,针对项目技术难度大、建造工艺复杂、产业工人数量庞大等特点,项目分别在中山和深圳各建设一个产业工人培训中心,依托"智慧深中"BIM信息平台,应用信息化手段,将施工现场与信息化相结合,采取游戏、VR实景体验、实操等方式对项目所有产业工人实施前置培训。建成至今,累计对22 354名产业工人开展了岗前安全培训。

在安全文化品牌方面,项目创建了规范统一、特色鲜明的深中AQhome(安全之家)安全文化,深入开展AQhome安全文化建设,着力打造深中特色安全文化品牌。开工至今,项目安全文化建设取得了积极进展,随着项目建设大干快上、不断推进,现场桥岛隧施工风险点不断增多,参建人数不断增加,管理半径不断扩大,为劳务人员投入的安全文化建设经费已达数千万元。深中定制、平安

杯、安全摄影比赛、安全广播、班组长红袖章、安全画册、安全心理解压室、安全文艺晚会、迷你唱歌房、影音室等丰富多彩的"深中 AQhome 特色安全文化"形式逐步深入人心,在凝聚力量、提升管理、实现平安方面发挥了重要作用。项目以人为本、贴合实际、与时俱进,赋予安全文化新的内涵。目前,AQhome 安全文化已逐步深入人心,成为安全管理的有力抓手。

1.3　本章小结

交通强国战略是我国新时代交通事业发展的总抓手,其总目标是"人民满意、保障有力、世界前列"。深中通道作为交通强国战略的重要组成部分,承载着优化珠三角交通路网结构、助力粤港澳大湾区建设、完善国家高速公路网络等重要使命。深中通道工程被定位为"平安百年品质工程",旨在打造世界一流的可持续跨海通道,创造大湾区百年门户工程。该工程以实现安全舒适、优质耐久、经济环保、和谐美观为建设目标。为了实现这一宏伟目标,提出了安全管理、低碳环保、工程质量管控、科技创新、质量效益、品质文化建设等六个方面的品质打造路径。其中,标准化设计、智能建造、建管养一体化、培育工匠精神等创新举措备受关注。这些创新举措的提出和实施,不仅为深中通道的建设注入了新的活力,也为我国交通基础设施建设提供了宝贵的经验和借鉴。在交通强国战略的指引下,深中通道的建设正朝着成为交通基础设施高质量发展的典范目标迈进。

参考文献

［1］丁威,解安.习近平社会主义现代化强国目标体系研究［J］.学术界,2017(12):178-190.

［2］黄群慧,贺俊.中国制造业的核心能力、功能定位与发展战略:兼评《中国制造 2025》［J］.中国工业经济,2015(6):5-17.

［3］金凤君,陈卓.新时代交通强国的地理内涵与目标［J］.经济地理,2023,43(2):1-9.

［4］刘秉镰,赵金涛.中国交通运输与区域经济发展因果关系的实证研究［J］.中国软科学,2005(6):101-106.

［5］刘敏,刘人怀."深中通道"对粤港澳大湾区港口物流的影响［J］.中国流通经济,2020,34(6):16-26.

［6］欧国立,靳雅楠.习近平关于交通运输的重要论述研究［J］.北京交通大学学报(社会科学版),2023,22(1):8-16.

［7］史丹,赵剑波,邓洲.推动高质量发展的变革机制与政策措施［J］.财经问题研究,2018(9):19-27.

［8］汪光焘,王婷.贯彻《交通强国建设纲要》,推进城市交通高质量发展[J].城市规划,2020,44(3):31-42.

［9］向晓梅,杨娟.粤港澳大湾区产业协同发展的机制和模式[J].华南师范大学学报(社会科学版),2018(2):17-20.

［10］徐飞.中国建设交通强国的综合基础与战略意义[J].人民论坛·学术前沿,2018(11):70-79.

［11］喻登科,吴文君,费伦林,等.大型工程项目品质工程建设场景中的微创新研究[J].科技进步与对策,2024,41(6):21-29.

［12］张学良.中国交通基础设施促进了区域经济增长吗:兼论交通基础设施的空间溢出效应[J].中国社会科学,2012(3):60-77,206.

第二章

深中通道工程复杂系统管理

深中通道是粤港澳大湾区最重要的交通枢纽和门户工程之一,工程集"桥、岛、隧、水下互通"于一体,规模宏大,建设条件复杂,综合技术难度高,是一个典型的复杂工程系统。

复杂工程系统是复杂系统的工程形态,相应的管理活动则为复杂工程系统管理。在正常情况下,人们对这一类系统及系统管理,首先在感性层面形成"复杂的"认知,但是,感性认知通常只能产生一般的直观认识与局部概念,这些对于认识、分析与解决复杂工程系统管理问题往往都缺乏深刻性,因此,需要我们把握关于复杂工程系统及其管理的本质属性与客观规律。这就要在一般意义上提出关于复杂系统及复杂系统管理的理论,并以这些理论为指导,应对工程领域内的复杂工程系统与复杂工程系统管理。

基于上述思考,我们在本章一开始先简要介绍重大工程领域复杂系统的相关理论,并以此作为深中通道管理的思维原则与基本理念。接着,基于复杂性分析与降解是体现复杂系统管理的核心能力与抓手,本章将以"深中通道桥位及登陆点决策"与"深中通道东人工岛实施方案设计"两个专题为示例,深入剖析深中通道复杂性分析与降解的原则与路径。

2.1　重大工程复杂系统概述

2.1.1　重大工程管理复杂性概述

20世纪以来,人类工程活动逐渐呈现出环境复杂、规模宏大、技术先进、投资巨大、工程建设与生命周期长、对社会经济环境具有重要持续影响等特征,因此在人们头脑中形成了"重要"与"影响大"的"重大工程"的直观感知。

从工程功能的广泛性看,造物型"重大工程"大体可以分为重大科学技术工程、重大军事国防工程和重大基础设施工程三大类,比较而言,重大基础设施工程较前两类重大工程更为多见。

重大工程管理当然也有与之对应的管理活动,重大工程管理与一般工程管理之间有着重要的区别。

在管理环境上,重大工程的社会经济自然环境更为复杂,对重大工程建设和管理产生的影响更深远;在管理主体方面,重大工程主体群一般规模大,利益诉求及价值偏好差异性强;在管理问题方面,重大工程管理问题一般涉及多个学科和领域的知识,很难完全用一种比较明晰的结构化方法(模型)来描述,重大工程管理问题的边界往往比较模糊和不完全清晰,从而导致人们对问题的认知也往往是模糊的、不确定的甚至是不确知的;在管理组织方面,重大工程管理更需要具有"柔性"和"适应性"的管理组织去解决管理问题;在管理目标方面,重大工程管理目标呈现出多层次、多维度和多尺度及较高的不确定性,因此也经常发生管理目标之间的冲突和其他的复杂情况;在管理方案方面,重大工程管理主体群对管理方案的产生表现为一个由阶段性中间方案沿着一条从比较模糊到比较清晰、从比较片面到比较全面、从品质比较低到品质比较高的路径,不断探索、"试错",不断迭代、逼近,直至收敛到最终方案。

从系统性角度来看,任何工程都是系统,故称工程为工程系统。一般工程实体系统为工程硬系统。工程建成后其硬系统与周边的社会经济环境系统整合在一起,形成一个新的"工程-环境复合系统"。因而,任何工程实践都是系统的实践。同时,任何工程系统又都是实践的系统。

重大工程是一类具有复杂(整体)性的复杂工程系统,必然在复杂工程系统管理活动中产生一类具有复杂性的管理问题,联系之前的内容不难理解,复杂关联工程系统管理其实质就是重大工程领域内的复杂系统管理,进一步,将复杂性问题分为三个层次:第一层为复杂性管理问题;第二层为系统管理问题;第三层为程序化、标准化、专业化问题。第一层次主要解决复杂性问题,第二、三层次主要解决不确定与系统性问题、简单问题。

2.1.2　重大工程管理思维本质属性

"复杂的系统"是我们对一类系统的外部联系和表面特征的感知,具有直接性、形象性特点,属于认识的"生动的直观"的第一阶段。在这一阶段,人们一般使用自然语言"大白话";接着是对这类系统的内在联系和基本属性的认知,具有间接性、抽象性特点,属于认识的"理性的思维"的第二阶段。

属性是指属于某一类事物(对象)的特性。如果一些属性不仅该事物具有,另外的事物也具有,称此类属性为共有属性;反之,如果一些属性仅仅是该事物所独有,而别的事物不具有,则称此类属性为该事物的特有属性。如果该事物的一些特有属性决定了该事物所以是该事物而不是别的事物,则称这些属性为这一事物的本质属性,本质属性表征了该事物的根本品质,是事物的有决定性意义的特有属性,也体现了该事物区别于其他事物的固有的规定性。在哲学意义上,本质属性是该事物最基本的品质,即该事物专有的、基本和稳定的性质抽象,本质属性也称基本属性。

由此可见,在关于"复杂的系统"认识的第二阶段,如果我们还像第一阶段那样,用"复杂的系统"这样的"大白话"来表述,那将无法表达、传送和交流这类系统的本质属性,也难以用这种方式来凝练人们对这类系统的属性抽象。

理论是人的理性思维的结果,理性思维除了以自然语言为基础,更需要用专门的科学语言把理论要反映的某一属性准确、深刻地凝练出来。理论体系中的这一科学语言的基础就是概念。每个概念都是对事物本质与内在关系的凝练与抽象,因此,概念能够推动人们从具象思维上升到抽象思维,并在此基础上,成为科学共同体成员之间相互传送与交流的语言工具,构成理论科学话语的"基元",概念的主要表达方式为科学术语。

由于人们认识事物是逐步由浅入深的,所以,在认识"复杂的系统"的浅层次阶段,相应的概念一般只反映出"复杂的系统"的非本质属性,而当认识提升到深层次阶段,相应的概念能逐步反映出"复杂的系统"的本质属性。

举个例子。"汽车开得越来越快",这是自然语言的"大白话",物理学家说成"车子的加速度是正的",数学家则说"车子位移对时间的二阶导数大于零"。这些都是科学语言,其中,加速度、二阶导数皆为科学术语,是概念,不是"大白话",正是这些科学术语与概念,构建了物理学与微积分基本理论。

根据以上分析不难理解,摆在我们面前的任务是如何抽象和凝练"复杂的系统"的本质属性并用一个科学术语,即深层次科学概念来抽象它。这需要我们在对"复杂的系统"主要现象与行为、特征、形态等反复认知的基础上,对其本质特征、形成逻辑进行凝练,而绝不是仅仅造一个"新名词"就可完事。

这是一项精细的工作,因为只有深度认识"复杂的系统"的本质属性并且形成科学概念,才可认为是真正认识了"复杂的系统"的本质。另外,"复杂的系统"的本质属性一旦被抽象,它首先应该是自洽的,即不能在已有理论体系中引发出学理上的冲突或者混乱;其次,"复杂的系统"作为"系统"的子集,它的属性应该与系统的属性相互融通;再次,基于上述自洽性与融通性,它要有自己的学术自生长能力并拓展出新的知识来。以下为"复杂"内涵的三个属性:

1. 复杂整体性

复杂系统管理无论作为管理学的一个领域,还是一类独特的实践类型,或者一个理论体系,复杂整体性都是其范畴内最核心的概念,因为复杂系统管理的本质属性、人们关于复杂系统管理的认识论与方法论都是以复杂整体性为逻辑起点的。

在不同的领域,"复杂整体性"有着不同的背景和内涵,这主要是因为"复杂整体性"在某个特定的语境中往往可以从主体认知需要出发,作出某种特定的解释。例如,如果重点放在"复杂"上,那非线性、随机性、混沌性都可认为是某种形态的复杂整体性;如果重点放在"整体性"上,那么所有 $1+1>2$ 的关联性、功能性、涌现性都是复杂整体性。所以,我们不能简单"挪用"其他学科的"复杂整体性"来定义复杂系统管理的复杂整体性,否则,这一概念难以与复杂系统管理紧密契合。

作为复杂系统管理概念的"复杂整体性",其本质必然是指复杂系统或者复杂性问题的"还原论不可逆性",是人们对复杂系统管理全局、全过程意义下的属性的抽象与凝练,所以,它既可以是复杂系统管理实践的物理复杂整体性,也可以是主体在属性认知上的系统复杂整体性,或者是管理活动中的管理复杂整体性,还可以是这几方面复杂整体性的综合。

虽然复杂整体性是还原论不可逆性的同一性表征,但为了更具体地、清晰地理解它,我们在下文从不同的视角对这一个概念进行分解式诠释。

首先,复杂整体性的基本内涵可理解为:在复杂系统管理活动的现象、场景与问题的形成与特点中,主体的认知与行为不仅存在着各种复杂形态,而且这些复杂形态以多种方式紧密关联和相互影响着,导致不宜或者不能将一个复杂性管理整体活动、整体场景或者整体问题自上而下地分割为若干个彼此独立的相对简单的不同部分,在用相对简单的方法解决各个不同部分后,再按照反向的自下而上路径把整体"拼装"起来。简言之,复杂整体性表征了复杂系统管理的现象、场景、问题不仅是复杂的,而且在复杂的基础上,还不宜或者不能对整体进行"可逆化"分割。

上述基本内涵有着以下更为细致的实际内容:

(1)人的心智与行为的复杂整体性。复杂系统管理的主体及对象中都包括高智能的人,人作为复杂系统管理活动的核心,同时具有理性与非理性、主动与被动、主观与客观、主动性和适应性等心智特征,还表现出社会人、经济人与自然人等行为属性,人还会通过学习、模仿、试错、继承与突变等手段,主动改变自身行为以适应环境的变化、问题的变化,适应性造就复杂性,人的心智水平越高,其行为的适应性就越强,因此,在复杂系统管理活动中,人既表现出各种深刻的复杂性,又不断通过适应性创造复杂性,还表现出心智与行为的整体化、有序化,等等。此外,复杂系统管理中的人,一般都不是单个个体,而是分属于不同群体,群体之间以及群体与其他管理要素之间紧密关联、相互影响,进而成为不可分割的整体,所有这些,最终表现为基于人的心智与行为复杂整体性的宏观功能涌现。

(2)系统关联的复杂整体性。一般来说,复杂系统管理各构成要素间存在着多种关联形态,不仅有显性关联,还有隐性关联;关联影响既有实时的,又有延滞的;关联特征既有确定因果性,又有不确定相关性;关联传递与转换的信息既有完全与对称的,又有不完全与不对称的;关联作用不仅表现在横向的同一个层次上,还表现在纵向的跨层次上,而复杂系统管理的整体功能涌现正是这些关联性作用的"不可化约性"表征。这一论断包含了两层意思:第一层,复杂系统管理的整体性功能与品质,如适应性、鲁棒性等,正是上述各类关联形态同时存在、相互耦合的综合协同作用;第二层,复杂系统管理具有如此有序的复杂整体性,绝非依靠某种偶然性,这说明只要移除系统各种复杂关联中的任何一个部分,就会导致驱动复杂系统管理整体性功能的作用停止。这表达了复杂系统管理系统关联的复杂整体性。

(3)系统结构的复杂整体性。复杂系统管理活动是由人、物和信息等要素组成的动态综合体,综合体既有物理型结构部分,又有关联型、逻辑型的半结构和非结构部分,各部分对综合体的整体功能与行为都有着各自不可替代与不可或缺的作用。因此,对复杂系统管理而言,其结构的整体性与功能行为的整体性是对称的,我们不能将综合体在物理层次、关联层次或者逻辑层次上分解成多个部分,并只用其中的一部分来构建综合体的整体性功能行为;反之,任何综合体整体性功能行为机理也不能只由一部分结构的机理与关联关系所驱动,这是从系统整体的功能内涵与涌现内涵来理解复杂整体性。

（4）环境的复杂整体性。如前所述，对某个具体的复杂系统管理活动而言，环境对管理活动，以及管理活动与环境形成的复合系统都会对复杂系统管理活动、现象与问题造成多方面的复杂影响，这些影响有些是原来环境的直接影响，有些是复合系统的间接影响，但都源于复杂系统管理活动与环境之间形成的各种关联与耦合的整体性，所以，必须细致思考环境自身的复杂整体性和可能出现的整体涌现性。

由以上四个方面可以看出：第一，复杂整体性作为属性已经全方位地成为复杂系统管理与复杂性问题的本质印记；第二，复杂整体性与复杂系统管理活动、现象与问题中的复杂性、不可分性、不可逆性和难预测性等互为因果、相互关联，并通过各种反馈机制与传导转换路径，成为复杂系统管理的基本动力学；第三，在复杂系统管理的不同层次、不同维度上，复杂整体性又表现出不同的形态与特征，这就要求我们在认识和研究复杂系统管理时，要充分考虑复杂系统管理内部与复杂系统管理-环境复合系统的各种复杂整体性形态和对管理活动产生的不同影响，如分别对复杂系统管理微观层面个体的复杂行为、宏观层面的整体涌现行为，以及多层面、跨尺度的中观传导与转换机理开展整体性分析，这样才能够完整揭示复杂整体性的深刻规律。

综上，在复杂系统管理理论中提出复杂整体性概念的意义在于：第一，只有通过对复杂系统管理活动、现象与问题开展具体的与细微的复杂整体性分析，才能够保证驾驭问题复杂性与掌控问题整体性的精准性，应对新挑战；第二，通过对不同类型的复杂整体性的分析与归纳，有利于在复杂系统管理理论研究中抽象和凝练共同属性与原理，发展新理论。

2. 深度不确定性

深度不确定性情景等是造成复杂性的重要根源。"不确定"在管理学研究中已成为一种常态，而在重大工程管理活动中出现了一类"严重"的不确定性。在总结概括"严重"的不确定概念前，从下面具体的重大工程管理活动现象与情境中我们能够直观地体会到"严重"的不确定性是怎样形成的。

（1）重大工程自然环境形成的"严重"的不确定性。表现为工程环境情况与情景的险恶和复杂，主体不但严重缺少自然环境与现象的相关信息与数据，而且对其中许多问题的基本规律与原理都了解甚少，更不要说能够对它们有确定、完整和深刻的认识。

（2）重大工程社会经济环境形成的"严重"的不确定性。表现为法治环境不健全，在局部地区和局部问题上与公众利益发生冲突，投融资任务艰巨，各种经济形态的不确定性影响、微小风险因素传递和被放大的可能性等都可能成为重大工程投融资的风险因子。

（3）重大工程环境大尺度演化形成的"严重"不确定性。首先，重大工程的周边环境自身就是一个复杂的自组织系统，在工程长生命周期内，环境行为不仅有一般动态性，还会出现复杂的自组织、自适应现象。这些现象一般不是构成性或生成性的，而是涌现性的，因此是一类机理复杂的不确定性现象。其次，工程建成后形成的新的"重大工程－环境复合系统"也可能会涌现该地区过去和现在从未出现过的新的复杂现象，而这类现象一般是人们凭借传统的经验、知识以及常规方法难以发现和预测的。也就是说，在重大工程大尺度演化意义下，重大工程环境的动态变化是高度不确定的，这一类现象对于重大工程立项论证决策影响尤为重大。在大时空尺度下，"重大工程－环境复合系统"的自组织与演化过程都将造成人们信息和认知的严重不确定性。

（4）重大工程主体认知能力不足形成的"严重"不确定性。表现为主体在认知重大工程客观不确定性时，可能存在以下几种情况：①知道自己掌握了什么信息、知识与能力；②知道自己尚未掌握什么信息、知识与能力；③不知道自己尚未掌握什么信息、知识与能力。不难看出，从①②到③，主体主观不确定、不确知程度经历了从"一般"到逐渐"严重"的变化。这一变化表现为主体的主观不确定性不断增强直至出现"严重"的不确定性。

以上提到的四类不确定性比一般意义上的不确定性更"严重"、更"强烈"、更"深刻"，我们称这一类源于重大工程管理实践活动的、传统和常规处理不确定的、思想和方法不再适用的、更为"严重"的不确定性为"深度不确定性"，这一概念在重大工程决策与风险管理中尤为重要。

3. 不可逆性

基于还原论的不可逆性，对一类现实中"不可分"或者"不宜分"的系统，在不损伤系统整体性的前提下，人们不可能完全通过还原论使系统的复杂整体性变成简单整体性，这一体验因为涉及方法论，因此，已经不只是人们对"复杂的系统"的感性认知，而是上升至理性思维，成为对这类系统存在的根本凝练与抽象，这是我们认识"复杂的系统"的关键一步。

长期以来，人们基本上都是遵循还原论路径来思考和解决系统整体问题，但是，一旦遇到了系统整体"不可分"或者"不宜分"情况，这条路就走不通了，我们得换个角度来解决这一问题。还原论不可逆以其新的难题促使我们打开了一扇凝练和抽象"复杂的系统"本质属性的窗户。

早在20世纪初，人们在初创系统概念时，虽然已经感悟到系统整体性中蕴含着这样的属性，但一直没有能够深入找到破解这一难题的"切入点"。现在，我们可以"还原论不可逆"为标尺,作为判断"复杂的系统"是否具有内在基本属性的准则。

循此逻辑,只要系统具有"还原论不可逆"属性,这类系统就与那些貌似复杂但最终用还原论将"复杂"转化为"简单"的系统有着本质的区别,这标志着这类系统具有自身存在的本原,并且无法转化为"简单"的本质。基于此,我们称凡具有"还原论不可逆"属性的系统为复杂系统,并且特别强调:

(1)"复杂系统"是一类基于"还原论不可逆"原则对"复杂的系统"存在本原性凝练与抽象后的符号表征。不妨认为,"复杂的系统"是对现象实体的表征,而"复杂系统"则是这类系统本体的表征。"复杂的系统"是主体感性认知的表述,是自然语言"大白话",而"复杂系统"是理性认知的表述,是科学术语,是概念。

(2)既然如此,"还原论不可逆"就是复杂系统的本原性与本质性,即复杂系统自身存在的自本自根性,如果将其定义为复杂性,那复杂系统与复杂性具有学理的同一性,都表征了社会经济领域"复杂的系统"存在的"自因",既蕴含着现象实体性,又蕴含着思维本体性。

(3)非可加整体性(复杂整体性)与"还原论不可逆性"的内涵是同一的,因此,还原论不可逆性、非可加整体性以及复杂整体性都可以认为是复杂系统的不同表述方式,换言之,这些概念与复杂性是同义语。

2.1.3　重大工程管理应对复杂性的基本原理

复杂系统管理理论中的基本原理主要是管理活动与主体行为的基本规则的论断,是人们对复杂系统管理实践经验的固化与提炼以及对基本概念进行逻辑推理形成的知识表达。原理的形成,特别是原理体系的形成,是一个不断发展与深化的过程,需要长期探索和不断完善。

作为初步探讨,我们提出了复杂性降解、适应性选择、多尺度、迭代式生成,以及物理—系统—管理链式递进等基本原理,以下内容为对几个原理的概述。

1. 复杂性降解原理

重大工程管理是依据理论思维把工程硬系统的属性进行抽象并将属性之间的关联系统化,形成复杂工程属性的逻辑体系。这种抽象和关联过程具有可变性特征,即同一个工程的物理复杂性形态,可能形成不同的虚体工程。这是因为,人们在对实体工程物理复杂性进行抽象和关联认知的过程中,主要依据理论思维进行,而不同主体个性化价值取向和认知水平不同会导致其思维方式不同,进而引起整个过程的可变性。

复杂性降解是在重大工程管理前期,主体可依据工程虚体"可变性"原理,通过假设与理想化的"降解"行为,帮助和支持管理主体对管理复杂性进行认知与分析,并且在后期的重大工程管理实际活动阶段,通过工程实体现场思维"复原"工程固有的物理复杂性,以保证重大工程实体造物的真实与完整。可从"降解"两字的含义来理解复杂性降解行为,具体体现在以下四个方面(图 2-1):

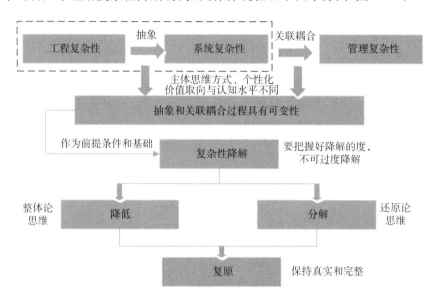

图 2-1　管理复杂性降解的概述

(1)"降解"中包含"降低"行为,主要体现在主体能力的提高方面,通过主体自学习提高自身分析与驾驭复杂性的能力,同时也可以完整保持工程固有的物理复杂性形态。"降低"在一定意义上,更多体现为一种"整体性"思维。

(2)"降解"中包含"分解"行为,主要是在虚体工程的思维层面上对工程固有的整体物理复杂性进行一定的"切割"以降低原有的复杂性,例如,可以将一个问题"分解"成若干个子问题去解决。"分解"在一定意义上,更多地体现为一种"还原论"思维。

(3)"复原"行为,将重大工程降解后的各种属性、各种关联整合成一个完整的、复杂的工程实体,运用实体思维"还原"其真实的复杂性,既不能使工程固有的复杂性"丢失",更不能使固有复杂性特性发生任何质的变化。

(4)把握好有效的复杂性降解的"度":过度降解既可能会引发另外某一类新的复杂性,又可能因为对这类新的复杂性缺乏估计与预防,从而导致新的、更严重的复杂性。

2. 适应性选择原理

适应性是指主体根据外界环境与条件的变化,主动改变自身特性、行为、组织模式与功能等,使自身保持与新环境的协调以继续生存、发展和发挥作用的行为能力。"适应性选择"则是指基于适应性准则的主体选择行为,是主体在管理活动操作层面的行为现实。适应性选择既是主体选择行为的目标,也是主体选择过程中自身行为准则与行为能力标志,与此同时,是对复杂性降解在主体认知上造成的关于复杂性"偏差"与"损伤"的补偿和复原。复杂性降解是强调在思维层面上通过工程实体的"虚体化"帮助主体认识和分析工程管理复杂性。而适应性选择则是强调在操作层面上帮助主体从"虚体化"思维回归到"实体化"实践。适应性选择是深中通道管理活动中主体最重要的一类复杂性降解的实际操作方式,也是基本原理之一。

3. 多尺度原理

多尺度管理是在重大管理活动中对管理要素进行多维度分析的基础上,对同一维度管理要素进行多尺度划分,分析不同尺度特征对管理问题的影响,进一步以多尺度分析为基础向整体性维度进行整合,整合代表复原,复原既不能改变原有的复杂性,也不能丢失原有的复杂性。管理要素不同尺度引起的差异性对于重大工程管理活动内容以及管理效果有着重要影响,并且往往正是这些差异性形成了重大工程管理活动某一方面的复杂性,因此不能简单化地对这些差异性不加区别。

多尺度管理主要由以下两个阶段组成:第一阶段为基于还原论思维对维度进行尺度划分,并通过提取不同尺度的特征,分析其与管理要素的关联以及对管理问题的影响;第二阶段为基于整体论思维对多尺度分析进行维度层次上的整合,形成在多维度整体意义上对管理问题的认知。这样,两个既包括还原论尺度划分,又包括整体论维度整合的阶段集成在一起,就形成了系统论意义上的多尺度管理。

4. 迭代式生成原理

"适应性"准则的"选择"是重大工程管理活动中主体最普遍和最基本的行为。迭代式生成原理能进一步搞清楚主体"选择"行为的主要目的导向、"选择"行为的基本程序以及"选择"过程中技术路线的特征等等,是在"适应性"准则的基础上,了解主体"选择"行为在实际操作层面上的一般规律和基本行为准则。

"迭代式"生成原理则是把问题的整体复杂性分解到方案生成过程中的各个阶段,不仅使主体在每个阶段遇到的复杂性只是整体复杂性的一部分,而且采用多次适应性迭代形成的方案序列逼近最终方案,这种实际操作行为既体现了主体的复杂性降解准则,又体现了适应性选择准则。

5. 物理—系统—管理链式递进原理

对于复杂系统管理而言,其核心任务与功能是给出解决复杂性问题的方案,因此,需要构建一个完整的分析与解决问题的流程范式,即完整的关于解决复杂性问题的思维与行为约定。

既然提出约定的"完整的"品质要求,那就要在复杂整体性意义上,从最初对复杂性问题物理形态的直观感知,经过在系统空间层面上的凝练与抽象,直到最终在管理可行空间中选择并提出相应的解决方案。这一链式的完整架构与有序转换就构成了复杂系统管理的"物理—系统—管理链式递进"基本原理。

所谓物理复杂整体性即现实情景与问题的完整"故事";所谓系统复杂整体性即"故事"所有构成要素属性与关联信息的综合与抽象;所谓管理复杂整体性即以"故事"复杂性为导向,依据复杂系统思维范式,寻找解决问题的方案,并把方案"沉浸"到作为母体的情景之中进行验证和修正。

以上我们简要地介绍了有关重大工程管理的认识以及结论,即重大工程与重大工程管理都是复杂系统,复杂整体性是复杂系统的本质属性,它决定了重大工程(管理)区别于其他类型工程管理的根本品质,是重大工程特有的具有决定性意义的性质。"复杂整体性"(简称"复杂性")是描述和抽象重大工程管理本质属性的新的概念,是对重大工程管理复杂系统本质的理解与认知,不能简单地把"复杂性"理解为"复杂的"。因为前者表达了人们的理性认知,而后者主要是人们的感性认知。这样我们就形成了基于复杂性的关于重大工程管理本质的思维原则,如深中通道工程管理的本质是对工程复杂性的认知、分析,以及解析各类复杂性问题。

确定了重大工程管理的思维原则,就是明确和树立了对重大工程管理现实问题本质属性的认识论,就"找对了"重大工程管理的"根",并明确了要从"根"上探寻才能获得有效解释问题的规律并解决问题。另外,思维原则为人们理解和应对某一个领域的问题提供了思想、观念即理念层次上的指导,因此,复杂性也是深中通道工程管理理念的核心和本质。

遵循以上理论分析,本节主要在一般意义上,诠释了基于复杂性的深中通道工程管理的一般原理与方法论,下文内容则分别从深中通道工程管理整体性理念与降解性专题出发,介绍深中通道工程管理的核心议题与重要抓手。

2.2 深中通道管理复杂性分析

由上可知,重大工程管理问题既充满了各种形态的复杂性,又具有不能用还原论方法处理的复杂整体性,而且问题的复杂性既有要素、关联与结构直接形成的复杂性,又有整体性传导、衍生和引发出来的复杂性,还有复杂性与整体性相互纠缠与耦合形成的在更高层次上涌现出来的复杂整体性。

复杂整体性是复杂系统管理的本质属性,具体而言,这是通过管理本体复杂性、管理主体行为复杂性与管理环境复杂性及彼此之间的逻辑关联形成的复杂系统管理这一人造复合系统的综合复杂性,因此,需要通过对各方面复杂性形态的梳理来描述和分析复杂系统管理综合复杂性。

运用系统方法论原则来辨识管理中的复杂的问题,可以精准锁定这类问题中的复杂整体性等特质,从而不仅可以深刻理解管理问题的复杂性,还可以利用复杂整体性来刻画复杂管理活动及问题的抽象属性。

因此,本节基于图 2-2 所示的结构脉络,从物理复杂性、系统复杂性及管理复杂性三个维度对深中通道复杂性展开分析。

2.2.1 深中通道物理复杂性

针对深中通道工程管理中的复杂性,首先是从直观上感受到复杂系统中现象与问题的物理复杂性,这往往是人们在由物质性资源组成的硬系统层面上对系统物理形态的感性、直观认知。接下来,我们就沿着此路线揭示深中通道工程的物理复杂性。

深中通道作为珠三角"深莞惠"与"珠中江"两大城市群之间唯一的公路直连通道,是广东自由贸易试验区(广州南沙、深圳前海和珠海横琴)、粤港澳大湾区之间的交通纽带,对完善国家高速公路网和珠三角地区综合交通运输体系等具有重要战略意义。深中通道最重要的物理特征如下:

1. 工程规模宏大

覆盖广阔的地理范围、庞大的建设量和多样化的工程硬资源是工程物理复杂性的体现。深中通道融合了桥梁、岛屿、隧道和水下高速互通等工程物理系统。工程处于珠江三角洲的核心区域,东起点位于广深沿江高速公路机场互通立交,通过广深沿江高速二期东接机荷高速公路,向西跨越珠江口,在中山市马鞍岛登陆;终点位于翠亨东互通立交,通过海上连接线实现广州南沙登陆。深中通道全长约 24 km,设计行车速度达到 100 km/h,具备双向八车道的宽阔通行

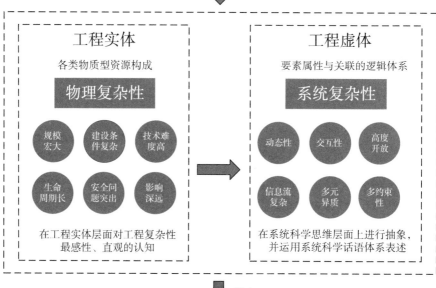

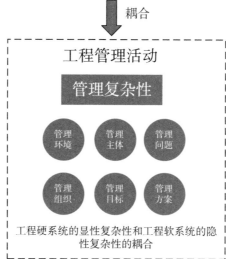

图 2-2 深中通道复杂性分析

能力,批复概算约 446.9 亿元。这些数据充分证明了深中通道巨大的建设规模和投资规模,也意味着在设计和建设过程中,必然涌现出一系列物理复杂性问题,如大规模地质勘探的不确定性、分布式物料的调动和运输等。

值得关注的是深中通道的沉管隧道部分。该隧道长约 6.8 km,是世界首次使用的双向八车道超宽钢壳混凝土沉管隧道。其用钢量巨大,相当于建设约 3 座国家体育馆"鸟巢"所用钢量。沉管隧道的制造工艺也十分复杂,标准管节隔仓数多达 2 255 个,纵横隔板、连接件交错,工艺孔达 15 000 个,国内尚无成熟施工经验;混凝土浇筑量高达 29 000 立方米,其用量之大、难度之高、工效之严格,是工程前所未有的挑战。

2. 建设条件复杂,综合技术难度非常大

复杂的建设条件和非常大的技术难度属于物理复杂性范畴,它要求管理者解决多变的环境挑战和技术难题。深中通道位于内伶仃洋海域,受航运、防洪、水利、机场航空限高、海洋环境、通航安全等多重因素制约,建设环境异常复杂,综合技术难度非常大,在方案选择、结构设计、施工、运营和耐久性等多个方面极具艰巨性。

首先,深中通道具有世界首例双向八车道海底沉管隧道方案,面临着"超宽、深埋、变宽、大回淤"等技术难题,而且是国内首次应用钢壳混凝土沉管隧道,属于全新结构和技术。其次,主跨 1 666 m 的深中大桥是全离岸海中超大跨径悬索桥,建设环境更为复杂。该桥处于珠江口开阔水域、华南沿海台风频发区,面临超高桥面抗风问题及海中大型锚碇施工难题,国内外建设经验较少。此外,海域地下枢纽立交匝道隧道与双向八车道钢壳混凝土沉管隧道组合也是世界首例,面临着超大交通量、高货车比、危化品车管控难等问题,且匝道隧道内多次分合流,行车视距受限,运营安全与防灾救援面临一系列难题,导致公共安全问题突出。再次,海域风化花岗岩地层起伏巨大,工程须穿透致密砂层,超大型海中人工岛钢圆筒振沉难度大。东人工岛海域超宽深基坑开挖支护及风化地层止水与防渗问题突出;人工岛填筑及海域明筑地下互通立交深基坑开挖和支护对滨海既有桥梁结构的安全影响大,变形控制难度大。最后,在复杂海洋环境条件下,深中通道还面临交通基础设施领域工程结构耐久性保障及长期安全服役问题,包括现浇结构大体积海工混凝土控裂难度和耐久性保障技术要求高、大交通量和高重载车比环境下正交异性钢桥面板疲劳和长期服役性能问题,以及高温、高湿、高盐雾条件下悬索桥主缆腐蚀问题等。

3. 工程生命周期长

工程生命周期长意味着从设计竣工到运维时间跨度大,稳定性要求高,体现了工程施工和维护上的物理复杂性。深中通道自 2010 年研究工作启动至 2024 年全线通车,整个过程长达 14 年。建设期涵盖了多个关键阶段,包括前期研究、项目立项、初步设计、施工图设计及施工等。每一阶段都需要经过严格的论证和审批流程,以确保项目的稳定性和安全性,体现了工程建设的物理复杂性和严谨性。

由于深中通道生命周期长,如果竣工后监控养护维修不当,隧道各构件将早于设计预期出现各种损坏,相应的,隧道的刚度和强度就会出现不同程度的衰减,从而抵抗自然灾害(如地震等)的能力就会下降,极端情况下,在各种突变效应的耦合作用下可能会引发灾难性事故。此外,为了确保深中通道的主桥能够持久耐用,将其预期使用寿命设定为百年之久,这一目标的实现需要深中通道的工程功能在长生命周期内具备良好的稳健性,这对工程建设物理质量和决策质量提出了新挑战,也使得项目人员在设计初期就必须思考后期运维的问题,从而形成了"可维、可达、可更换"的设计理念。这种理念贯穿于工程整个设计和建设过程中,要求项目人员在各个方面都要做到尽善尽美。从材料的选择、结构的优化、施工工艺的采用,到后期维护和检修的便利,都需要进行深入的考虑和周全的规划。

4. 工程安全问题突出

工程安全问题突出反映了工程物理结构设计、物理功能和物理环境适应性之间的复杂性。深中通道工程作为一项超级工程,其安全问题突出,需要得到高度关注和谨慎对待。工程面临着一系列安全挑战,包括施工安全、运营安全和结构安全等。这些问题不仅关乎工程建设质量和寿命,更直接关系到人民群众的生命财产安全。

在施工安全方面,伶仃洋复杂的水文地质条件、台风等极端天气以及航道繁忙等,都给水上施工带来了极大的安全隐患。工程管理团队面临着工期紧、压力大、海上施工组织复杂、施工安全风险高、受台风季影响大等难题。例如,2018年9月,超强台风"山竹"登陆珠三角,对正在建设的深中通道工程是一次严峻考验。一方面,强风暴雨对施工设施和海上作业构成极大威胁,工程管理团队需加强各项防台预案的制定与实施,确保在台风来临时能迅速、有效地应对,保障人员安全和工程设施稳定。另一方面,团队也需要注重提升安全意识和应急能力培训,完善安全管理制度和组织。鉴于深中通道在粤港澳大湾区的枢纽位置,其特大的交通流量、超长沉管隧道存在火灾风险等给工程运营安全和防灾救援带来重重挑战,也对社会经济发展产生重要影响。为了确保行车安全和交通流畅,需要建立完善的安全管理制度和监控系统,并且从立法或制度上加强对深中通道危化品运输车辆的通行管控。在结构安全方面,深中大桥作为深中通道的控制性工程,跨度大、结构复杂,对风载和荷载非常敏感。为确保大桥在各种工况下的安全稳定,需要采取一系列结构优化措施和技术手段。例如,通过风洞实验和数值模拟分析来评估风载和荷载作用下的响应,采用高强度材料和高性能的连接构造来提升整体结构的承载能力等。

5. 社会关注度高,影响深远

社会关注度高、影响深远这一特征指向了工程对周边环境与社会物理属性的实质性改变,体现了在物理空间和生态影响方面的复杂性。深中通道承载着"建世界一流跨海通道,创大湾区百年门户工程"的宏伟愿景,致力于打造世界一流的精品工程。它不仅关乎地区的交通便捷,更承载着粤港澳大湾区的未来发展希望。

首先,作为粤港澳大湾区的几何中心,深中通道是促进珠江口东西两岸经济交流的命脉。如何把项目建成与大湾区城市规划、自然环境和谐的珠江口门户工程是需要慎重考虑的问题。从海陆空三维立体视点来看,这一工程的建设对景观要求极高,任何施工或设计上的微小变化都可能对大湾区整体景观产生深远影响,这无疑增加了工程建设的难度。其次,工程建设受到沿线地市及珠江口两岸人民的密切关注,这种关注不仅来源于对交通便利的需求,还涉及对环境保护、灾害防治等方面的关注,这给深中通道建设带来了巨大的压力,行业主管部门对此提出了相应的高标准建设要求。在此背景下,深中工程管理中心进行了桥型方案的研究和比选工作,每一步都经过了审慎的思考与权衡。设计单位与咨询单位也紧密合作,共同投身于大量的方案研究与比选工作中。在各单位共同努力下,工程前期取得了扎实的研究成果,给项目顺利实施奠定了坚实基础。

此外,大湾区的发展潜力和战略地位使得深中通道建设品质被赋予高质量要求。这不仅体现在工程建设物理质量和物理结构设计上,还涉及与之配套的服务设施、安全管理等方面的提升。任何环节的短板都可能影响到整个工程的品质和形象,进而影响到大湾区的整体发展。粤港澳大湾区作为我国首个国家层面确认的"湾区",经济实力雄厚、区位优势明显,又在我国经济增长中发挥着举足轻重的作用。深中通道工程团队只有在技术和管理上精益求精,才能确保工程为大湾区发展提供有力的物理功能支撑,助力打造粤港澳世界一流创新经济湾区城市群,提升湾区竞争力,为中国的经济增长注入新的活力。

2.2.2　深中通道系统复杂性

任何工程实体都是由多种物质资源如土地、资金、材料、装备等在自然规律与技术原理支配下相互关联、组合而成的整体。工程具有明确的物质性硬结构,并形成基本的物理功能,而这些物质资源就是工程整体的物理型要素。因此,任何工程在整体层面上都表现为一个完整的实体系统形态,即任何工程都是系统。"系统性"是一般工程与工程管理的本质属性。

在重大工程系统中,系统要素具有异质性和自适应性,系统结构具有层次性,系统的整体行为与功能不能用部分系统的行为与功能简单"叠加"而成,系统的整体性无法仅仅通过还原论就被研究清楚,我们称这样的系统为"复杂系统"。因此,深中通道就是这样一个复杂系统。

我们说深中通道是一个复杂工程系统,不仅指人们从直观上感受到的工程"显性"复杂性,如工程规模巨大、建设条件复杂、综合技术难度高、工程生命周期长等这些"看得见、摸得着"的工程物理复杂性,还包括由深中通道工程特点与建设环境引发的系统复杂性,这类复杂性是比工程物理层面更深刻的复杂性,是从复杂系统层面上对复杂性的理性认知,如工程系统与环境的高度开放性和交互性、工程建设过程的动态性和不确定性、工程主体多元异质性等系统复杂性。因此,对深中通道工程管理问题的复杂性分析不能完全、一直停留在物理感知层面,而要逐步抽象至复杂系统层面,并运用复杂系统思维与话语体系表述、提炼管理问题的关联逻辑与属性特征,这就是从工程的物理复杂性向系统复杂性的转换,也是对管理情景核心要素与结构的提取,其中包含着一个重要的工程管理思维的复杂系统范式转移的过程。

具体而言,深中通道的系统复杂性体现在以下几个重要的方面:

1. 深中通道工程系统和环境之间高度开放和交互

深中通道工程系统与环境之间的高度开放和交互涉及工程与其所处环境的动态相互作用,需要协调内部系统的运作以适应外部环境因素的变化。这种互动关联增加了工程管理的不确定性和预测难度,体现了系统复杂性的典型特征。

重大工程建设通常面临各种复杂多样的环境因素,涵盖自然环境、经济环境、社会文化环境、政策法规环境和技术环境等多个方面。这些因素不仅具有各自独特的影响和挑战,而且彼此之间存在相互影响、相互制约的关系,增加了工程建设与管理的复杂性。

深中通道工程系统与环境之间高度开放和交互,环境是动态的、不确定的和演化的,并且与系统紧密关联、相互影响。由于海洋天气多变、灾害性天气频发,作为一项规模宏大、影响深远的重大工程,深中通道的建设难度大;工程所处的伶仃洋水域是珠江口最大的喇叭形河口湾,其地形地貌在洪潮不同动力交汇作用下,形成了典型的三滩两槽,使得水动力条件变得极为复杂;同时,这片水域也是我国水上运输最为繁忙、船舶密度最大的水域之一,使得工程施工期间水上交通管理和安全保障任务艰巨;工程北侧的深圳宝安机场是我国大型民用运输机场,航空业务量居于全国前列,机场周边净空环境形势日趋严峻,深中通道建设须考虑对西侧净空的保护。更重要的是,深中通道所处海域自然环境优美、海洋物种丰富,项目临近多个环境敏感点,这不仅对生态环境保护提出了极高的要求,也使得工程设计和施工方案的选择需要极为谨慎;工程位于伶仃洋经济鱼类繁育场保护区内,通道施工期产生的悬浮物对经济鱼类繁育会产生一定程度的影响。

2. 深中通道涉及许多动态和不确定的管理要素

深中通道项目中各类动态和不确定的要素是其系统复杂性的重要根源,这就要求工程管理团队在整个系统中综合考虑和协调这些要素自身的复杂变化情况及彼此之间的相互影响与作用。这不仅增加了项目规划和设计的难度,也要求管理团队采取更加灵活和创新的管理方法来应对现场执行的复杂性。

重大工程管理系统组成要素多,并具有异质性与自适应性,要素的属性、作用和功能之间存在差异;要素能够根据接收到的信息动态调整自身的状态与行为,以适应环境的变化。同时,系统中会产生新的规则,形成新的关联与结构,使得工程管理系统出现更加高级、更加有序的整体行为与功能。具有动态性和不确定性的管理要素使得工程管理情况难以被预测和控制,需要管理者具备高度的洞察力和应对能力。

决策是一个多阶段、多主体和多层面的迭代过程,深中通道的决策管理系统功能包括工程规划论证、工程整体方案、投融资模式和环境保护等,决策问题多,彼此联系紧密且相互影响,不能简单分解为多个彼此独立的子决策问题。例如:在工程规划阶段,对潜在风险进行评估,有助于进一步筛选决策方案;在决策方案的实施阶段,管理者需根据实际情况,如遇地质变化或天气异常等意外状况,及时调整实施方案和资源配置;针对涉及重大技术难题的决策问题,技术论证、科技攻关和创新引领是决策科学性和可行性的坚实保障。因此,深中通道工程管理系统,应重点关注其管理要素的动态性和不确定性,并从整体性的视角看待整个系统,考虑各要素间的联系,以确保工程顺利实施。

3. 深中通道对信息流和知识的管理

深中通道中密集的信息流和知识管理任务,以及不完全、不对称的信息环境,体现了高度互联和相互制约的系统特性,要求管理主体在多个领域内实现有效的信息和知识管理。

重大工程建设与管理蕴含着高度复杂的信息与知识体系,有效的信息转换和知识管理对项目顺利实施有着重要作用。信息包括各个专业领域的广泛的数据,知识则包括工程建设管理知识、其他学科专业知识以及新知识。

具体地说,深中通道管理需要高效、准确地处理包括工程设计、决策、施工、供应、项目进度、质量和安全各方面的大量信息。在管理过程中,除了要确保信息搜集的完整性、实时性与准确性,还要保证信息流动的顺畅。由于工程管理问题具有复杂性,深中通道的管理不仅需要广泛的工程技术知识和大量的软科学知识,还要有办法将两方面的知识融合起来形成新的知识。在现实中,不可避免地会出现信息不完全和不对称的情况,这更增加了管理主体应对信息不完全和不对称、进行决策和解决问题的难度。例如,供应商提供的材料质量信息往往不完全、不透明,供货延迟的风险也难以预测。项目团队需要建立有效的信息管理机制,运用先进的技术工具分析数据,以降低决策风险。

4. 深中通道多元、异质的管理主体

深中通道的多元、异质管理主体不同的价值观和属性是形成重大工程系统复杂性的主要原因之一。

深中通道主体涉及政府、业主、设计规划单位、监理、科研及咨询机构、承包商和供应商等,每个参与方都有其独特的价值观念和专业及职能背景。如政府部门着重考虑项目的社会价值,投资者更关注经济收益,设计单位追求创新与技术领先,承包商重视施工效率和成本控制等。而应对这种多样性价值观并存且可能形成冲突的局面,关键在于有效整合和协调不同的利益诉求,构建高效的供给体系。

深中通道的系统复杂性不仅体现在技术和管理层面,更多地表现在多方利益相关者关系处理上,每一方都有独特需求和期望,使得项目策划、实施与运营阶段面临多维度挑战。环境保护组织和社区的关注点在于项目的环境影响和社会责任,工程施工方案需遵循《广东省海洋功能区划》的规定,最大化社会效益,同时最小化环境影响。例如,2020年深中通道工程面临着约1 000万立方米疏浚物的处理问题,最终由广东省政府统筹协调,体现了政府对工程建设社会责任的履行。另外,工程投资者关注项目的财务回报和风险控制,其决策直接影响项目的资金流和经济结构,而设计单位、施工方和供应商面临着确保设计质量、施工安全和材料供应的任务,各项目标不易综合,也难以达成共识。这些复杂的利益和需求交织在一起,使得重大工程管理成为一项需要精细沟通、协调的复杂任务。

以上是依据系统理论思维建立的深中通道物理要素属性和关联的逻辑体系,形成了工程虚体系统及其系统复杂性,这也是深中通道物理复杂性在复杂系统范畴内的体现与抽象。

2.2.3 深中通道管理复杂性

根据被凝练出来的工程系统复杂性,参照管理学的概念、原理,可以将对系统复杂性形态与机理的认知再一次转换成管理学相应的概念、原理、逻辑、话语体系与管理科学问题。

下面,我们根据深中通道管理活动的基本要素来逐一描述管理复杂性的基本内涵。

第一,管理环境。深中通道的管理环境,包括自然环境、经济条件和社会期望等,是其管理复杂性的现实源泉,它要求项目适应这些外部因素的不断变化,同时确保内部管理和操作的连续性和有效性。

首先,深中通道包括海底隧道、桥梁和人工岛。这样的空间环境意味着项目建设管理必须克服复杂的地质和海洋条件,例如在海底隧道施工过程中,基槽碎石整平是沉管基础质量控制的重要环节之一,因此,碎石整平船是沉管隧道质量控制的重要保障设备。深中管理中心自主研发了世界最大的自升式碎石铺设整平船"一航津平 2",为深中通道沉管安装的工效和质量提供了重要保障。其次,项目建设期间恰逢新冠疫情暴发,不仅增加了施工人员的健康安全风险,也对项目人力和物资供应造成影响。项目团队必须调整施工计划,同时实施严格的安全保障措施。最后,从自然环境来看,深中通道作为一项跨海工程,需要应对复杂多变的海洋气候,如台风、海浪和潮汐等,这些自然因素不仅对施工安全构成威胁,也影响着工程材料和施工方案选择。如在设计钢壳沉管隧道施工方案时,选择了双钢板-混凝土组合这样的新型结构,具有材料应用率高、承载能力大、抗震性能好、耐久能力强等显著优点。

第二,管理主体。深中通道的管理主体涉及多个组织和团队的关键机构与个人,包括政府、业主、投资者、设计单位、施工单位、监理单位、供应商和承包商等。这些主体的利益诉求、价值观念和工作职责各不相同,他们既有着建设好、管理好深中通道的共同目标,并在管理的不同阶段发挥各自的作用,但又因为彼此之间存在不同的价值偏好,往往会引发不同的利益诉求和行为冲突。以牛头岛沉管舾装区的环保问题为例,施工导致水域范围发生变化,触发遥感卫星图像异常,牵涉省政府、自然资源部南海局、省自然资源厅和工程管理团队等多方。省政府需平衡项目规划与地方发展,自然资源部关注环保法规,而工程团队则专注于施工和技术问题。在这一复杂关系统筹管理中,省政府除协调各方,还协同自然资源部寻求解决方案,体现了跨部门协同合作对避免管理冲突的重要性。

这种复杂的管理结构对主体能力提出了更高要求。各方不仅要在各自领域内展现专业性,还要有足够的灵活性和适应性来应对复杂性,例如,在西人工岛塑料排水板施工过程中,存在工程量巨大、工期紧迫和施工难的情况,通过深中管理中心、监理与施工团队之间的紧密合作,施工的质量与安全得以保障。这不仅展示了面对挑战时团队协作的力量,也突出了各主体能力在应对突发挑战、确保项目成功完成中的关键作用。

第三,管理问题。重大工程的管理问题,如资源配置、时间管理、质量控制和风险控制等,都体现了管理复杂性,要解决这类问题,必须综合考虑多方面因素并实施有效策略,以确保项目顺利完成。

具体地说,深中通道的管理问题不仅涵盖传统的风险控制、成本控制、时间管理和质量保证等方面,还包含多领域的复杂整体性,例如深中通道异质主体管理组织平台设计、深度不确定管理决策与决策方案的"迭代式"生成方法、复杂性引起的风险分析与防范、管理现场多主体协调与多目标综合控制等。

与一般工程相比,深中通道面对的管理问题与环境既紧密相连又相互影响。环境的变化对管理问题影响深远,而且在工程管理内部,又彼此紧密关联、相互纠缠,甚至出现"牵一发而动全身"的情况。因此,解决这些复杂的管理问题需要跨领域、跨学科的技术、手段和方法。传统的还原论方法在这样的环境中很难完全适用,还需要整体论思维,揭示问题产生与解决的整体性机理。因此,深中通道的有效管理需要采用复杂系统管理方法论和综合管理策略。

第四,管理组织。深中通道的管理组织需要跨多个专业领域和层次进行协调、决策,保证现场执行。

由于环境的复杂性、问题类型的多样性及问题本身的复杂性,深中通道很难一次性构建一个能够全面应对所有管理问题的固定组织结构。深中通道需要一个在管理过程中能够灵活适应和调整的管理组织,以提高其处理复杂问题的能力。这只有通过构建具备"柔性"和"适应性"的管理组织结构才能实现。

例如,在深中通道建设过程中,管理组织经历了从项目前期规划阶段(深中通道前期工作协调小组)、工程建设协调阶段(深中通道管理中心总工办、工程管理部等)到运营维护阶段(深中通道管理中心数字化管理部、工程养护部等)的多重转变。这种动态和灵活的管理方式体现了深中通道管理组织因时、因地、因问题不同而糅用"柔性"与"适应性"的策略。

第五,管理目标。深中通道的管理目标不仅包括保证施工进度、控制成本、满足安全标准和实现社会经济效益等一般性目标,还有在交通强国战略指引下实现引领行业发展、技术创新、绿色建造等宏大目标。这一状况不仅导致了各个单项目标要求高、难度大,更加复杂的是这些目标在层次、维度以及尺度上的差异性与冲突性造成了综合、协同与统筹上的困难。

首先,由于深中通道具有长生命周期的特征,其管理目标在不同阶段会有所变化。短期目标的重点可能会放在保证施工进度和控制成本上,而长期目标则更侧重于功能稳定性、运营效率和安全性,需要平衡长短期目标。其次,深中通道在经济、社会、环境方面存在促进区域经济发展、提升居民生活质量、最小化环境干扰等目标,这些多维度目标可能导致目标间的冲突。例如,在东人工岛工程施工过程中,为保护已通车多年的广深沿江高速,不仅要严格符合地质安全标准,还需顾及高速桥梁的稳定性。这导致施工条件极其复杂,管理目标不仅要保证工程进度和质量,还要确保现有交通基础设施不受影响,同时保护周边环境,这无疑增加了管理的难度和复杂性。此外,深中通道采用了一些先进的和创新的工程技术,新技术的研发和应用在提升效率的同时也增加了实现管理目标的难度。例如,开展混凝土箱梁智能浇筑及智慧梁场研究、钢箱梁智能制造方案研究,虽然可以实现桥梁建设提质增效,但也带来了成本和时间上的不确定性。

第六,管理方案。深中通道的管理方案,集资源分配、质量保证、技术创新、风险控制与利益相关者协调于一身,需在确保项目实施效果的同时,平衡多维任务的交织和相互作用,体现了工程的管理复杂性。

深中通道这一高度复杂的重大工程,对管理团队的专业素养和综合决策能力提出了极为严苛的要求,需要团队制定既符合实际情况又能全面满足各方诉求的管理方案。首先,为避免自身知识、经验和能力方面的局限性,团队需采取自学习和自组织的策略,包括培训、研究和经验交流,调整管理结构和流程。例如,工程采用全球首次大规模应用的钢壳混凝土沉管结构,由于超出现有国际经验和缺乏相应标准,工程团队必须实施创新性探索和风险管控方案。其次,管理方案并非僵化不变,而是随着工程的逐步推进、技术的持续革新以及外部环境的动态变化,进行灵活而审慎的调整。如深中通道项目部在面对施工区域砂层盗采导致的夹砂层问题时,没有固守原计划,而是根据勘探结果和技术分析,灵活调整管理方案,最终创新采用 DSM 工艺处理夹砂层,有力保障了工程的稳步推进。最后,深中通道的管理方案还需建立高效的即时监测与快速响应机制,确保对现场进展、环境影响及技术挑战等关键要素的全面掌控。特别是对周边广深沿江高速、机场外排泄洪渠、输油管道等重要公共设施的影响进行严密监测,避免工程施工对这些设施的安全与正常运行造成任何不良影响。这一系列举措充分展现了深中通道管理团队在工程方案设计与实施过程中,有效应对复杂性挑战的专业素养和卓越能力。

综上所述,深中通道的管理复杂性是主体在管理活动中能够体验、意会并应对复杂性的行为原则与相应举措。深中通道工程管理复杂性体现在多个层次、维度与尺度上,从多变且充满挑战的管理环境,到多元化且利益交织的管理主体,再到错综复杂且相互关联的管理问题,每一环都考验着管理团队的智慧和应变能力。管理复杂性的产生原因,可能在于客观环境的不确定性、参与主体的多元性和管理问题之间的复杂关联性,无论是哪一种原因造成的管理复杂性,都为深中通道的建设与管理带来了挑战,迫切需要采用新的管理理念和措施加以应对。

2.3　深中通道管理复杂性降解

前面一节能看出复杂性是深中通道工程管理的本质属性,并且指出深中通道的管理复杂性会对其管理活动带来很大的困难。这意味着,不论重大工程管理活动有着怎样的形态,其分析和解决问题的核心与关键都应当是聚焦如何应对和驾驭问题的复杂性,即从思维层面上讲,应把问题复杂性尽量降低。换句话说,管理主体分析和解决深中通道工程管理问题的基本行为准则应当是复杂性降解,如果说复杂性分析是从思维层面去剖析问题,那么复杂性降解则是从实践层面去解决问题。

因此,为了解决深中通道建设中复杂性管理问题,本节将在复杂性降解基本理论的基础上,提炼出深中通道工程一般意义上的降解的基本路径与方法,以形成基础性的行为规则。

2.3.1　基本原理

根据上一节对复杂性降解的认知,其原理是降低问题的复杂性,将复杂问题切割成复杂性较低的子问题然后分别解决,最后再复原成原来的复杂性问题。复杂性降解的基本原理包括适应性选择原理、迭代式生成原理、多尺度管理原理。本节介绍在深中通道项目中管理复杂性降解的基本原理的体现。

1. 适应性选择原理

适应性选择是指主体与现实情况相适应,选择更协调的决策。深中通道是跨河、海、洋的大工程,其建造在伶仃洋水域,伶仃洋属于典型弱洋流海域,每年上游大量的泥沙涌入海洋,在这片海域产生泥沙淤积,需要不断清理,才能保证航道畅通,如果发生洪水、地震等灾害,情况会更加严重。深中通道横跨大湾区两个重要的泄洪通道,避免产生灾难性影响的关键在于有效降低阻水比。其大量的桥墩可能会对水流造成影响,阻水比控制不当,泥沙就可能会沉积,形成冲积平原,伶仃洋的属性决定了深中通道的阻水比不能超过10%。针对这一问题,深中通道研究团队设立了河口物理模型科研基地,还原珠江水系的地形和水文特性,按比例放置深中通道整体模型进行阻水实验,通过预测泥沙沉积和水流情况来预估该工程对伶仃洋水域的影响;同时,经过对方案反复比对优化,西人工岛最终选择棱形设计方案,对泥沙和水流具有疏导作用。预测模型的设计和推演确保方案可以在工程长生命周期内持续发挥作用,能够担当起工程环境未来可能出现的情景变化所带来的各种风险。建设工作需要适应当下建设区域的环境。

2. 迭代式生成原理

迭代式生成原理是基于适应性选择原理不断了解主体"选择"行为在实际操作层面上的一般规律和基本行为准则,采用多次适应性迭代形成的方案序列逼近问题的最终方案。

例如,通道设计主要的争议在于是选择全隧方案,还是选择桥隧方案,如果选择全隧方案,就要在岩层底下通过11道断裂构造,盾构技术会产生大量碎石,破碎的岩石在海底难以处理,会卡在盾构机的刀盘上,断裂结构风险太大。结合路线的环境和航线影响,经过方案的比对与迭代,最终采用了西桥东隧再结合环岛的设计方案。

3. 多尺度管理原理

多尺度管理是先从不同维度和不同尺度进行问题分析,然后再复原的过程。例如,前期系统的专题研究工作有力支撑了项目工况方案的顺利批复。为进一步支撑深中通道的科学建设,在初步设计阶段,对深中通道进行多尺度管理,多维度地分解问题,从而有效解决问题。这一阶段分别从工程条件适应性、关键技术研究优化、安全检测、环境理念等四个维度去提出修改意见并切实落实。第一,加强工程地质、水文地质勘察和河势调查,探查区域断裂位置、破碎带宽度及砂土液化等情况。结合交通特性、防洪要求、通航条件及港口规划等,进一步优化跨江通道平纵线形、跨广州港出海航道桥轴线和桥位方案。深化桥型、桥跨布设和通航适应性分析研究。第二,优化特长隧道和人工岛等建设方案,切实做好水下变截面大跨度隧道和海中锚碇设计施工关键技术研究。第三,深化抗风、抗冲刷、防撞、结构耐久性、救援避险和运营管理等专题研究,加强施工组织方案研究,优化治超和危险品检查站布设方案。第四,按照建设环境友好型、资源节约型公路的要求,通过加大新技术、新工艺、新材料、新理念的推广应用,优化设计,把保护生态环境、节约集约用地、节能减排等工作落实到位。经过四个维度的优化迭代后,选取最终方案,然后再复原整合,形成整体性的维度。

2.3.2　基本路径

基于上述复杂性降解基本原理,结合复杂性的来源,在深中通道管理中采用的基本降解路径表现为以下三个方面,如图 2-3 所示。

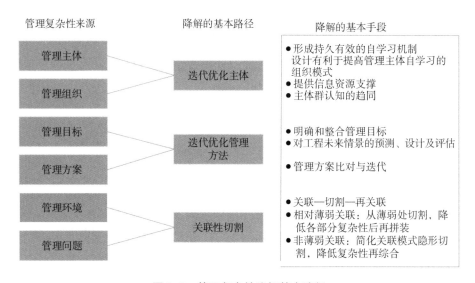

图 2-3　管理复杂性降解基本路径

1. 管理主体的自学习与自适应

从工程思维的角度看,主体全部选择行为的目的都是提出和确定解决管理问题的方案,这也是主体选择行为的根本目的。深中通道管理问题是一类复杂性管理问题,其管理目标具有多层次、多尺度和多维度的特点,难以完全用结构化模型表述和分析,即使勉强构建结构化模型,也会因为模型复杂而难以对模型求解。因此主体根据"迭代性"准则,通过迭代的方式来解决问题的复杂性。具体原理和路径如下:

(1)管理主体自学习

深中通道管理问题的复杂性主要来源于两个方面:一是本体论观点,即来源于管理环境与问题自身的复杂性;二是主体论观点,即来源于管理主体的认知缺陷,包括知识、经验与能力不足等。在实体复杂性与主体认知之间,如果主体理解能力提高了,相对而言,问题复杂性就相对"降低"了。

增强主体理解能力,主要通过管理个体和管理主体群的自学习来实现,即在管理活动中自觉地通过多种途径和手段获取各种必要的知识,内化为分析和处理复杂性的能力。深中通道在这一降解过程中,通过形成管理主体群持久有效的自学习机制,提高管理主体自学习的组织效率,或者通过增加信息资源来支撑降解复杂性。

深中通道管理组织中有负责技术与管理的国内外多位专家和进行技术沟通与支持的多个研发机构,为分析和解决工程复杂问题提供了多方面的智力支持。例如,在"浮运安装一体船"的研发过程中,研发团队联合上海交通大学、中国船舶重工集团公司第 702 研究所等科研机构分别进行了数模、物模试验,进一步明确了设定的目标值。其间,研发团队与科研机构就一体船动力、航行及沉管沉放等关键课题进行了反复的研究论证,并与设计单位、业主单位等相关单位深入沟通,完成了可行性认证,在一体船的复杂性问题上实现了突破性进展。

主体个体的反复优化。管理主体中的个体为了提高自身的选择能力,开展自学习活动,主体通过自学习逐渐把握待解决问题的本质,并把学习成果迁移到问题的情景中,这是主体认知思维的一个自我优化的过程。在这样一个不断迭代的过程中,主体自身的信息与知识不断丰富,对问题及如何解决问题的认知不断全面、完善和深刻。这是在管理方案选择过程中最基础的一类迭代行为。

（2）主体组织自组织

主体组织意义上的反复优化。在实际中,因为解决不同的问题需要不同的事权与专门的知识,即管理主体群的组成一般不是固定不变的,而要根据问题性质的不同,在序主体的主导下,对主体进行不断选择并对主体群的结构进行适当的变换,以形成一个新的主体组织。这既是管理主体群又是管理组织在重组或重构意义下的不断迭代,正是通过这种迭代,管理组织适应性地产生了与所需解决问题相匹配的事权和能力。

同时,组织意义上的反复迭代优化也需要适应性地选择管理组织机制,深中通道管理组织作为管理平台,其自身要有适应性机制,这样,平台才能提供主体群开展适应性选择的基本条件和环境。

组织平台根据问题、资源、主体和环境四个要素设计适应性机制,并且依据这四个要素的动态变化构建了一套完善的管理组织的适应性机制,其中,问题（任务）的变化是根本和主导的,起着导向性作用,引起组织主体的变更、结构的变更和机制的变更。组织管理平台表现出的多方面"柔性"品质充分体现了它在应对复杂性管理问题（任务）时,通过适应性机制构建驾驭管理复杂性的能力的基本原理。这是工程管理组织的优良品质,也是主体群适应性自学习行为的积极结果。

例如,不同的建筑材料需要依靠不同的组织力量自组织去研究和制作,桥梁钢丝依靠宝钢集团南通地区的测试达到了深中通道强度级别,而在浙江嘉兴则将钢丝包裹成索骨组成桥梁主揽,后续的运输和组装又是不同组织去完成,不同组织在各自领域完成对整个复杂性问题的拆解。

（3）主体群共识形成上的自适应

主体群共识形成上的反复优化。管理方案的选择过程在现实操作层面上,主要由对方案的"迭代"构成,随着主体认知的深化与价值观的变化,方案不断被对比并反复修正,然后在方案选择过程中形成主体群的共识。这标志着主体群中各个体对问题复杂性认知的逐渐集中与趋同,体现为一种"不断比对、逐步逼近、最终确定"的普遍模式。

因此,管理方案的选择行为在操作层面上,表现为一种由"主体个体自学习迭代—主体群平台迭代—主体群共识形成迭代"组成的三个层次递进、相互反馈的综合迭代模式。"迭代式"的具体生成程序是主体不断对某一阶段性的方案进行纵向或横向比对、调整和修正,甚至推翻原方案再重新设计方案这样一个不断优化的过程,最终以逐次优化的方案序列逼近最终方案。

例如,在深中通道项目获得立项的过程中,科研团队走遍了北至虎门大桥、南至港珠澳大桥选址之间的 70 公里的珠江两岸,对深中通道的线位选择进行了充分的地质勘探等科学调查,在跨越 7 条航道的繁忙的珠江口上,先后制定了 29 个过江通道方案,几乎穷尽了在这个区间内建造一座超大型跨海通道的线位选择、方式组合,经过对方案的不断对比、优化与迭代,以及由多位院士和其他专家组成的审查团队的审查认定,选中了最后的方案。为确保各行业和谐发展,管理者又带领新的论证团队做了 19 个通航论证,对其方案进行不同角度的论证。最终,深中通道最复杂的通航论证取得交通运输部通航批复,同年年底,国家发展改革委批准项目立项。这就是主体群从不断调查、学习、沟通提出方案,到平台调研、审查、认证三个阶段的更迭,再到对最终方案达成共识并获批立项的一个迭代的过程。

2. 迭代优化管理方法

迭代优化管理方法体现在以下三个方面:

第一,管理目标的明确与整合。管理目标的明确与整合离不开复杂性降解中的适应性选择原理。深中通道管理目标的多元化导致它存在管理复杂性,一方面,它具有多元化和多层次结合的特征;另一方面,管理目标彼此之间存在着许许多多的矛盾和冲突,同时,管理主体价值观的变化,也会导致管理目标出现动态性与复杂性。针对上述情况,可以通过明确与整合管理目标来降低管理复杂性。

为了不因为目标集合存在的缺陷（如目标不完整、层次与关联模糊、冲突性目标没有预处理等)而影响对工程总体管理目标的评价,明确管理目标时也需要对目标集合进行适应性选择。深中通道在执行这一策略时,首先,科学地识别目标体系,在广泛涉及目标的基础上,对目标进行合理的筛选、合并,提取更具本质性的核心目标。为了做好目标整体意义上的选择,管理主体科学地构建目标体系,平衡好目标的多元化、层次性、关联性、非可加性、动态性、均衡性和有限性之间的关系。其次,进行管理目标宏微观维度分析。最后,主体通过自学习,掌握更多的信息与知识,提高分析目标复杂性的能力。同时,由于工程管理目标会受多种因素影响进而发生变化,设计管理方案时也要对目标进行适应性调整,避免造成管理方案的失效和失误。

所谓管理目标明确是在目标设计的基础上,对构成型目标、生成型目标以及涌现型目标进行筛选、合并与提取,突出和保证战略型、基础型目标的地位。进一步,必须充分考虑各目标之间的对立统一关系,注意统筹兼顾。在明确管理目标的基础上,通过对部分目标进行剔除、限制和补偿,尽量保证目标之间的整体均衡,兼顾好直接与间接、短期与长远,以及功能性、社会性与战略性目标之间的平衡,此即为工程管理目标的整合。

管理目标的明确与整合能够使目标的多元性得到一定的压缩,增强目标之间的结构化关联,因此有利于降低管理目标的有序性与可度量性,从而降低分析和评估目标的复杂性。

例如,在工可阶段,设计的主要工作是根据现场初步勘察条件,预测交通量,评估通航与航空限高、技术难度、建设风险等,提出初步的多方案设想,提出可行的多线位以及陆地接引方案,细化各方案的通航桥、非通航孔桥、陆地引桥、隧道规格等具体设计构想,从而为评估交通需求、施工风险、建安费等提供基础依据。这样,目标得以被不断地明确与整合,大大降解了设计阶段的复杂性,适应当下的环境特点,使得多重复杂性之间得以均衡。

第二,不确定情景的紧缩与降低。复杂系统的未来情景空间是"充分"大的。未来情景是未知的、难以想象的,并且难以预测。深中通道的未来情景不确定,同时,现在与未来两个情景点的演化路径也难以确定。情景空间越大,情景点和演化路径就会越来越"分岔"、越来越模糊,管理复杂性就越强,因此,需要对工程未来情景的"紧缩"进行降解。我们可以采用以下方法:以管理主体群的经验与知识为基础,"锁定"一些具体和特别有意义的情景;从环境状态预测视角设定条件和参数生成未来情景;设定子空间降低不确定性;设定未来情景可接受的阈值等。以上各种方法都是通过压缩未来情景空间的深度不确定性来降低管理复杂性。

例如,在深中通道的速度设计和车道数设计中,充分考虑了交通量预测结果和道路通行能力及服务水平。深中通道旨在构筑联系珠三角东岸与西岸地区的快速通道,受地形及沿江高速相关预留条件影响,设置了一条涡轮型互通通道与之实现交通量转换。预测的远景交通量巨大,过江通道资源稀缺,在进行通道设计时考虑长远发展非常必要,因此,设计的八车道方案更符合远期规划发展需求,能够使车辆尽量运行顺畅。不仅仅在交通量上,深中通道的其他设计与方案也在考虑降低未来的复杂性和不确定性。

同时,管理方案作为主体适应性选择的最终结果,其"质量"必然会成为对主体适应性选择行为"质量"的直接考核。考察深中通道工程管理方案质量的核心与关键是管理方案能在工程长生命周期内持续发挥其功能(效用),并对环境可能的未来情景深度变动保持其稳健性,例如,阻水比和西人工岛设计方案的确定就体现了对未来不确定情景的反应。

第三,管理方案的比对与迭代。管理方案的"迭代式"生成原理在操作层面上集中表现为主体的比对行为,而比对所采用的基本技术主要是综合评价,其关键技术路线包括评价目标的综合与定性定量相结合的综合评价技术。

(1) 综合目标比对的迭代性。对管理方案的反复优化,应在同样环境下对方案进行同等深度与统一价值观的比对,这就需要主体提出综合评估技术中的综合目标。在综合评价过程中处理目标,需要主体对每一个阶段的目标进行筛选或合并,对目标之间的关联性进行定性或定量的判定。到下一个阶段,主体要在上一阶段评价的基础上,进行类似的迭代。这是主体采用的目标综合技术路线所反映出来的迭代式内涵。

例如,深中通道海底隧道基槽的挖掘决策、桥墩选址及人工环岛的形状选择与海上航道路线规划、中华白海豚保护方案相互关联、相互影响,随着海上航道、环境保护、中华白海豚保护情况的变化,决策目标和方案经历了多次比对、迭代与优化。

(2) 定性与定量综合集成的迭代性。因深中通道管理方案具有复杂性,管理主体一开始往往先要形成方案的整体思路、设想与概念,这一阶段主要是在已有科学理论、经验知识的基础上,综合主体群的智慧,形成以语言和文字描述为主的直观判断。这一阶段主要依靠主体对问题和方案认知的不断深化,呈现出不断深化的迭代特点。但是,许多方案及关键技术对工程具有直接而重大的影响,对这类问题,我们不能只停留在定性的描述上,需要进行清晰、精确的分析和描述,才能避免出现误差,保证整个工程管理方案的质量。特别是对于复杂性问题,其整体性强、与外部深度不确定环境联系密切,需要主体在初始阶段形成的认识和理解的基础上,经历一个逐步深化的认识过程。例如,采用数据采集与分析、跟踪监测与仿真等多种定量方法,并对自身的定量结果进行修正,这些都是在不断迭代中完成的。此外,工程复杂性问题具有多层次、多领域以及学科性强的特点,既需要依靠群体共识做到定性的综合集成,也需要根据总体目标与原则运用定量方法。对其采用多种模型、多种计算工具、多种量化手段的集成,这就是定量的综合集成。因此,深中通道复杂性问题方案的选择不仅需要运用定性与定量相结合的方法,更需要运用从定性到定量的综合集成方法。在上述过程中,定性阶段与定量阶段都需要多次迭代才能完成,而且定性迭代与定量迭代会相互影响,引发彼此新的迭代需求,形成在定性定量相结合中的互动迭代特点。

例如,深中通道速度设计方案面临许多困难,需要考虑的问题和影响因素较为复杂。对此,深中通道管理主体先定性,后定量,将定性和定量的决策方法结合起来,使得深中通道速度设计问题得到综合的最优解。具体来讲,决策者首先使用定性的方法从七个方面去设计速度,即"项目功能地位""前后路段的衔接""行车安全""路线指标的适应性""工程规模""平纵面设计指标""交通量预测结果",计算出在每个方面的规范标准下所宜采用的速度,最后再综合七个方面的数据并通过技术人员不断调查、迭代,得到最优的速度设计方案。

确定深中通道管理方案的技术路线是复杂性的挑战之一。在前期,决策和施工方案的确定都涉及多个目标与主体、装备、技术、人员和资金的整合,以及多个领域。管理主体可进行多次比对、调整,逼近技术路线,将整体性问题的复杂性拆解为分阶段、分领域的相对简单的复杂性进行分析和处理,并获得最终解决方案。管理方案不是简单的下结论,而是在不断了解、讨论、比较、优化等一直迭代的过程中得到的一个满意的方案。

可见,在工程管理建设过程中,管理方案不是一蹴而就的。因此,不要急于用简单的思维找到最优方案,而应不断认识、及时沟通、反复比较,最终获得较为满意的折中方案。从该视角可知,深中通道管理的目标不在于最优,而在于不断优化。

3. 关联性分析与切割

由于深中通道是一个超级大工程,不仅是材料、装备、资金和技术等硬资源的集成,而且是组织、管理、信息、价值等软资源的集成,在此基础上,形成了深中通道管理要素之间的强关联性和高度集成化的特点,从而引发了管理中的关联复杂性,增强了管理复杂性。因此,在管理过程中需要恰当地切割深中通道"局部"与"全局"的关联来降低管理复杂性。

关联性分析与切割是管理主体对工程虚体中属性的隶属关联、包含关联、并列关联、因果关联、相关关联等进行拓扑结构或者逻辑结构分割，是一类在认知思维上的假设与理想化，而不是对工程实体的任何固有物理复杂性的肢解，关联性切割也体现了多尺度管理原理。

深中通道管理主体在进行关联性切割前，需要对属性关联方式进行分析，然后针对不同程度的关联性，采取不同的切割路径。

第一，对相对薄弱的关联情形，从相对薄弱处切割，被切割的各个部分的复杂性一定有所降低，然后再对它们进行"拼装"，恢复成原系统。例如，在智能制造实施方案中，各个行动部门的技术要求和规范是不同的，但是彼此又有所关联，因此，在相对薄弱的领域和部分关联关系下，会根据不同的技术原则，切割成小节段车间智能化制造、中节段场地数字化搭载、大节段船坞自动化总组三个独立的主体去研究，随后再进行管理方案的拼装和集成，对管理方案进行"整合复原"，恢复成一个整体的智能制造系统。

第二，对强关联的情形，可以简化关联模式和强度进行"隐形"切割，降低复杂性后再综合。例如，在深中通道浮云安装一体船长距离沉管技术在对接过程中的测控和定位测量的决策问题中，测量和定位紧密相连，决策相互迭代。一方面，定位要考虑测量的可行性和变化性；另一方面，测量要依托定位对接的精准性和稳定性，定位为测量奠定了基础。在决策初期，首节沉管采用 GPS 定位和水下单个摄像机摄像测量方案，针对 GPS 卫星信号曾出现的在安装前丢失的情况，团队启用北斗定位系统，建设者在一体船测量塔上，装置了北斗卫星天线，通过接收器将收集的信号传到监控电脑上，电脑里同步加装了根据沉管浮运安装工序自主研发的测控系统。这套软硬件"组合拳"实现了系统之间的转换，可接收 GPS 和北斗两种信号，实时计算沉管三维动态，精准掌握船管在海底的具体位置。经比对两个方案并验证，两套系统定位精度相当，但北斗系统能够接收到的卫星数量更多，稳定性更有保障。同时，对接定位搭配也需要水下测量系统的配合，测量团队在一次研讨会中提出用相机来测量沉管的位置，经专家不断协商，单个相机头变成双目测量，再通过多项排列组合光源实验，最终敲定了用白炽灯作光源的"水下双目"测量方案，达到 3 毫米级测量精度。沉管对接决策是一个"定位与测量关联—定位与测量切割—定位与测量再关联"的决策过程，定位与测量两者结合形成水下沉管技术。

以上两个原则实质上是"关联—切割—再关联"的过程。首先，管理主体试图将重大工程管理复杂性整体（看作一个复杂机器整体）分解为多个复杂性相对较低的部分（机器的不同零部件），在对这些部分复杂性逐一分析、研究的基础上,再将它们"拼装"成原来的机器(关联性复原)。

需要强调的是,不论采取何种切割方法,绝不能在重大工程管理活动中对实际存在的管理要素物理性关联进行实体意义的肢解和破坏,否则将损坏工程固有的物理复杂性,复原时难以恢复其原本的整体复杂性。

2.4　深中通道桥位及登陆点决策复杂系统管理示例

2.4.1　桥位及登陆点决策概述

深中通道的登陆点是通道桥梁的基准点,它标明了大桥在珠江两侧即深圳和中山两地的具体地理位置。深中通道的桥位是指跨越伶仃洋海域的桥梁物理空间位置。

深中通道的登陆点和桥位决定了大桥的整体走线,桥位及登陆点的选择主要是指大桥登陆点的位置及大桥连接两地的走线方案。具体来说,即通过开展基于地质、水文、气象、航运、航空、台风、生态环境、军事、技术要求等多方面的可行性论证,逐次综合比选与优化桥隧走线方案,最终确定大桥在珠江两侧即深圳和中山两地的登陆点位置。

大桥登陆点和桥位走线方案是大桥投融资方案、建设管理模式选择等诸多重要决策的前提和基础,该方案的变动会产生一系列连锁反应,甚至导致已形成的决策方案被重新论证,因此对工程桥位与登陆点方案的决策必须十分慎重。

2.4.2　桥位及登陆点决策复杂性分析

根据深中通道的总体规划,大桥起讫点将位于珠海两侧的深圳和中山两地,登陆点将位于珠江口外伶仃洋海域。恶劣的自然环境和高难度的工程建造技术限制了深中通道桥位及登陆点的选择。同时,深中通道桥位及登陆点决策主要面临以下几方面的复杂性挑战,如图 2-4 所示。

1. 决策问题的复杂整体性

深中通道桥位及登陆点决策问题的复杂性主要指由工程目标与功能预设、自然环境、生态环境及决策问题组成的整体性体系。首先,深中通道目标与功能的多层次、多维度与多尺度,造成了决策问题的复杂整体性。其次,深中通道桥位方案的制定与选择必然受气象、水文、地震等因素的制约,主体对自然环境的复杂性和自然环境对工程建设影响的认知往往不充分,导致了深中通道桥位及

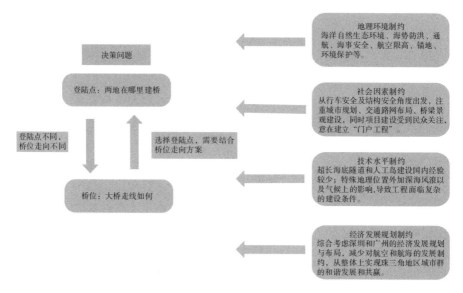

图 2-4　深中通道桥位及登陆点决策复杂性

登陆点决策的复杂与困难。再次,深中通道桥区锚地分布不多,桥位所处位置可能穿越珠江口中华白海豚国家自然保护区,区域内环保要求高,因此在制定桥位方案时,要妥善处理好大桥与锚地的关系及对白海豚的保护问题。最后,深中通道桥位及登陆点决策问题本身还存在着相互迭代与相互关联的问题。这一点体现在确定登陆点时,需要考虑桥位走线在建设施工自然条件、技术能力等方面的可行性;登陆点的决策结果是进行桥位走线决策的前提,可以为桥位走线的选择提供参考基础;桥位走线的决策结果反过来又会制约登陆点的选择。

2. 决策环境的复杂制约

影响深中通道桥位和登陆点决策的环境因素包括地理环境、社会文化与技术环境、经济环境。深中通道工程浩大、投资量大且横跨珠江连接深圳与中山两地,因此,工程的决策环境对桥位和登陆点决策专题的进行产生了一定程度的制约。

（1）地理环境制约

深中通道桥位决策需要面对的自然环境因素主要包括地质条件、海洋自然生态环境、海势,人文因素包括防洪、通航、海事安全、环保、景观、航空限高、锚地、环境保护、交通、军方、国家安全等。在现有的技术和施工水平下,要制定出满足上述各方面要求的桥位方案十分困难。此外,由于这些因素具有动态性和开放性,它们之间交互叠加,形成了错综复杂的外界环境,具有深度的不确定性,给方案比选带来难度。

(2) 社会因素及技术水平制约

深中通道桥位及登陆点决策要综合考虑社会因素,项目位于粤港澳大湾区的几何中心,紧邻深圳前海新区、广州南沙新区、中山翠亨新区,东接深圳机场,向西跨越珠江口各条主航道,周边自然环境优美,海陆空立体视点丰富。项目的建设受到沿线地市及珠江口东西两岸人民的高度关注,如何把项目建成与大湾区城市规划、自然环境和谐的珠江口门户工程是需要慎重考虑的问题。同时,桥梁需要考虑技术因素,需要平衡航空限高、邮轮锚地、海中航道净空等因素的相互关系;要从行车安全及结构安全角度出发,注重环保及桥梁景观,布置海底隧道、人工岛及航道桥。特殊的地理位置、复杂的建设条件及高标准的建设要求使大桥桥位及登陆点决策成为目前国内交通行业中最为复杂的决策问题之一。

(3) 经济发展规划制约

深中通道桥位及登陆点决策要综合考虑深圳和广州的经济发展规划与布局,如登陆点选择与桥位走线需要考虑到对深圳机场西侧净空的保护,减少对珠江口航运和相关产业发展的制约等。因此,深中通道作为连接珠江东西两岸的战略性通道,应立足于实现珠三角地区城市群的和谐发展和共赢,服务全省社会经济发展的大局,桥位方案的选择应从总体上考虑经济发展规划。

2.4.3　桥位及登陆点决策复杂性降解

深中通道在进行桥位及登陆点决策时,针对上述决策复杂性,首先将这一决策问题进行系统分解,先决策桥位走廊带,然后再决策桥位登陆点。因为深中通道两侧的地形和城市交通网络复杂,走廊带的确定能够帮助确定登陆点的大致范围。

1. 桥位决策的迭代与优化

深中通道桥位决策需要先决定东西岸的接线然后再确定其路线的规划,明确路线的目标,接着对每个方案进行调查、分析、对比、迭代、优化,比选出最优的方案。

首先,根据对珠海东西两岸接线点的分析,东岸有四个可能接线点,即东莞长安、深圳机场北、深圳机场南、前海;西岸有两个可能接线点,即新隆、金鼎。根据以上接线点所处的地理位置并结合广东省高速公路网布局规划图,这些接线点可以组合成几个可能通道方案。其中,连接金鼎的方案,西岸靠近港珠澳大桥,部分功能与港珠澳大桥重叠,不利于路网总体效益的发挥;与金鼎接线点相关的方案均位于南面,水面更宽,跨江工程规模更大;与珠江口航道和水流方向斜交角度过大,不利于珠江口行洪和航行安全;且与珠江东西岸之间的连接也不够顺捷,在构筑区域东西向高速通道方面的作用较弱;同时,根据交通量分析结果,珠海、西部沿海等方向占本项目过江交通量的比例不到三分之一,大部分的过江交通量位于中山、江门等地区。综上分析,从路网规划、工程规模以及交通量等角度出发,舍弃西岸金鼎接线和东岸深圳南山前海接线。经过第一轮对目标进行的明确、整合与适应性分析,得出相对应的三个通道可行方案:A线方案(深圳机场南至中山新隆);B线方案(深圳机场北至中山新隆),结合地形、地物情况,在深圳岸还拟定了 B1、B2 两种接线方案;C线方案(东莞长安至中山新隆)。

对桥位路线走廊进行多维分析与迭代,三个桥位走廊的比选见表 2-1。从高速路网的规划、走廊带、对城市规划的影响、两岸接线点条件、对南沙港及临港工业区的影响、承担主交通流情况、节能环保、对优化路网结构的作用等方面进行比较,并且在这个视角下,充分考虑工程管理对于未来情景的"紧缩",进行相应的预测和评估,使方案管理更加完善和全面。

表 2-1 深中通道桥位走廊方案比较

序号	比选条件	A 走廊方案	B 走廊方案	C 走廊方案
1	落实《粤港澳大湾区发展规划纲要》、促进一体化情况	能很好地落实《粤港澳大湾区发展规划纲要》	作用一般	作用一般
2	深中通道的功能定位	很好地符合深中通道的功能定位	与深中通道的功能定位符合性一般	与深中通道的功能定位符合性较差
3	路网的协调性	路网衔接合理,布局均衡	路网衔接合理性一般,均衡性一般	路网集散功能不强,距离虎门大桥太近,均衡性较差
4	主交通量的适应性	与主交通流适应性情况最好	与主交通流适应性一般	与主交通流适应性较差,绕行较远
5	营运里程和节能角度(自深圳福田到中山新隆,相对虎门大桥)	营运里程最短,设计年限内节能 1 140 亿元	相对 A 线绕行 10.1 km,设计年限内节能 810 亿元	相对 A 线绕行 25 km,设计年限内节能 437 亿元

续　表

序号	比选条件	A 走廊方案	B 走廊方案	C 走廊方案
6	两岸接线条件	两侧均有预留走廊,接线条件较好	深圳岸接线条件较差,拆迁量很大,同时与深茂铁路共用走廊,实施难度非常大	东莞侧接线条件较差,横穿东莞虎门和长安两镇
7	规划的协调性	完全符合深圳、中山规划,对广州、东莞规划无影响	不符合深圳、中山规划,对南沙港区规划影响较大	与东莞规划冲突较大,占用广州海岸线资源
8	对南沙港区的影响	对航运无影响,能起到南沙疏港公路功能	对南沙港区规划影响较大,从深水内港区横穿	占用南沙岸线资源,对港区有一定影响,能起到疏港公路功能
9	地方意见	深圳、中山、东莞支持,广州不反对	中山、深圳反对,东莞不反对,广州反对	中山、深圳、东莞反对,广州支持
10	推荐意见	推荐	不推荐	不推荐

A 方案起点对接机荷高速,向西后在深圳机场南侧下穿沿江高速,向西穿越伶仃洋,在中山马鞍岛登陆,向西对接中江高速与广珠东线高速交叉的新隆互通。从两侧接线来看,A 方案中深圳和中山均严格预留了走廊和连接线位,适应沿线地方规划,满足通航和珠江防洪要求,对南沙港区及临港工业的未来长久发展起到有利作用。同时,交通更为便捷,交通量和交通距离也是最小的;此外,其位于路网最佳位置,路网均衡。

B 方案结合地形、地物情况,在深圳岸还拟定了 B1、B2 两种接线方案。B1 方案东岸对接深圳外环高速公路,后以桥梁形式沿规划的东宝河航道西行,自人工岛入水,以隧道穿越伶仃西航道和矾石水道后,向西在保家接上 A 线方案。B2 方案与机荷高速连接,在机场北穿过广深沿江高速后进入海底,在龙穴岛东侧接上 B1 方案。一方面,B 方案需穿越龙穴岛中段,从规划的中船深水港穿过,将严重影响龙穴岛港区的总体规划,同时受跨越洪奇沥水道影响,路线起伏较大,路线展线非常困难,而且 B2 方案穿越居民集中区,拆迁难度大,也穿越水库,对环境和水资源影响较大。另一方面,B 方案与深茂铁路重合,工程实施对铁路安全性影响较大,技术难度高,西岸还与南沙港冲突较大,绕行还会造成对南沙交通的干扰。

C 线方案在东莞市五点梅水库对接常虎高速一路向西,跨沿江高速,后以隧道穿越伶仃洋,在南沙龙穴岛登陆,跨龙穴南水道,上南沙岛,后跨洪奇沥水道,跨番中公路,在小榄特大桥附近接上 A 线。C 线方案对东莞虎门、长安城市规划干扰大,同时东岸接线与公铁两用桥公路连接线走廊重合;此外,C 方案不仅会使主交通绕行,而且长期下来会形成珠江两岸集中在以虎门地区为单一主通道的路网结构,势必导致东莞、南沙两岸路网承受更大冲击,使公路路网不均衡的状况进一步恶化,不利于珠江两岸交通的可持续发展。

综上所述,三个方案比选后拟推荐 A 方案,即深圳机场南至中山新隆,东与机荷高速相连,西侧对接江中高速,北距虎门大桥约 30 km,南离港珠澳大桥 31 km,处于虎门大桥和港珠澳大桥的中间位置,路网均衡,符合主交通流流向,两边接线均已规划预留,是深中通道合理的走廊。

2. 登陆点与桥位决策的问题关联与切割

深中通道登陆点决策和桥位走线决策相互迭代,紧密联系。一方面,决定登陆点的时候,要先确定桥位走线的大致走廊带,并且确定其走廊的可行性和影响;另一方面,登陆点决策的收敛为桥位连接线的研究和确定奠定了基础。

深中通道登陆点和桥位走线决策由深圳市和中山市各自负责,以 A 走廊为基础初选登陆点然后确定内陆桥位走线。深圳政府建议深中通道在珠海东岸的登陆点的位置需要从珠江岸边连接路线至机荷高速进入深圳路网。根据登陆点附近的地形条件、地质条件、城市总体规划及配套路网情况,中山市政府提出了两个方案进行比选,即马鞍岛登陆点方案和万顷沙登陆点方案,从珠海西岸修建登陆点连接中山市的路网。在对两个方案进行比选后,确定中山侧接线与中开高速及中山东部外环高速相接。

深圳市和广东省交通运输厅在进行可行性分析时,不仅要考虑此登陆点下可能的桥位走向,还要考虑此登陆点及可能桥位走向对城市规划、交通组织、环境保护、航空、航道、河势、环保、军方及国家安全等多方面的影响。

根据对登陆点和桥位路线的分析,深圳机荷高速接点固定,至珠江岸路线里程较短,周边规划已形成,建筑物密集,可选的走廊带不多,工程区域北侧为深圳机场和福永码头,南侧为规划大铲湾港区,鹤州收费站至珠江岸边一带均为城市规划密集区,分布众多工厂企业。另外,广深沿江高速南北向沿珠江岸边经过,均为高架桥,该高速公路在建设时已经为深中通道预留了下穿桥孔,而周边其他的桥均为小跨径,下穿困难,上跨又受到深圳机场限高的制约。以上众多条件限制使得深中通道在深圳侧的走廊带具有唯一性,即沿盛泰大道高架线,如图 2-5 所示。

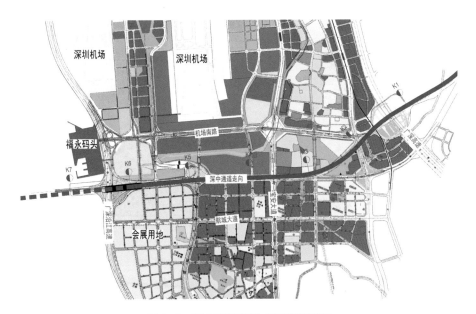

图 2-5　深中通道登陆点深圳侧路网

　　中山市则对登陆点的方案进行优劣对比迭代。中山市已经为本项目预留登陆点及走廊带多年,规划预留条件好,拆迁工程量较小,受到航道、周边建筑条件限制,路线走廊带可比性不多,提出了马鞍岛登陆方案和万顷沙登陆方案并进行了比较。经综合比选,马鞍岛登陆方案路线顺直,建设里程短,符合主交通流向,有利于发挥跨江通道对西部地区的辐射功能作用,接点在路网布局中位置较为均衡,与规划契合度高,避开海洋保护区及南沙湿地,对环境影响小;万顷沙登陆方案有利于为南沙国家级新区创造有利的交通条件,进一步加强粤港澳合作。两个登陆方案均具有不可替代的作用。因此,推荐采用双登陆方案。

　　经过深圳市政府和广东省政府双方共同商讨统筹,深中通道登陆点和内陆线路桥位走向的最终方案确立如下。珠江东岸深圳侧路线走向起于深圳市宝安区西乡机荷高速黄鹤互通收费站中心点处,与机荷高速顺接,向西跨过广深高速公路、G107,穿越下角山,沿盛泰大道高架,至机场南三围涌,向西跨越珠江口。珠江西岸中山侧采用双登陆方案,主登陆点位于中山马鞍岛,与中开高速对接,并连接中山市东部外环高速;同时,设万顷沙登陆点,通过万顷沙连接线连接中江高速延长线及南沙港快速路,如图 2-6 所示。

图 2-6　深中通道中山侧登陆点

2.5　深中通道东人工岛方案设计复杂系统管理示例

2.5.1　东人工岛实施方案设计概述

深中通道东人工岛位于深圳宝安机场南侧,紧邻福永码头,与既有的沿江高速和在建的广深沿江高速公路(深圳段)二期工程相接。东人工岛的主要功能是实现深中通道主线隧道和桥梁的转换以及深中通道与广深沿江高速之间各匝道桥隧的转换,并作为配套设施的保障用地。

东人工岛的实施方案设计关键在于高效利用空间和实现功能布局,同时细致规划岛壁结构,以应对海洋和地质条件挑战。设计需确保功能区协调、设施配置完善,并与机场的复合式互通方案融合,实现通道与周边网络的无缝对接。

因此,东人工岛方案设计需要在多重条件的制约下,进行创新性解决方案和精细化管理的探索。这一过程涉及对地理、环境、技术等多维度因素的综合权衡,以确保最终方案的科学性与可行性。

2.5.2　东人工岛实施方案设计复杂性分析

深中通道东人工岛的实施方案设计是一个跨学科、多维度决策过程,要求在技术可行性、环境可持续性与经济效益之间实现最优平衡,涵盖了技术、社会经济、环境保护等多方面的考量。因此,深中通道东人工岛的实施方案设计成为一个复杂整体性问题,如图2-7所示。

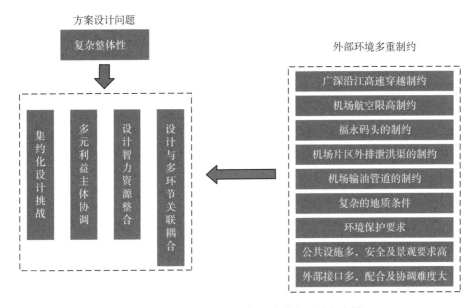

图 2-7　深中通道东人工岛实施方案设计复杂性

1. 方案设计的复杂整体性

　　深中通道东人工岛实施方案设计问题的复杂性主要是由设计的集约化引起的,同时,多元利益主体协调、设计智力资源整合和设计与多环节的关联耦合也是重要因素。

　　一是深中通道东人工岛方案集约化设计要求在有限空间内最优化空间结构,实现其功能的高效、紧凑、有序,同时重视成本控制与资源优化。设计过程中必须在满足多重目标与确保经济可持续性之间寻求最佳平衡,这要求设计团队在有限的空间与预算内进行精准的功能规划。

　　二是项目实施涉及中央政府、广东省政府、深圳市和中山市的地方政府部门、深中通道管理中心、其他参建单位等,能否平衡各方诉求,关系到方案的社会认可度与可接受性,这是一个在多元利益结构中寻求共识的复杂过程。

　　三是鉴于工程复杂建设条件、技术难点及美学要求,采取了国际设计竞赛和鼓励形成设计联合体的方法。需要设计团队通过跨学科和跨文化的合作,有效整合全球设计资源,精练出满足工作目标的创新方案。这要求设计人员具有广阔的知识范围和灵活的思维。

四是东人工岛方案还涉及设计与多个相关环节的关联耦合问题,需确保方案与勘察、施工、运营等环节的无缝对接和后期施工的可维护性。设计过程中,方案需经历多次迭代调整与持续优化。这个过程要求方案不断凝练细化目标,对备选方案进行深度分析和比对,促进新思路的形成。

2. 外部环境多重制约

在设计东人工岛的实施方案时,工程管理团队面临着多重制约因素,涉及技术、环境、社会经济以及安全领域。具体包括:

一是广深沿江高速穿越制约。东人工岛工程区域与已通车运营多年的广深沿江高速紧密相交,造成施工区域与高速公路重叠,使得工程施工顺序、技术选择及施工安全管理面临一系列挑战。

二是机场航空限高制约。由于东人工岛紧邻深圳宝安国际机场,受到航空限高的严格制约,这限制了在施工过程中使用一批先进的设备,对施工方法和设备选择提出严格要求。

三是福永码头制约。东人工岛工程紧邻福永码头,施工中抛填块石工序以及沿江高速桩基保护和码头护岸都增加了施工协调性难度。

四是机场片区外排泄洪渠制约。东人工岛临近深圳机场,因此工程建设需要考虑宝安国际机场的防洪排涝安全。

五是航油输油管道制约。位于东人工岛北侧的航油输油管道保护要求极高,一旦受损可能导致严重后果。在施工过程中,必须严格执行高标准的保护措施,确保管道的安全运行。

六是复杂的地质条件。东人工岛区域内的地质条件复杂,包括淤泥层深厚、岩面起伏大等不利因素,这对地基基础的稳定性、沉降控制以及施工安全提出了更高要求。

七是环境保护要求。东人工岛临近多个环境敏感区,包括中华白海豚自然保护区和西沙东岛白鲣鸟保护区,要求在施工过程中采取有效的环境保护措施,最小化对生态环境的影响。

八是公共设施多,安全及景观要求高。东人工岛施工区域位于深圳宝安区近岸海域,周边公共设施多,涉及宝安国际机场、福永码头、广深沿江高速及深圳地铁11号线等,海陆空三位一体视点丰富(如图2-8所示)。因此工程实施不仅需要保障安全,还要考虑景观影响,确保公众对实施过程和结果的接受度。

九是外部接口多,配合及协调难度大。东人工岛作为深中通道东侧的起点,主线隧道东端需与沿江高速二期对接,西端需与沉管隧道对接。考虑区域远景发展及响应深圳市政府要求,在人工岛上设置机场高速互通与沿江高速进行全

图 2-8 深中通道东人工岛周边既有设施分布图

互通对接。此外,东人工岛施工还涉及边防、海事、航道、水务等部门管辖区域,协调工作量繁巨。

2.5.3 东人工岛实施方案设计复杂性降解

面对上述各类复杂性问题,深中通道在进行东人工岛的实施方案设计时,需要将这一多维度、复合型的决策问题进行系统分解,分为东人工岛平面设计、东人工岛岛壁结构设计、东人工岛道路设计、东人工岛给排水设计和东人工岛救援码头设计五个子问题。接着,设计过程被整合到工程的各个阶段中,形成一个动态迭代与收敛过程,通过逐层筛选和持续优化,逐步细化设计方案。设计团队对众多设计方案进行了全面的比选和评估,通过协商确定并形成初步备选方案,确保设计过程的逻辑性和系统性。

1. 东人工岛实施方案设计的问题关联与切割

在深中通道东人工岛的实施方案设计中,问题的切割和关联体现在将复杂的总体设计任务分解为相互关联的子问题,处理好问题之间的相互影响,并实现多个子问题的综合协调。

首先,深中通道东人工岛的平面位置取决于主线桥隧转化和各匝道桥隧转化处的相对位置关系,人工岛西端不能突破珠江制导线,东端距离深圳地铁 11 号线的陆域边滩 100 米,北端位置取决于北匝道的桥隧转化,并与现有护岸之间预留一定安全距离,南端的位置主要取决于南匝道的桥隧转化。这就对深中通道东人工岛的面积给出了限制,需要进行集约化设计,保证有限空间的功能需求。

通过对平面设计方案的研究比选,东人工岛的岛型采用"一体两翼"型(如图 2-9 所示),即机场互通采用涡轮形枢纽互通,所有转向匝道均采用半直连或直连匝道,三围互通采用 T 型+A 型组合互通。该设计方案下的东人工岛海域使用面积较大,形成的岛体面积较大,同时可以利用广深沿江高速一期预留工程,互通形势紧凑高效,满足了集约化设计的要求。

图 2-9 深中通道东人工岛平面设计

东人工岛的岛壁结构推荐采用抛石斜坡式结构方案,该设计方案与其他设计方案相比,结构受力明确,抛石斜坡堤结构安全性能较高,施工难度相对较小,耐久性高,使用期可维护性高,工程造价低。东人工岛采用岛壁结构与基坑支护结构分离型设计,岛壁结构与施工围堰分离,可以不采取止水措施,造价降低;岛壁结构通过开挖换填块石处理地基,抛石斜坡堤作为岛壁结构,地连墙可以作为基坑开挖的支护结构。东人工岛的岛壁结构设计在有限的空间内具备了更高性能与更低造价,展现了结构设计与经济效益之间的协调。

东人工岛岛体面积为 34.38 公顷,其中大部分为主线隧道和各匝道隧道占地。深中通道项目在东人工岛与三围码头之间进行了连接桥设计,主线隧道北侧至通风机房、救援码头以及航标保障基地均设双向两车道，同时满足应急救援、管控、给排水、通电等方面的功能需求。东人工岛岛壁内侧进行单行车道环岛路设计，可以满足人工岛上消防功能和巡视抢险的需要。这种布局方案展示了如何在有限的岛屿空间内整合各种功能需求，体现了道路设计与功能需求的内在联系。

东人工岛的给水设计，给水路由从东人工岛北端 E 匝道附近进入岛内，符合集约化设计的理念。东人工岛上设给水泵房，岛上各房建单体用水均由给水泵房接入。东人工岛的排水设计，需要考虑越浪海水、岛面雨水、隧道雨水以及隧道岛面污水四个部分。因此，深中通道在全岛设置 1 座越浪泵房和 1 座雨水泵房，越浪泵房位于东南侧，雨水泵房位于东人工岛东北侧，项目沿人工岛设置环岛排水明沟，用于截流排放越浪和收集排放雨水，并作为越浪排水泵房的过水通道。岛内核心区雨水通过雨水沟排至雨水回用系统，经过处理后回用于室外绿化用水，其他区域雨水及雨水收集池溢流通过雨水沟排至环岛排水沟，各沟渠使用功能多样。最终实现对岛上水资源和排水的高效管理，保证环境的可持续性。

东人工岛综合救援码头的方案设计，首先需要考虑两个基本功能，即救援保障功能和日常维护、应急处置功能。在建设期间，该码头需要作为临时施工码头，为施工船舶提供临时靠泊点，为材料供应船舶提供卸船作业场地。根据救援码头附近区域土层的分布、厚度、埋深及其物理力学性质，工程选取重力式沉箱结构设计，在人工岛西南侧抛石斜坡式结构外侧坡脚位置清淤后回填块石作为码头结构基础，既保证人工岛的使用要求，又形成独立的码头作业区域。

通过这种关联与切割的过程，深中通道东人工岛的实施方案设计展现了一个多维度、相互依赖的复杂系统。各个子问题的解决方案彼此独立且互为补充，共同支撑整个岛屿的功能性和持续性。基于对问题的分解与整合以及对各项因素的综合考量，团队最终采纳了"一体两翼"的布置型式设计方案。图 2-10 展示了深中通道东人工岛的航拍视角，突出了其紧凑的总体布局和高效的空间配置，反映了对多维度问题的系统解决方案的成功应用。

2. 东人工岛实施方案设计的迭代与收敛

深中通道东人工岛的实施方案设计展示了一个系统且深入的迭代过程。该过程涵盖了工程可行性研究、初步设计、施工图设计等关键阶段，旨在通过多个设计环节，不断精练和优化方案。

工可立项阶段的设计工作主要是对东人工岛的建设条件和方案的全面探

图 2-10   东人工岛总体布局图

索,包括现场勘察、交通量预测、通航与航空限高评估及技术难度和建设风险分析。项目团队形成了多个初步方案,并明确了潜在线位和陆地接引方向,为整个设计过程提供了决策基础和指导方向。

在初步设计阶段,团队基于前期工作成果和反馈,进一步精练和优化设计构想,明确建设原则,细化设计目标,并计算关键工程量,同时制定施工策略并编制设计概算。这一阶段为订购工程材料、安排科研试验、土地征用和施工准备提供了重要依据,也为控制项目投资和施工图设计奠定了基础。针对性地开展了多项专项研究,进一步追求高品质设计。

在施工图设计阶段,团队依据工可和初步设计成果,继续深化设计方案,详细化技术参数,并最终确定工程量,同时制订详细的施工组织计划,并整合相关资料。此阶段,项目开展了一系列针对性研究,确保了设计与施工的高效结合。

贯穿这些设计环节的是方案比选过程,通过对各个方案的功能、技术、经济和环境影响的综合评估,逐步深化和收敛设计思路。深中通道东人工岛的方案比选工作,包括平面布置方案、岛壁结构方案、道路设计方案、地基处理方案、总体施工方案等多个层次,增加了设计和决策的复杂性。以东人工岛的平面布置方案为例,设计团队给出以下两种方案选择。

平面方案一：机场互通立交呈涡轮形。考虑到东人工岛主要是实现主线隧道和桥梁以及各匝道隧道和桥梁之间的功能转化，同时为了尽量降低东人工岛海域使用面积，将东人工岛分为"一体两翼"，中心区域全部回填成岛，南匝道和北匝道单独成岛，并与中心区域相连。机场外排渠和新涌河通过东人工岛与地铁 11 号线之间区域泄洪，泄洪通道有效宽度为 100 m。

东人工岛西端桩号为 K6＋560，东端桩号为 K5＋560，南端桩号为 K1＋015，北端接机场现有护岸，桩号为 K0＋600。

平面方案二：考虑到各匝道距离主线较近，且各匝道距离现有沿江高速空间狭小，为了施工便利，快速成岛，东人工岛采用大范围围填方案。机场外排渠和新涌河通过东人工岛与地铁 11 号线之间区域泄洪，泄洪通道有效宽度为 100 m。东人工岛的西端、东端、北端和南端的桩号均与平面方案一相同。

通过深化设计阶段工作，东人工岛总平面布置对两个方案进行了比较，各方案的主要技术指标见表 2-2。

表 2-2 深中通道东人工岛平面布置各方案比选表

项目		平面方案一	平面方案二
岛体面积/万平方米		23.72	34.38
岛壁结构长度/米	沉箱段	278	278
	抛石斜坡堤段	2 298	3 158
	地连墙段	1 276	0
	小计	3 852	3 436
海域使用面积/万平方米	改变用海属性面积	22.81	32.01
	新增填海面积	12.14	17.81
	小计	34.95	49.82
工程费用/万元		152 226	155 830

通过优缺点比较，结合机场互通立交方案比选，本阶段东人工岛平面布置较推荐方案一，即"一体两翼"的布置形式设计方案。

2.6 本章小结

深中通道是集"桥、岛、隧、水下互通"于一体的工程，规模宏大，建设环境复杂，综合技术难度高，是一个典型的复杂工程系统，因此其管理活动也充满了复杂性。本章简要介绍重大工程领域复杂系统的相关理论,作为应对复杂系统管理的金钥匙,主要阐述深中通道复杂性分析与降解的理论与实践。首先,运用系统方法论原则来辨识管理中的复杂问题,不仅可以深刻理解管理问题的复杂性,还可以利用复杂整体性来刻画复杂管理活动及问题的抽象属性,从三个方向出发分析深中通道的复杂性:各类物质资源构成最直观的物理复杂性、要素属性与关联的逻辑体系构成科学思维层面的系统复杂性、工程硬系统显性复杂性和软系统隐性复杂性耦合的管理复杂性。其次,为了解决深中通道建设中复杂性管理问题,在适应性选择原理、多尺度管理原理、迭代式生成原理这三个复杂性降解基本原理的基础上,提炼出深中通道工程一般意义上的降解的基本路径与方法:管理主体的自适应与自学习、关联性切割、迭代优化管理方法,以形成基础性的行为规则。最后,以深中通道桥位及登陆点决策与东人工岛实施方案设计两个专题为实践案例,深入剖析深中通道复杂性分析与降解的原则与路径。

参考文献

[1] 盛昭瀚.重大工程管理基础理论[M].南京:南京大学出版社,2020.

[2] 盛昭瀚,薛小龙,安实.构建中国特色重大工程管理理论体系与话语体系[J].管理世界,2019,35(4):2-16,51,195.

[3] 盛昭瀚,苏全科,高星林,等.复杂工程系统管理理论与港珠澳大桥工程管理实践[M].北京:科学出版社,2023.

[4] 盛昭瀚,于景元.复杂系统管理:一个具有中国特色的管理学新领域[J].管理世界,2021,37(6):2,36-50.

[5] 丁荣余,盛昭瀚.善用复杂系统管理思维提升解决问题能力[J].群众,2021(14):54-56.

[6] 盛昭瀚,梁茹.基于复杂系统管理的重大工程核心决策范式研究:以我国典型长大桥梁工程决策为例[J].管理世界,2022,38(3):200-212.

[7] 宋神友,陈伟乐,金文良,等.深中通道工程关键技术及挑战[J].隧道建设(中英文),2020,40(1):143-152.

[8] 程书萍.重大基础设施工程管理中的适应性选择原理与策略[J].运筹与管理,2017,26(2):153-157.

[9] 刘健,董焱赫,刘迪.深中通道东人工岛总体设计及关键技术[J].公路,2021,66(2):234-238.

[10] 吴达,卢金栋.人工岛内部基坑开挖过程围堰岛壁稳定性分析[J].工程建设与设计,2022(18):19-21.

[11] 金文良,宋神友,陈伟乐,等.深中通道钢壳混凝土沉管隧道总体设计综述[J].中国港湾建设,2021,41(3):35-40.

第三章

深中通道工程管理理念与着力点

　　深中通道作为超大规模的"桥、岛、隧、水下互通"集群工程,是宝贵的战略性资源,也是巨大的挑战。一方面,在交通强国战略指引下,对工程的定位、目标和管理实践有了新的要求;另一方面,在复杂系统管理思维下,需要在准确认识建设管理本质属性的基础上,对工程管理提出整体性的谋划和设计,从而提出全局性的解决方案。深中通道工程在建设环境、工程品味、技术挑战、主体构成等方面形成了高度复杂的管理局面和场景,需要确立基于交通强国战略指引与复杂系统思维的深中通道建设管理理念,才能驾驭这种复杂性。管理理念并非直接的管理方法、制度与行为,而是在管理活动中应遵从的使命、愿景、价值观与行为准则,贯穿于建设管理全生命周期,从而搭建起战略指引和哲学思维与具体工程管理实践之间的桥梁。本章首先梳理了深中通道工程管理理念的变革,阐释管理理念形成的基本原则及要点,并结合实例加以介绍;接着总结在交通强国"四个一流"的指引下,深中通道管理理念着力点的形成路径。

3.1 深中通道建设管理理念

在具体介绍本章内容之前,先对前面两章的核心内容作如下的提炼,以便清晰地阐述本章内容的逻辑起点。

第一章主要论述了作为我国新时代交通事业发展总抓手的交通强国战略核心思想与价值取向对深中通道工程建设管理的指引作用,深中通道因此明确了工程战略的新定位、工程建设的新目标和工程实践的新路径。

第二章主要论述了深中通道本体与建设管理都是复杂系统,需要在新的关于复杂系统认识论的基础上,进行新的思维方式转移,只有在这一转移的基础上,才能准确地认识和揭示深中通道及建设管理的本质属性,超越传统的一般工程认知与管理经验开展对深中通道建设管理的整体性谋划与设计,从而提出有效的技术路径与解决方案。

以上两章内容明确了一个重要的逻辑起点,即深中通道建设管理仅利用现成的工程知识与传统的经验,或在现成的工程知识与传统的经验基础上只做一些量上的补充,难以全面高质量地实现交通强国战略赋予深中通道工程的新的要求与使命,也不能就此具备驾驭深中通道建设管理复杂性的能力。

当然,为了从交通强国战略这一国家战略高度以及工程复杂系统哲学思维高度转化、落地成对深中通道建设管理的实践,还需要在宏观哲理与底层实践之间确立深中通道工程建设管理的理念,这就是本章的主要内容。

通常情况下,人们对一般客观事物,如一般性工程与工程管理,通过感知与经验,形成相关的概括性认识以及对事物的一般反映和理解,这类反映和理解的表达方式与话语体系就是平常所说的观念。通俗地讲,"观念"是通过感知(观)而形成的念头与想法,故在很大程度上,观念还在表象层次上。但是,为了深刻、尽量本质地认识一个客观事物,就要把观念上升到理性高度,以更接近事物的本质,揭示客观的规律,体现人的认识与客观事物之间的一致性,这就称为形成对某一事物的理念。

不难看出,综合前面两章内容,为了有效开展、应对和驾驭深中通道建设管理实践,必须确立基于交通强国战略指引与复杂系统思维的深中通道建设管理理念。

观念与理念,虽然只有一字之差,却是分属两个层面的概念。第一,在理念层面,更多地表征为对深中通道建设管理提出使命、愿景、价值观与行为的准则,其中尤为关键的是管理实践行动与行为的原则。第二,深中通道建设管理理念并不直接成为强大的管理活动与行为,而是要通过主体的持久性认知与意志、信心、价值观,并通过人的行为转换为相应的活动与行为,这其中要克服许多现实的困难,并需要进行反思和探索。第三,个性化与独特性。深中通道建设管理理念需重视项目独特性的多维表现,这种独特性不仅体现在工程的社会人文行为特征上,还强调了空间的特定性和时间的动态变化。管理理念不能是抽象泛化的口号,而应深入具体,针对具体情境的独特需求和变化,采用适应性强、多尺度的分析视角,以创新和非标准化的方法应对复杂性。第四,深中通道建设管理理念的核心在于系统性、综合性、统筹性,强调策略需整合各子系统与跨领域知识,以优化资源配置,并通过前瞻性规划与灵活策略,有效调度资源以应对挑战,实现工程目标。在确立关键抓手的基础之上,形成深中通道建设管理的理念与实践原则。

3.1.1 深中通道管理理念概述

深中通道管理理念基于交通强国战略的核心目标,深入应对工程复杂性和不断变化的需求,展现出现代工程管理理念的与时俱进。交通强国战略强调坚持以人民满意为核心的管理理念,确保交通设施的设计和执行紧扣人民的需求和安全,提出了"四个一流"的具体目标。深中通道的复杂性对管理理念提出了具体的现实需求,要求工程管理主体要能够驾驭复杂性,能实现本质管理和协同管理。同时管理理念还需要能够与时俱进,能够基于"工程-环境"复合系统视角、绿色建设和智能化管理方法,并通过党建引领激发团队活力,为实现全面的交通强国战略目标提供全面的保障。

交通强国战略对深中通道管理理念的战略要求突出强调了人民满意的核心理念。这一战略核心是以人民为中心的发展思想的体现,旨在确保交通项目不仅能响应人民的基本出行需求,而且能提升整体的生活质量。具体到深中通道工程,这意味着从项目规划到施工、运营都必须着重考虑如何优化人民的出行效率和保障出行安全,确保工程设计和执行过程中公众的广泛参与和满意。管理理念的实施强调在每个阶段都必须进行详细的需求调研与规划,确保工程的目标与人民的实际需求高度匹配。在设计方面,应采用人性化的设计原则,提升交通设施的安全性和舒适性,同时注重环境保护和资源节约,确保工程的可持续发展。施工质量的严格控制和创新技术的应用也是提升人民满意度的关键。此外,交通强国战略还要求深中通道在维护和服务品质上做到极致,通过持续的后期维护和优化,不断提升服务水平,确保长期的工程效益与社会效益同步增强。这些方面的集成和优化,是实现交通强国战略中"人民满意"这一核心宗旨的具体体现,同时也指导着深中通道的管理理念不断向前发展,以适应不断变化的技术和社会需求。

深中通道作为一个世界级的集群工程,其复杂性不仅来源于技术和环境方面的挑战,而且深受社会、经济和政策因素的影响。这些复杂性要求管理理念必须具备高度的灵活性和创新性,具备驾驭复杂性的能力,以应对不断变化的需求和挑战。首先,从技术层面来看,深中通道需要在严格的航运和航空限高条件下进行建设,同时要面对复杂的海洋和气候条件。这要求管理团队不仅要具备高水平的工程技术能力,还要具备危机管理能力,能在台风和海洋极端天气条件下确保施工安全和进度。例如,设计和施工过程中必须考虑到高盐雾、高湿度对材料的腐蚀影响,以及可能的地质变化对桥梁和隧道安全的影响。其次,深中通道工程在环境保护方面面临严峻挑战,尤其是不能破坏国家一级保护动物中华白海豚的栖息地。这要求管理理念必须融入可持续发展的理念,确保所有工程活动都不会对生态环境造成不可逆损害。此外,由于工程的战略位置重要、规模大,社会和经济因素同样重要。工程需要考虑如何优化区域交通流,提高地区经济的连通性,促进地方经济发展。这要求管理理念中包含对地区社会经济影响的全面评估,在项目规划和执行过程中,与地方政府和社区保持密切合作与沟通。最后,防灾减灾也是深中通道管理理念中的重要组成部分。工程规模巨大且技术复杂,必须建立严格的灾害应对和管理体系与有效的应急响应计划,确保在建设和运营期间,任何安全事故都能得到迅速有效的处理。综上所述,深中通道的复杂性对管理理念提出了全面的现实需求,从技术创新到环境保护,从社会经济影响到安全管理,每一个方面都要求管理团队具备前瞻性思维和高效执行能力。这些需求驱动了深中通道管理理念的不断发展和完善,以期达到高标准的建设和运营目标。

此外,深中通道管理理念也不断地在与时俱进,以打造百年品质工程为核心,确保项目顺利应对复杂挑战并实现全面可持续发展。深中通道积极响应国家生态文明建设和"双碳"目标,通过绿色建设管理确保项目从设计到运营都融入绿色发展的理念。在全生命周期内,工程采取创新技术和环保措施,在降碳、耐久性和环境保护方面实现技术突破,并通过标准化、智能化和低碳集约管理模式,降低对生态的影响。积极推动全生命周期的绿色绩效评估和现代智能技术的应用,实现了节能降耗和高效利用的管理目标,树立了绿色基础设施建设的典范。在统筹管理方面,深中通道通过标准化、工业化、智能化和精细化的管理方式,提升了设计、施工和运营的整体效率,构建起全方位的工程管理体系。利用先进的BIM技术和智慧工地理念,将工程管理提升到一个全新的智能化水平,实现施工数据和流程的全面监控与优化,确保项目的质量、安全和高效。党建引领也是工程管理理念中不可或缺的部分,项目通过"深中标准"模式强化党的组织领导,使之成为确保项目政治方向和价值观正确性的核心力量。党建引领的优势还在于化解多方利益冲突,激发团队的政治热情和创造力,为项目建设提供坚实的政治保证和价值指导。整体而言,深中通道管理理念以创新的视角和与时俱进的思维方式,充分考虑到现代工程的技术、环境、经济和社会等各个层面,确保工程不仅达到国家"交通强国"战略的要求,还满足多维度的现实需求。

3.1.2 深中通道管理理念要点

深中通道涉及一系列复杂的工程管理场景和问题,以此为依据,可将本书接下来的部分分为:治理体系(宏观管理)、决策(核心管理)、产业链供应链管理(新质管理)、防灾减灾(底线管理)、绿色发展(和谐管理)。这些管理场景和问题,有些是重大工程中普遍出现的,但在深中通道工程中变得更为复杂和突出;有些则是极具深中通道个性的,如产业链供应链管理。为应对上述问题带来的挑战,深中通道在传统重大工程管理理念上做了革新,实践中的深中通道工程管理理念主要包括:

1. 驾驭复杂性理念

本书第二章在论述复杂系统与复杂系统管理的基本理论的基础上,指出深中通道工程及其管理体系都是复杂系统,复杂整体性(复杂性)是它们各自不同现实形态的本质属性。一般来说,作为复杂系统管理概念的"复杂整体性",其本质是指复杂系统或者复杂性问题的"还原论不可逆性",是人们对复杂系统管理全局、全过程意义下的本质属性的抽象与凝练,所以,它既可以是复杂系统管理实践的物理复杂整体性、主体在属性认知上的系统复杂整体性、管理活动中的管理复杂整体性,也可以是这几方面复杂整体性的综合。因此,不能够有效应对和驾驭深中通道工程建设管理复杂性,无论从理论上还是实践上都不具备深中通道工程建设管理的基本能力。这里所谓"驾驭",是指掌握、控制,自然也是主体关于深中通道工程管理的基本理念之一,我们将在下面从不同视角对这一理念进行诠释。

首先,复杂整体性的基本内涵可理解为:复杂系统管理活动的现象、场景和问题的形成与特点同主体的认知和行为不仅存在着各种复杂形态,而且这些复杂形态以多种方式紧密关联和相互影响着,导致不宜或者不能将一个复杂性管理整体活动、整体场景或者整体问题自上而下地分割为若干个彼此独立的相对简单的不同部分,用相对简单的方法解决各个不同部分后,再按照自下而上的路径把整体"拼装"起来。简言之,复杂整体性表征了复杂系统管理的现象、场景、问题不仅是高度复杂的,而且在复杂的基础上,还不宜或者不能对整体进行"可逆化"分割。

在深中通道建设管理实践层面上,复杂整体性可以相对分为多个不同层面、维度、阶段、尺度的复杂整体性,或分为相对独立的复杂性、相对独立的整体性,或分为基于整体性的复杂性、基于复杂性的整体性,以及复杂性与整体性紧密"纠缠"的复杂整体性等。如果我们能够分析清楚这些,那必然会降低复杂整体性对我们治理实践的挑战;进一步地,如果我们还能够保证上述过程在一定的"补偿"办法下,最终并没有损伤深中通道工程整体品质的本质属性,那表明我们走上了一条有质量保证的破解复杂整体性的现实路径。

因此,在深中通道管理实践现场和主体行为层面上,必然需要对复杂整体性中的相对独立的那一部分复杂性进行适度降低,此为关于复杂整体性破解的复杂性降解;而对于相对独立的整体性部分进行适度"剖分",此为关于复杂整体性破解的整体性剖分。对于那些复杂性与整体性紧密"耦合"在一起的复杂整体性部分,则在管理实践中进行综合性处理。例如,深中通道品质的综合目标、复杂工程的物理功能、质量韧性、生态文明以及社会责任等高质量发展一体化都明显表现出深中通道工程管理的复杂性与整体性紧密耦合与一体化形态,这时,我们可以对深中通道整体性品质目标集分时段或者分空间交替进行复杂性降解与整体性"剖分"的交替迭代,再逼近实现复杂整体性目标。

在复杂系统管理理论中,复杂整体性也被表述为不可分整体性,表达了人们对深中通道工程管理本质属性的一种抽象思辨。之所以称为"不可分",主要因为如果"可分解"且整体可复原,则整体就是"可分"的了,系统或者问题岂不就"简单"了。当然,"不可分"如同"真空"概念一样,只存在于抽象思辨中。现实中没有绝对的"真空",同样也没有绝对的"不可分"。最简单的说明就是,任何一个整体都是由不同要素、关联与结构构成的,不论该整体如何复杂,都可以将整体按照要素、关联或者结构来"分"。这样,抽象的整体"不可分",在现实中又是"可分"的,这并不矛盾,因为前者是理论的抽象,后者是实践的具象,一个是思维,一个是实践。

既然如此,就不宜把深中通道复杂系统管理活动、情景、问题的复杂整体的"不可分"绝对化。在实践中,凡有结构的事物都不是"铁板一块",所以,按照某种需求可以将复杂整体性基于物理结构、系统结构或者逻辑结构进行分解与分割,这就是深中通道管理复杂整体性的不可分相对性属性。这一基本认知反映了深中通道主体可以通过复杂整体性的"不可分"抽象思维与"相对可分"实践思维的辩证统一来提高在管理实践中分析、驾驭深中通道复杂整体性的行为能力，具体表现为深中通道工程驾驭复杂性的两个基本抓手：管理的复杂性降解与管理的整体性剖分。

具体地说，对于第一个抓手，可以从以下三个方面来理解驾驭复杂性理念的复杂性降解范式：

（1）"降解"中包含着降低，这主要是从提高管理主体能力方面来说的，例如，通过主体自学习来提高自身分析与深刻认知复杂性的能力。这时，可以完整保持工程管理系统固有的物理复杂性形态，即"降低"更多地体现了一种"整体论"思维。

（2）"降解"中包含着分解，主要是在思维层面上对系统固有的整体复杂性进行一定的分解以减小原有的复杂性，因此，在一定意义上，"分解"更多地体现了一种"还原论"思维。

（3）不论上述哪一种情况，它们对深中通道实体固有的复杂性都没有任何实际的损坏，但又都能够帮助主体提高分析和驾驭复杂性的能力；同时要注意，无论主体采用何种降解行为，都不能使深中通道固有的复杂性受到损伤，更不能使固有复杂性的特性发生任何质的变化。

对于第二个抓手，可以提供以下说明来理解驾驭复杂性理念的整体性剖分范式：

为什么使用"剖分"整体性来"破解"复杂整体性？"剖分"的基本意思是用刀将一个物质型整体东西分开，因此，"剖分"整体性主要强调对复杂系统的物理整体性进行分割；而"破解"则是不仅对一个包括物理整体性、还对一个包括系统整体性、逻辑整体性的东西进行抽象属性的"破解""解开"和"解除"，这更与复杂系统管理同时包括理论思维和实践思维的特征相呼应和相贴切。因此，从直观物理感知"剖分"下手，获得对整体性的理性的"破解"认知，正是我们的可行路径与目的。

下面，为方便直观理解，我们以重大工程目标体系为例来论述整体性剖分的核心思想。

众所周知，任何工程建设管理实践活动都有明确的目标，目标是实践活动的"领头羊"，它决定了整个工程造物实践活动的方向与目的、对建设管理实践问题的认识和采用的方法等。一般来说，目标是目的的具体化，是人在头脑中形成的对实践活动预期要达到目的之主观设想。无论什么实践活动，目标都具有整体意义上的引领性、方向性和规定性意义。

在深中通道造物活动中,工程目标除了通常的体系性、可行性、可实现性等一般性质,还出现了由于本质不确定性、大时空尺度、适应性等引发的物质性(如物理功能)目标与非物质性(如社会责任)目标共存,多层次、多维度与多尺度目标共存,不同目标之间因紧密关联、相互纠缠而使目标体系存在不可被逐一分解共存等一系列复杂整体性难题。

如前文指出,重大工程管理活动与问题的整体性是指关联、结构、功能与逻辑上的一体化。这样,我们可以在整体性思维的大前提下,思考实践活动整体的局部关联、结构、功能与动态变化的可分性,这在一定意义上,体现了抽象思维中整体性"不可分"的相对"可分"。当然,这并没有对工程现实的整体性造成损伤,如果在工程活动后期,能够想方法通过某些整合手段保持管理活动整体性的本原性,那么工程复杂系统的整体性在一定程度上就能被破解了。

概括起来,以上内容重点论述了两个部分:第一部分为对相对独立的复杂性的降解,第二部分为对整体性(包括基于相对独立的整体性和与复杂性紧密"耦合"的整体性)的剖分。无论是降解还是剖分,都是遵循驾驭复杂性理念原则,在管理虚体逻辑体系中适当地、合理地降解或者剖分复杂整体性,能够缓解管理主体在认知过程中面对复杂整体性拓展的困难。

以上我们在不可分相对性原理基础上,分别从复杂性与整体性两个视角探讨了深中通道工程驾驭复杂性理念原则下破解复杂整体性的路径。当然,复杂整体性中的复杂性与整体性从来都是"你中有我,我中有你",谁也不可能把两者绝对分割成"没有整体性的复杂性"或者"没有复杂性的整体性"。从逻辑上讲,如果能够这样,就从复杂系统与复杂系统管理"退化"为一般系统与一般系统管理了。面对复杂整体性这一本质的深中通道工程管理实践,我们需要同时兼顾和综合理论思维、实践思维以及其他类型的思维,而任何"绝对的"单一思维对于认识和应对深中通道工程建设管理都是不完整和不全面的。

2. 本质管理理念

对于深中通道这样规模宏大、任务艰巨、技术复杂,对区域社会经济发展意义深远的造物活动来说,在建设管理的实施和操作中应"怎么做""怎么做得好",绝不能仅凭个人和少数人的有限经验或者"眉头一皱,计上心来"的个人智慧完成,而需要确立科学的建设管理指导思想与行为准则,对实践活动制定相应的计划、流程,选择恰当的技术路线、落实关键技术,等等,所有这些必须以对深中通道建设管理客观规律与本质属性有着深刻认知为前提,认知越深刻、越精准和越全面,工程建设管理实践的科学性、操作性、执行力、功效性就越强,深中通道整体品质就越高。这就意味着,深中通道百年品质工程的实现需要直接面对工程复杂环境场景与问题的复杂整体性本质属性,并从这一本质属性上分析建设管理问题产生、演化的起因,找准破解问题的"切入点",这一理念就是所谓的本质管理。

深中通道本质管理不是主要论述工程管理的一般性道理的知识,也不是主要研究深中通道工程管理具体的技术方法,而是主要依据和遵循深中通道造物活动的本质属性和客观规律设计的有关管理操作与行为的一类方法论意义上的基本准则。因此,它既包括思维原则揭示出的深中管理本质属性的指导性,又包括管理实践的方法论意蕴,是在思维与实践兼顾的"半虚半实"的层面上提出如何从深中通道工程管理复杂系统的本质属性出发,发现和挖掘工程管理问题产生、形成和发展的根源,从根源上提出缓解和解决问题的方案,力争从根本上实现管理效果的长效性与稳定性。简言之,深中通道本质管理是强调管理实践操作上的治分更治整、治暂更治稳、治浅更治深、治表更治根的方法论。

当然,不能把本质管理理解为任何时候都要找到和一定能够找到一个问题的物理因果律的"根";相反,比物理性的"根"更重要、更现实的是从系统复杂性出发,依据系统关联性和思维整体性,在关联性、逻辑性层面上分析和探讨工程管理问题出现的可能性、发展趋势的可能性,以及为什么可能和可能性的大小等。这是深中通道管理中更一般、更普适的问题的"根",或者说,深中通道的复杂整体性才是工程管理问题更深层次的"根",也是深中通道本质管理的基本内涵与精准抓手。

在实践中,深中通道本质管理的核心靶向就是聚焦深中通道系统的复杂整体性这一本质属性,同时紧密以工程独特性场景与问题实际为导向,把本质管理理念原则与管理实践的具体性、实在性相融合,再转换成管理实践活动的实施计划、流程、方法和技术。概括以上所述,深中通道管理本质管理的要点可以理解为在管理实践中如何将管理核心靶向(复杂整体性)转换为应对管理实际问题与现实造物活动的操作力与执行力。

下面,我们在一般性意义上,以本质管理理念对深中通道这类重大复杂工程的现场安全进行分析,形成重大工程新的"本质安全"认知。

在重大工程现场,各类人员、设备、原材料在复杂的工艺规范和管理程序下逐渐构成一个物质型复杂系统。这个系统是"人"与"物"等资源共同组成的复合系统,在"物"的硬系统内,体现了多种科学技术领域知识的共同作用,而"人"的系统就更加复杂了。因此,系统的风险状况既取决于工程装备、材料的状态,又取决于人员的心理、行为状况,还取决于管理制度与程序。因此,重大工程现场

基于强关联表现出来的实体复杂性一般都远远大于工程设计估计和预测到的虚体复杂性,这主要有以下几点原因:

(1)工程现场中各要素横向之间的实际关联性大大增强。

(2)现场因果关系不再是直接和显现的,复杂性使得对工程建设现场中的许多问题失去了可预测性。

(3)现场中某种因素产生的弱小力的影响,可能会被扩散、放大,从局部性变成全局性,从微创性变成灾害性。即工程现场事故所具有的强烈路径依赖,使工程初始状态、初始条件微小差异均可能演化为重大事故。

(4)工程事故常具有不可预见的突发性。事故经常按非常规方式和程序进行,从而使人们在事故面前和当时无法认识它。

(5)在事故面前,那些正常的操作行为不仅可能不会减轻事故的严重性,甚至可能会使事故更为严重。

(6)人们会通过增强关联来加固系统,增加系统的安全性,而事物从来都是"两面"的,在增强了系统的关联性后,复杂程度也提高了,反而又增加了发生事故的可能性。

这些本质性特点使得在重大工程建设现场,即使每一个设备质量尽可能好、每一个工艺环节尽可能完善、每一个人员技术水平尽可能完美、每一个管理程序尽可能严密,但正如墨菲定律指出的那样,总会在某一个环节有出现失误的可能,总会有某个差错导致事故的可能。特别是与工程安全有关的任何一个小小的偶然事件,不论其是设备、人员、管理还是环境方面的因素或以上某几方面因素的组合,只要它导致某一个哪怕是非常小的故障发生,工程强关联性就有可能导致该故障的扩大与故障之间相互作用的增强,并因此涌现出系统性事故。所有这些又远远超出现场人员以往的经验与工程设计人员的预料,从而最终使得原来正常的操作成为更大事故的起因。

依据以上分析我们认识到:优良的材料与设备品质、优秀的人员素质以及完善的管理程序无疑对防范工程现场风险具有重要意义,但我们更应该重视复杂整体性对工程现场风险造成的影响,切忌仅仅采用就事论事的被动式风险控制模式,而要建立主动的风险防范体系。这一体系要从涉及工程事故的所有因素入手,重点是对风险做到"防范为上"。

这样,在工程现场风险控制模式中,根据工程现场情况一般可以分为以下三种:

(1)当工程现场相关环节之间呈现强紧密关联但相互影响较低时,宜采用集中式风险控制模式。

（2）当工程现场相关环节之间呈现弱紧密关联但相互影响较高时，宜采用分散式风险控制模式。

（3）当工程现场相关环节之间紧密关联与相互影响都较强时，宜采用综合集中与分散式风险控制模式。

此外，一旦工程现场出现意外事故，不宜一味把注意力放在寻找"责任人"身上。因为重大工程现场风险控制的责任人可能不是哪一个人，甚至可能任何人都没有责任，复杂性本质使得"责任人"是系统复杂性。这就要求我们一定要查清风险的起因以及这一起因引发重大事故的机理。这一机理往往是安全事故本质上的"责任人"，它为我们提供了极其宝贵的案例和样本。

以"本质安全"理念为基础，再与深中通道工程现实独特性场景相结合，就能够形成深中通道现场的"本质安全"管理范式。

3. 协同管理理念

一般意义下，协同管理是指对于多个有着共同利益与目标的主体共同合作才能完成的任务，如建造重大工程，需要把这些来自不同地区、不同部门、不同专长的主体恰当地组织在一起，设计和实施共同的合作机制，通过不同主体之间的资源要素统筹匹配，在保障各主体自身收益的基础上，实现整体价值最优与均衡。显然，这一理念对于需要不同的多元异质主体共同参与才能完成的深中通道工程建设管理活动来说，是非常基本的理念原则。

从上述基本点出发，主体与主体之间的协同管理原则需要重点考虑和解决好以下三方面的问题：

（1）充分关注多元主体的各自利益与偏好以及彼此之间存在的异质性与差异性。

（2）构建统筹解决异质性主体之间不同的利益诉求、利益冲突的有效机制。

（3）让上述协同管理理念成为明晰、有效和可操作的协同管理操作范式。

"协同"中的"协"，首先体现了对工程管理中各类自然、社会要素异质性、差异性等客观情况的认可，正因为这些异质性、差异性才有了深中通道工程管理的复杂性。因此，工程管理不仅不能对复杂性简单化、一刀切，而且还要通过协力、协调、协作降解复杂性，达成最大化的共识和合作。"同"则体现了深中通道是个整体性活动，工程管理也是个整体性行动。所以，要把"协"与"同"整体化为"协同"，在整体性和全过程上分析、解决工程管理问题和保持管理效果，才能够有效应对工程管理中的复杂整体性。

前面说过，深中通道的复杂整体性不是多个局部的简单拼装叠加，因此，在工程管理过程中，"协同"不是简单的"积木式"的"同"，而是在局部性管理量变的

"协"中涌现出整体性治理质变的"同",如何实现这一从量变到质变的有序性与有效性是深中通道工程管理的关键与难点。

由上可知,协同管理理念首先在理论思维上揭示并遵循深中通道工程是一个复杂系统,工程问题与工程管理的本质属性为复杂整体性等思维原则。"协"承认和重视管理的复杂性,"同"要求管理必须有整体性思维、整体目标,形成整体合力并整体推进。在具体的管理过程中,则要通过协力形成合力,降解复杂性,增强共识性,实现管理整体功能之"同"这样一条复杂路径。这在很大程度上改变了传统的工程管理模式中的简单分解、孤立分割、"头痛医头,脚痛医脚"、治标不治本等还原论思维范式的能力缺失和短板现象。

在深中通道管理体系中,最为基本和重要的是设计一个能够驾驭管理复杂整体性的基于协同理念原则的组织平台。由于平台中的主体各自都有相对独立的决策权、行政管辖权、资源权、话语权、执行权以及自身的利益,主体之间在现实中既有各种上下纵向关系又有左右横向关系,因此,平台主体虽有着工程建设管理的共同愿景,但在具体的管理决策、举措、策略、资源配置等方面不可避免地会出现认知不一致、信息不对称、利益壁垒甚至冲突等现象,这就造成了深中通道管理组织平台的设计复杂性,必须在组织平台模式上既理顺和均衡管理公权、事权、决策权、话语权之间的复杂关系,又充分保护和发挥各主体协同治理的热情与积极性。

与此同时,由于深中通道建设管理的复杂整体性属性以及本质管理要从根本上解决问题,不能只看到现象、看不到本质,不能"头痛医头,脚痛医脚",这就使协同管理的理念从最初的处理不同主体之间的关系原则拓展为处理不同管理目标、不同问题、不同技术、不同手段、不同方法之间的关系原则,使协同管理理念在深中通道工程建设管理活动中,表现出极大的普适性与重要作用。

这一点对于深中通道管理特别重要。因为深中通道本质上的"复杂整体性",要自始至终地保证工程造物与管理活动的"整体性",但这里的"整体性"不是多要素的简单叠加,而是表现为多种复杂样式,甚至包括冲突性、排他性,这已经不是重大工程的偶然现象,而是一种常态,因此,能不能或者如何有效应对这类复杂现象就成为重大工程建设管理的重大问题。正是在这一点上,协同管理理念作用极大。

在深中通道现场,工程进度、质量、安全、成本以及档案管理彼此不是相互独立的,各方面之间都存在着紧密耦合的联系,其中档案管理是其他四项管理的基础,为进度、质量、安全以及成本管理提供数据支持和历史记录,而其他四项管理之间相互紧密联系。例如,质量问题、安全问题以及成本问题会影响到进度变化,安全管理的部分目标就是确保工程不会出现安全事故,因为安全事故有可能导致进度延误或者成本增加等。面对深中通道建设中这类多维度的场景关联,无法割裂地或单独地进行管理,一旦忽略了某个维度或者不同维度之间的关系,则会造成信息缺失、效率下降、建设受阻等问题。因此,针对深中通道现场工作界面多、管理线条多、参建单位多等特点,内业与外业协同管理的需求十分强烈。同时,深中通道软件系统众多,各系统数据之间相对独立,极易形成"数据孤岛"问题,多维度协同管理也就缺乏基础性平台支撑,深中通道创新性构建了基于 BIM 的协同管理一体化平台,实现"质量—安全—进度—成本—档案"协同管理。

以上三方面的管理理念在本书后面各章以及《"数智赋能"驱动下深中通道工程管理》中都有充分的反映。

3.1.3 深中通道管理理念运用示例

前文在系统总结了深中通道管理理念变革的基础上,分析并凝练了深中通道管理的驾驭复杂性、本质管理与协同管理三个管理理念要点,这三个要点充分反映了为应对深中通道建设管理的复杂整体性,管理主体所一直秉持的系统性、综合性、统筹性的复杂系统思维。为了更好地理解管理理念的具体运用,接下来,本节用设计管理和技术创新管理作为深中通道管理新理念实际运用的两个示例。

1. 深中通道工程设计管理理念

在具体介绍之前,我们先做一个简要的解释,即为什么我们会选择设计管理作为管理理念更新的重要范例。首先,深中通道的设计管理是工程管理活动迈入实体化的重要开端,设计是龙头,具备基础决定性,设计方案的确立就决定了后期施工的复杂程度以及通道运营功能的释放,管理理念的贯彻与落实如不能在设计端就开展,后期再多的努力也收效甚微。其次,深中通道的设计本身就具备相当高程度的物理和系统复杂性,是一个"桥、岛、隧、水下互通"的大规模集群工程,需要考虑气象条件、地质特点、社会文化等多情景要素的全方位嵌入,充分体现了现代工程项目对工程价值与自然生态环境平衡能力的重视,以及在技术、人文、社会层面上的高适应性要求。最后,深中通道的设计管理活动,涉及面极广,需要在前期开展科研专题的基础上,对整体方案准确定位;受多方面条件约束,如船舶航道、航空限高、工程技术、自然环境保护等,需要统筹兼顾;设计主体众多,需要多方协调,同时还需要考虑后续的施工技术运营,是一个具备复杂整体性的管理活动。接下来，我们从如下几个方面探讨深中通道设计管理活动在贯彻、更新管理理念方面的具体做法：

（1）全球集智，开展设计方案国际竞赛驾驭设计管理复杂性

深中通道作为世界一流的跨海通道，为满足工程在技术、美学上的高要求，深中通道管理中心在国际范围内公开组织开展了设计方案国际竞赛。该模式颠覆了先招标设计单位，再遴选方案并优化的传统模式。传统模式的弊端在于一旦设计单位定了，那么设计方案极大程度上受该设计单位的设计经验和技术力量约束，业主难以再实现其原定的设计方案意图。传统方式本质上是按照既有的工程建设程序操作，以还原论的方式，将设计管理程序做人为的分割，这种分割方式对一般的工程项目或者技术难度有限的重大工程设计是有益的，便于工程管理程序的高效及合规，但应用在如深中通道一类的超大规模集群工程上，就忽视了还原论不可逆对工程带来的可能的"伤害"。

而业主在设计招标之前开展设计方案国际竞赛，是对设计方案复杂整体性的剖分，通过设计方案国际竞赛，让潜在的设计单位较早地介入并着手设计，通过公开评审的方式完整地展示设计方案，并且和业主及业主委任的专家充分沟通交流，从而优化设计方案。这种方式是先选设计方案再选设计单位，是围绕设计方案做复杂整体性的剖分，虽然在一定程度上也是对复杂性的简化，但是在最大程度上保证了复杂性的整体性。

具体而言，在实际操作中，深中通道的业主参考上海崇明越江通道、香港昂船洲大桥设计方案竞赛的成功经验，依托国际桥梁与结构工程协会（IABSE）的《桥梁设计竞赛指南》，公开组织开展了方案设计的国际竞赛，设计方案国际竞赛分两阶段进行，由评委会对参赛设计方案进行评审。在设计方案国际竞赛开始的第一阶段，竞赛注重美学创意，技术方面占60%，美学方面占40%。第一阶段在技术方面主要注重技术可行性及可持续性设计，对项目的桥梁、水工、隧道等设计内容提出了相关的技术要求；在美学方面强调设计方案的优美、简洁，注重方案整体的比例、均衡及与周边环境的和谐性，对桥梁、人工岛、通风井、海底隧道等设计内容提出了相关的美学要求。竞赛的第二阶段更注重技术方案的合理及可行性，技术方面占80%，美学方面占20%。第二阶段在技术方面主要注重设计方案的科学合理性、创新性，对桥梁、水工、隧道等设计内容提出了进一步的要求；在美学方面与第一阶段相同。

设计中标单位进场后对设计方案国际竞赛的优胜方案进行了充分的吸收和采纳，西人工岛的岛形设计基本承袭竞赛优胜方案，采用了菱形（风筝造型）方案，是集防洪、交通转化、施工和景观美学四重优势于一体的岛形方案。对于竞

赛优胜方案的岛上建筑,设计单位结合项目房建工程的功能需求及所处的自然地理环境对岛上建筑进行了优化,将岭南建筑风格融入其中,如将封闭的玻璃幕墙优化成棕榈叶形的镂空顶棚,使得建筑内部通风、采光更优,同时外观上呈现出亚热带建筑特色;将功能性不强的风力发电机略去,代之以隧道通风塔,放眼望去建筑景观效果近似,但功能性更强。完善后的岛上建筑更加适应所处环境、外观更加出彩,为项目的整体美学锦上添花。基于造价、施工等方面的限制,深中大桥虽然没有采用优胜方案推荐的分体钢箱、独柱塔、空间缆悬索桥方案,选择了传统的整体钢箱、门式塔、平行缆悬索桥方案,但也承袭了优胜方案的建筑美学框架,例如桥梁施工图设计所采用的主引桥桥跨组合、引桥整幅式桥墩、悬索桥锚碇 IP 点下移及晶体切面构件外观,等等。

通过设计方案国际竞赛,深中通道项目获得了各优秀单位高质量的设计成果,这些成果体现了当今世界跨海通道集群工程设计应有的技术水平和前瞻性,其蕴含的技术亮点和创新性对后续正式设计有很大的启发和参考借鉴意义,为深中通道的高质量设计奠定了坚实的基础。

(2) 全寿命周期设计,从源头上实现本质质量安全管理

深中通道的设计使用寿命实行 100 年的标准,为达到预期使用寿命,设计是关键。为实施本质质量安全管理理念,需要确立科学的建设管理指导思想与行为准则,而其中全寿命周期设计理念的实施就是破局的切入点。深中通道在设计管理中,坚持全寿命周期设计理念,保障结构全寿命周期的耐久性,通过加强结构耐久性设计,在满足项目需求的条件下,实现各构造物的受力简洁明确、结构构造合理、施工方便、质量可靠,同时注重可维护性设计,构造设计注重可达、可检、易于养护的使用要求,同时考虑运营中可能发生的突发情况和风险事件,在设计中提前考虑并做预防。

在深中通道设计的本质管理中,通过坚持全寿命周期设计的理念,明确了材料和结构的质量与安全是达到 100 年使用寿命的重要前提,为此深中通道采取了大量的科研和专题研究,从源头上做耐久性设计,从而践行了本质质量管理的理念。具体而言,在钢结构上,项目通过抗疲劳设计方法、先进制造技术和新型构造细节的引入,提出了高性能的正交异性钢桥面板结构,研发了 U 肋和顶板的全熔透焊接技术,实现焊缝全熔透、可检测,大幅提升钢桥面板抗疲劳性能;项目开展了节段模型风洞试验,研发了多灾害作用下海中超大桥梁结构体系及约束关键装置,大幅提高了抗风性。通过加强材料耐久性设计,明确材料耐久性指标控制要求,从源头上保障工程耐久性,降低资源消耗。在混凝土结构上,考虑荷载影响因素,构建"水化-温度-湿度-约束"多场耦合作用机制抗裂性评估及设

计方法,制备了基于水化热速率和膨胀历程协同调控的低收缩、高抗裂海工混凝土材料,降低了海工大体积混凝土开裂风险;沉管隧道选用 C40 混凝土预制的防撞等级 SA 级 F 型混凝土防撞侧石,降低了深中通道运营后通行车辆的碰撞风险。

深中通道的运营安全是保障项目达到预期使用寿命的另一个重要方面,深中通道的远景年交通量巨大且大型货车比例高,项目通车后即刻达到高交通量水平,没有缓增过渡期,所以必须在设计阶段就充分考虑到运营安全的预先性与整体性。深中通道的运营安全设计方案树立了本质安全的理念,综合性地考虑了安全性、稳定性和可持续性等方面,创造了一个安全、舒适、高效的运营环境,这不仅包括提供即时、精准、可靠的救援服务,还运用了安全、准确、便捷的安检管理手段,从而实现整个项目全寿命周期内的卓越运营质量。

为了实现运营期的本质安全,深中通道很早就开展了针对运营安全的研究,为设计提供了重要参考。具体而言分为四个模块:首先,对危险货物运输安全及超限车辆进行管理,通过危险货物运输风险评估、车辆通行限制研究,开发跨地区、跨部门一体化联动应急机制,实现深中通道危险货品的安全运输;其次,在沉管隧道通风、消防及防灾救援方面,考虑到深中通道的超长特大隧道部分面临通风、消防及救援的挑战,通过调研、建模、试验等方法提出相应的预防措施;再次,针对岛桥隧跨海集群工程交通安全与运行管理,从驾驶行为、交通特点、隧道照明、诱导设施、气候影响等各个方面对交通安全和运行进行研究;最后,岛桥隧跨海集群工程应急救援是针对隧道的封闭环境和突发事件的发生概率,为了降低突发事件后果的危害性而开发的合理、可靠、联动、有针对性的应急技术与方案。

2. 深中通道协同创新管理理念

深中通道的建设实践是一个多主体参与、多要素投入、多技术集成的协同创新过程,其协同创新理念本质上是在需求引领下,联合多个创新主体对各种现有资源、技术、知识进行跨界整合和创新性应用,建立具有深中特色和创新活力的创新生态系统。深中通道的协同创新理念主要体现在产学研用融合和工业化信息化"两化"融合方面。在"自主创新,领先世界,引领行业发展"和"工业化信息化两化融合,打造行业标杆"的现代化建设理念指导下,致力于解决行业面临的技术难题,充分贯彻协同统筹的管理理念,形成多主体协同、跨界合作的协同创新模式。

深中通道建设过程中,涉及大量新技术与装备的使用,从协同创新的角度来看,具备了产学研用的完整生态,是一个融合了多个行业、企业和创新资源的复杂系统。在这一项目中,业主作为关键角色,负责整合各方资源,推动产业链与供应链中的多主体协同创新。通过树立以业主为核心的协同创新理念,业主能够高效地协调设计单位、建设单位、材料供应商及技术服务提供商等不同领域的企业,实现资源共享、信息互通和目标统一。在这一协同创新模式中,业主不仅是项目的启动者和推动者,更是各参与方之间的桥梁和纽带。通过制定开放合作的创新政策和建立合作平台,业主有效促进了知识交流和技术融合,激发了各企业的创新潜力和积极性。这种多主体协同创新模式不仅加快了深中通道的建设进度,提升了工程质量,同时也推动了相关产业的技术进步和升级,对区域经济的发展产生了深远的影响。

深中通道的技术创新是指工程建造过程中为满足工程建设需求而实现新技术的发明创造与成功应用的一个过程,贯穿于工程建设的各个方面,是对"自主创新,领先世界,引领行业发展"建设理念的有力践行。而其中最为典型的就是钢壳混凝土沉管隧道的协同创新,涉及理论与结构研究突破、施工工艺与装备研发以及监测与预警技术,这些技术创新过程不仅涉及横向协同,如在施工过程中,自流平混凝土的性能就和智能浇筑技术紧密关联;也涉及纵向协同,如隧道结构设计就和浮运安装技术紧密关联(见图3-1)。

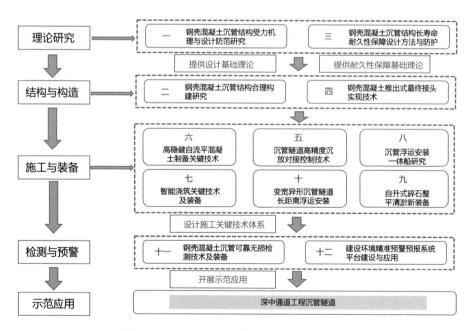

图3-1　钢壳混凝土沉管隧道工程创新路线图

深中通道建设过程中涉及一系列"首例""罕见"工程,如世界首例双向八车道沉管隧道、国内首例钢壳混凝土沉管隧道。为填补国内全产业链空白和相关技术理论缺失,项目组联合了国内 20 余家行业领军企业及科研院所,历经了 4 年的"产学研用"联合攻关,揭示了钢壳混凝土组合结构的弯剪受力机理以及混凝土脱空对其承载能力的影响,解决了行业内钢壳混凝土沉管隧道全产业链技术空白难题。为探究钢壳混凝土沉管隧道结构的合理构造,项目组研发出相较传统结构承载能力更高、防水性能更好、利于工业化建造的新型结构。项目研究过程中还研发了海中推出式最终接头实现技术,为施工工艺及装备研发提供了重要的构造输入条件。为满足工程技术需求,提升建造效率和质量,项目组研发出一系列新工艺和新方法。例如创新提出了海中"大直径深层水泥搅拌桩(DCM)＋块石振密"的复合地基处理技术,并研制了具有自主知识产权的国内首艘 DCM 船,为解决沉管隧道海相深厚淤泥与基岩地层基础差异沉降问题作出了贡献。

3.2　深中通道建设管理着力点

3.2.1　深中通道建设管理着力点概述

在确立了深中通道驾驭复杂性理念、本质管理理念与协同管理理念的基础上,需要进一步结合深中通道的复杂性特征,包括对工程地理位置、环境条件、工程规模和技术复杂性的认知,逐步从认知到的物理因素中抽象出系统性问题,并根据迭代式生成、适应性选择与多尺度管理原理将抽象的系统解决方案转化为可行的管理策略和行动,并且在《交通强国建设纲要》提出的"一流设施、一流技术、一流管理、一流服务"基础之上提炼出深中通道工程建设管理基于"四个一流"的管理着力点。

首先,深中通道在建设过程中,面临着质量、进度、安全等一系列的挑战。具体而言,在建设过程中,需要在工厂化的环境中完成关键材料与部件的制备,工程建造现场需要大量的施工装备,需要全力推行"工业化建造、智能建造",从而打造一流设施。通过工业化建造和智能建造手段,实现在相对稳定的类工厂环境中进行关键部件的生产制造。这是驾驭复杂性理念的关键抓手,可以提高工程建设效率、降低成本,在工程建设阶段实现智能化管理,保障工程建设的本质质量安全。

其次,为应对深中通道工程的复杂整体性与技术难度,深中通道管理主体需要运用协同管理理念以不同阶段的新需求为引领、产学研用融合,在数智赋能的基础之上形成一流技术。这一管理着力点要求其与产业界、学术界和科研机构的力量融合并进行协同统筹管理,以解决行业面临的技术瓶颈和难题,从而实现技术水平的跃升。

再次,需要基于驾驭复杂性的管理理念,在深中通道工程的独特语境中构建、创新发展现代工程建设质量安全管理体系,基于产业链供应链一体化管理的思路,以及考虑到工程条件的独特性的精细化管理来保障高水平建造,形成一流管理。在这个着力点中,还重视在本质管理理念的基础上囊括从设计、施工到运营的全流程管理,要注重细节、标准化和规范化操作,确保工程的可持续发展和安全运营。

最后,推行建筑与结构相融合,以人民满意为最终目的,基于本质管理理念构建高标准的服务,强化建管养一体化及智慧交通,实现一流服务。这意味着在设计阶段就要考虑到隧道结构的特点和海底环境的复杂性,采用符合高水平服务标准的材料和工艺,确保隧道结构的稳固和耐久性。同时,强化建管养一体化及智慧交通系统的应用,提升跨海通道的运营效率和安全性,为未来运营中的用户提供一流的服务体验。

3.2.2　一流设施

形成交通强国的"一流设施",既是深中通建设"平安百年品质工程"的现代化建设目标,也是项目团队进行工程管理的主要抓手,深中通道团队在跨海集群工程的建设管理中践行现代工程管理的核心理念和方法,大力推行"工业化建造和智能建造",助力工程的精益建造和智慧赋能。以下从三方面为建设"一流设施"提供实施路径:

1. 采用标准化管理,打造工业化建造基础

深中通道采用工业化建造的重要前提就是标准化设计,需要以设计先行的原则应对建设挑战,坚持"整体性优化"的原则,在设计阶段采用标准化、数字化和模块化的设计方案,如桥梁上部结构、桥墩和沉管隧道结构的标准化设计,在提高设计效率与质量的同时,还为后续工厂化生产和装配化施工创造了有利条件,保证了工程整体的联系。"两区三场"等临建工程对于实体工程的质量与安全至关重要,也是践行人本化管理和保障环境价值的重要途径,项目团队要求施工单位执行的"四集中"(集中布局、集中拌合、集中加工、集中预制)管理标准,既节约了土地资源,也为质量和安全管理提供了坚实的基础。此外,为应对长栈桥建设的复杂性挑战,深中团队秉持"三减少"(减少海上作业工序、减少海上作业时间、减少海上作业人员)的原则,采用标准化设计和模块化施工工艺,通过将海上施工转化为陆地作业,为工业化建造创造了良好条件,提高了施工的安全性和工作效率。通过以上实践,深中通道展示了在打造一流设施的海上工程项目中实施标准化设计的有效性。这种全面的项目管理方法,是现代工程管理中系统性、本质安全性及复杂性驾驭的应用实例,为其他大规模工程提供了宝贵的参考和实践经验。

2. 推进工业化建造,全面提升工程品质

深中通道在打造一流设施的工程建设管理实践中,秉持"本质质量管理"原则,通过工业化建造推进质量治理,遵循"以设备促工艺、以工艺保质量、以质量提品质"的理念,通过高性能的材料,创新设备和工艺优化,如研制大型钢壳混凝土沉管隧道轮轨式液压水平移运装备,研发集定位和自动化控制系统于一体的自升式快速整平船,开发钢筋网片柔性生产线和一体化智能筑造机等,实现了施工作业的自动化和智能化管理,实现了工程施工的高效与安全,展示了工业化建造在驾驭工程复杂性中的关键作用。工业化建造不仅优化了施工流程,还加强了项目管理的精细化,确保了一流设施建设的高标准和高质量,这一实践生动展示了现代工程管理理念在应对复杂大规模工程中的强大能力和实际效果。

3. 构建智能建造体系,助力行业建造设施数字化升级

在建设交通强国一流设施的过程中,深中通道整合了先进适用的技术和智能化管理手段,积极推进智能建造,为交通行业的高质量发展搭建了一套完备的智能建造体系,极大提升了建设效率和质量。面对钢结构制造和混凝土浇筑过程中遇到的规模、质量、效率等问题,项目组立足"本质质量管理",通过设计的优化、材料的选择、技术的创新、装备的制造,确保所有构建元素都具备高性能和长期的可靠性,保障施工过程的质量。智能建造体系的构建过程中,以灵活的方式实现自上而下的分解与整合,深中通道项目组使用高度模块化的设计方法来简化施工过程,并通过数字化工具如 BIM 技术实现设计和制造的紧密集成,确保了从设计阶段到施工阶段的无缝对接,提高了施工效率并降低了成本。深中通道智能建造的实践体现了在打造一流设施的海上工程项目中实施智能建造的高效性。这种全面的智能建造体系,已成为打造交通强国一流设施的重要支撑,展现了现代信息技术和工程管理理念在实际应用中的强大能力(见图 3-2)。

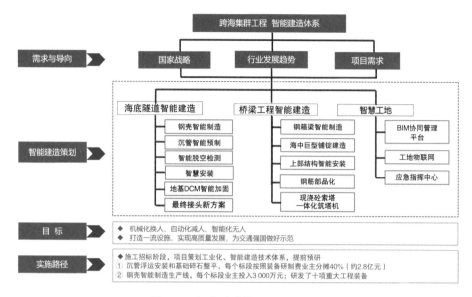

图 3-2 智能建造体系和实施路径

3.2.3 一流技术

深中通道作为全球技术难度极高的交通基础设施工程,工程技术水平直接影响"平安百年品质工程"宏伟目标的实现,因此"形成一流技术"也自然成为工程管理的着力点。在这一过程中,项目团队坚持"守正创新"的管理原则,实施系统性、综合性和统筹性的工程管理,积极推动建造技术的传承与创新。为了将深中通道塑造为中国跨海集群工程建设的一流技术典范,项目从以下三个关键方面着手:

1. 研发关键技术,提升本质质量安全

为应对深中通道建设中的复杂性,实现工程的高标准质量安全要求,深中通道在建设管理过程中强调工程质量技术的创新与提升,践行本质管理的理念,开发具有高性能和长期可靠性的关键核心技术,解决交通行业面临的"卡脖子"技术难题,推动中国交通基础设施建设一流技术的发展。项目团队创新地提出钢壳混凝土沉管隧道结构,解决了传统结构在超深、变宽、深埋海底隧道施工中的限制;通过研发新型组合气动控制技术,在世界上首次大幅提升大跨径钢箱梁悬索桥抗风性能,实现对大跨径悬索桥在各种环境影响下的有效控制;通过创新新型基坑支护技术,成功控制基坑位移,解决了海中深厚软基地质锚碇建设的难题。为应对跨海通道全生命周期的安全挑战,项目组结合理论研究、数值分析与试验研究,针对性地开发了针对大体积混凝土开裂风险、海洋环境下混凝土劣化、新型主缆钢丝的腐蚀疲劳等问题的创新性解决方案,确保了工程的长期稳定性和安全性。

2. 推进技术融合应用,提升多主体协作能力

以"两化"融合为基础,深中通道项目秉持"协同统筹管理理念",在建设管理全过程中推动数字化建设的创新和发展,深入探索 BIM 技术在工程建设中的数字化集成应用,实现了从设计到施工再到运维的全过程纵向打通和横向协同,极大提升了项目的效率和质量。深中通道工程针对东西人工岛、中山大桥、沉管隧道等关键构造物进行了数字化设计,通过 BIM 的正向设计与交付,充分利用了 BIM 技术的可视性、可计算性和可交互性,将工程元素详细模型化和实例化,确保了所有工程编码和进度计划的紧密连接,提升了项目的整体协调性和效率。同时,为助力"多主体协同合作"和"智能化综合管理",项目通过使用 BIM 模型作为信息集成的载体,整合了工程各阶段和各业务的数据,建立了 BIM 协同管理平台,实现了设计的各专业、各环节间的有效协同。该 BIM 平台也推动了产业工人实名制管理、工程设备信息化管控、工程结构施工监测等数字化集成应用的实施,全面支撑了智慧梁场等"智能建造"项目的实现,深刻践行了适应性管理与跨功能的动态评估的原则。深中通道项目通过深入应用 BIM 技术,不仅优化了工程设计和施工流程,还提升了运维效率,为大型工程项目提供了一种崭新高效的管理模式。这种先进的技术和管理实践展示了项目团队如何有效地整合和应用现代信息技术来实现工程管理的系统性和综合性,确保了项目的高品质和高效率。

3. 引入价值分析,保障技术创新合理定价

在深中通道的建设过程中,项目团队面临了"新构造、新材料、新装备、新工艺"(简称"四新")工程的挑战。这些创新元素虽然推动了技术的进步和应用,但也带来了一系列工程定价的难题。深中通道迫切需要应用创新的价值分析技术与综合管理理念来有效提升工程建设的质量效益。面对"四新"技术引入的定额计价依据和标准的缺失,深中通道加速了"四新"技术的成本分析和定额研究,积极参与行业标准和规范的制定,并整合了质量、安全、造价和 BIM 数据,形成了一个全面的跨海交通建设项目管理清单系统。此外,还通过优化设计方案、选择高成本效益的材料和技术,以及精细化的施工组织设计,有效降低了成本,提高了结构的安全性和耐久性。

3.2.4 一流管理

深中通道建设管理面临着一系列复杂的组织和管理挑战。深中通道团队基于管理理念更新,构建工程整体上管理的顶层设计,推进产业链供应链的一体化进程,实现深中通道的高水平建造和精细化管理,进而推动高质量建设和高水平安全保障,形成一流管理的着力点。

1. 构建工程治理体系,整体驾驭深中通道管理复杂性

深中通道管理中涉及大量的跨界和政府间的沟通协调以及投融资等重大事项与问题,这些问题的解决依赖于高效的工程治理体系的构建,这是管理的顶层设计,具备基础决定性。一旦这一类问题解决不好,如出资方出现了资金不到位、参建方出现了利益纠纷等问题,就会严重干扰工程正常的建设进展,甚至导致工程停工。因此,深中通道工程实现一流管理的着力点首要在于构建完善的工程治理体系。在深中通道治理体系构建中,具体形成了工程"软法"治理、工程治理组织与党建引领三个模块,其中在"软法"治理中,深中通道形成了省与市、市与市之间的权责划分,出资方之间的关系协调,以及深中通道具体管理活动应遵循的基本依据;在工程治理组织中,随着前期决策的推进和工程建设需求的变化,深中通道治理组织呈现出多阶段演化的柔性状态,既有利于资本金的统筹,增强融资谈判的筹码,形成谈判合力,并纳入参与投资的地方政府对项目的监管,也利于在实际建设管理中建立一个运作高效、监督有力的架构;在党建引领中,深中通道以党建与生产建设深度融合为核心,构建横向到边、纵向到底的党建工作网络,立足超级工程建设的实际需求,有效发挥党组织把方向、管大局、保落实的重要作用,并发挥了可复制、可推广、可借鉴的示范作用。

2. 推进产业链供应链管理,实现深中通道工程多方协同

深中通道代表了我国当前桥梁建设的最高水平,其本质上是对我国桥梁建设行业产业链供应链资源的整合,其工业化制造与智能建造、数字化应用等达到了相当高的水平,以往的承包商管理已不再适用或难以驾驭工程的复杂性。

运用协同管理理念实现产业链供应链一体化管理,是解决深中通道管理在建设过程中可能出现的堵点、卡点与断点的关键手段,不仅能够提升工程建设管理生产力的供给质量与能力,而且能够增强生产力应对复杂环境变化的适应性。深中通道产业链供应链管理形成了一流管理的重要着力点,通过加强产业链供应链的协同,实质上是对构建深中通道工程新质生产力的管理,深中通道产业链供应链管理能够为我们提供新的工程生产力要素,以生产力结构调整增强对工程复杂性的适应性,实现以生产力新的"质性"提升深中通道生产力的品质。具体而言,深中通道完成了分布式供应链体系、施工现场工厂化与准工业化建造、智能现场设计、智能型工程生产方式的变革,实现了产业链供应链的融合。

3. 构建本质管理理念,推进高标准质量安全管控

深中通道项目组从工程的物理特征中抽象提炼出安全的系统问题,并将其转化为深中通道建设质量安全体系。工程以建设安全舒适、优质耐久、经济环保、和谐美观的世界一流可持续跨海通道工程为建设目标,对投资、采购、进度、风险、信息管理等各个环节进行工程管理,实现了以设计为龙头、以安全质量为核心、以技术创新为灵魂的工程控制,建立了组织、制度、文化、技术标准等建设保障体系。由于深中通道具有复杂性与不确定性,项目组建立了安全风险分析管控和隐患治理双重预防体系。该体系利用风险管控规划等十种手段,牢牢把握以人员控制、设备控制、风险控制为核心,以智能化、信息化、标准化为助力,以通航安全保障为先决条件的三个管理方向,形成海、陆、空三位一体的管理布局,实现生产安全零责任事故的终极目标。

为了保障深中通道的全生命周期耐久性,深中通道团队构建项目专用技术标准体系。管理主体在现行国家、行业标准基础上,综合国内外类似项目建设经验及成果,形成了项目专用技术标准体系。同时,对工程实施过程进行质量控制,推动"实施有标准、操作有程序、过程有控制、结果有考核"标准化质量安全管控体系的建立,通过质量管控流程标准化助力精细化管理,保障实体质量。建立了完善材料全流程信息溯源和质量问题责任追究机制,对原材料管控实施台账化管理制度,积极推动原材料专库、专供模式,并结合建设进程,适时提高原材料第三方抽检比例,严格按合同条款对原材料不合格问题进行处罚、处理,提升原材料使用品质。同时推动智能工地试验室的建设。该团队强化了试验检测及监测数据的实时上传与反馈机制,并创新引入了检测机器人等智能化设备,实现了样品流转及试验工程的智能化,确保检测数据的准确性、可靠性和公正性。

为了强化平安工地建设,深中通道融合过去的决策与运营管理经验和智能化信息化技术,积极推动工程安全管理规范化、现场管理网格化、风险管控动态化、事故隐患清单化、工程防护标准化。从安全管理的复杂性与整体性出发,团队运用智能化与信息化技术构建了安全风险动态管控系统,对工程建设期间的安全风险管控关键信息进行采集传输、汇聚整合、分析应用以及相关业务处理。针对特种设备管理,工程中的大型设备应用了"互联网+"智能技术管理,如塔吊安装人脸识别、塔吊大臂防撞系统,架桥机主梁应力应变传感系统等,并委托第三方专业特种设备单位分批次定期开展特种设备检测。深中通道团队还全面打造了"深中定制"系列安全标准化,形成了富有跨海集群工程特色的"深中定制"安全标准化体系。此外,通过与海事主管部门的紧密合作,共同开发了智慧海事系统。该系统的核心目标是构建一个信息共享及联合调度指挥的平台,整合智慧海事功能、视频监控技术以及信息共享平台等多项技术,从而在海事监管工作中实现专业化、信息化及智能化管理。

3.2.5　一流服务

立足于《交通强国建设纲要》的战略指引和"以人为本"的核心理念,为保障工程项目的本质安全与总体效益,深中通道在工程建设管理的全生命周期中,以"形成一流服务"为主要着力点,以用户体验作为服务导向思维,在设计、施工、运营各阶段进行持续优化,确保所有建设管理活动坚守高效、安全与环保的综合标准。

1. 立足于高品质设计,满足美学品位和未来通行需求

深中通道作为跨越珠江东西两岸的标志性工程,既需要满足沟通两岸交通的根本需求,也需要具备能代表大湾区标志性工程的美学品位,这是深中通道工程基本功能的释放,也是服务的根本。为此,工程管理主体积极推行建筑与结构深度融合的建设理念,通过全球设计竞赛和顶尖建筑师的参与推动设计创新。项目不断通过技术和美学层面的反复论证,确保设计方案在满足功能性和美观性的同时,实现与自然环境的和谐共存,彰显了对环境综合考虑的深度承诺。此外,工程管理主体实施从传统的功能导向转向全面优化用户体验的服务导向设计思路。设计团队遵循高标准的技术规范(如双向八车道、100 公里/小时的速度标准),确保设计能精准对接预期的远景交通流量,在时间和空间尺度上优化服务质量。同时,面对项目复杂的交通流动性和安全性需求,设计团队在机场互通立交和万顷沙互通立交的设计上创新性采用半水下枢纽互通设计和双向六车道标准,提出最适应的设计解决方案。此外,在设计阶段深入贯彻了本质管理理念,通过引入八自由度行车安全模拟仿真技术来优化设计方案,不仅反映了对未来变化的适应性预测和响应,也确保了整体设计的安全性能达到预设的高标准。这种前瞻性的安全管理策略和技术创新的结合,有效提升了整个项目的服务质量和可持续性,实现了复杂工程项目中安全与效能的综合优化。

2. 推进品质文化建设,服务一线建设人员

在深中通道施工阶段,为有效提升施工阶段的服务质量和安全管理水平,深中通道管理主体着力推广"深中特色质安文化",大力实施工程质量文化建设,举

办各类活动如"深中定制"、"平安杯"安全摄影比赛等,以及开设安全心理解压室、迷你唱歌房和影音室等多元化举措,增强了员工的安全意识与质量意识,强化了团队协作和文化归属感,使得高品质建设的理念深入人心。深中通道在施工阶段充分展现了"协同统筹管理理念"。项目组建立了产业工人培训中心,实施智能化综合管理,整合信息化手段和现代技术,采取游戏化、实景体验和实际操作等多样化培训方法,通过定制化和高适应性的培训内容,确保技术人才和产业工人能够有效应对施工中的复杂性和多样性需求,不仅提升了工人的技术水平和安全意识,同时也培养了工匠精神。

3. 提升绿色建造水平,服务环保需求

在实施"形成一流服务"目标中,深中通道特别强调了低碳环保的建设要求,体现了项目对绿色建设和智能化管理的承诺,通过在不同管理层面和时间尺度上采用环保技术或设计,确保了综合性和系统性的实现。包括采用先进的环保技术,淘汰高能耗的老旧设备,推广使用绿色清洁能源及尘埃、废水控制技术和进行绿色设计等,这些措施显著提升了工程服务品质,同时展现了对环境保护的深刻承诺和责任。此外,项目通过科学合理的工程弃土弃渣综合利用策略,不仅节约了超过40亿元的成本,也实现了功能性、水利防洪、美观和施工便利性的和谐统一。这种策略在确保工程效益的同时,优化了资源配置并减少了对环境的影响,展现了项目在践行"环境与价值平衡"理念上的高水平实践。

3.3　本章小结

本章介绍了深中通道建设管理的理念变革与实践创新,对建设过程中的"四个一流"着力点进行总结与概述。工程管理理念的变革体现在对传统工程管理经验的超越上,立足于交通强国战略和复杂系统思维,形成了以人民满意度为核心,注重技术创新、环境保护、经济影响及安全管理的现代工程管理理念。通过确立驾驭复杂性理念、本质管理理念、协同管理理念,深中通道成功应对了项目复杂性带来的挑战。

深中通道的理念变革贯穿于工程设计、技术创新、管理创新等各个实践过程中。在工程设计理念上,深中通道展现了"人文—环境—工程融合设计"的现代化建设理念,创新两阶段设计模式,实现了"桥、岛、隧、水下互通"的一体化设计。在技术创新实践上,项目组融合产学研用实现一系列核心技术突破,以工业化信息化"两化"融合为基础,实践了智能建造体系和智能运维,显著提升了建造管理的效率和质量。在工程建设管理着力点上,深中通道团队构建了质量安全管理

体系,推行了建筑与结构融合理念,实施了精益建造和智慧赋能,体现了深中通道在现代工程管理中的创新与领导地位。通过其先进的管理理念与实践,深中通道工程形成了"一流设施、一流技术、一流管理、一流服务"的"四个一流"管理着力点,有力地支撑了工程建设管理目标的达成。

综上所述,深中通道的管理理念与实践原则贯穿了"四个一流"的目标,通过创新、标准化和精细化管理,不仅实现了管理创新和技术突破,提升了工程的性能和服务质量,也为中国乃至全球的大型交通基础设施工程提供了宝贵的经验和示范。

参考文献

[1] 盛昭瀚. 大型复杂工程综合集成管理模式初探:苏通大桥工程管理的理论思考[J]. 建筑经济,2009(5):20-22.

[2] 邱大灿,程书萍,葛秋东. 大型工程前期决策综合集成管理模式研究:港珠澳大桥建设管理理论思考[J]. 建筑经济,2011(8):44-47.

[3] 王茜,程书萍. 大型工程的系统复杂性研究[J]. 科学决策,2009(1):11-17.

[4] 宋神友,刘学欣,刘建波,等. 跨海交通集群工程绿色公路技术创新实践[J]. 公路,2022,67(3):218-224.

[5] 刘亚敏. 大型工程建设突发事故形成机理及其应急管理组织机制研究[D]. 南京:南京大学,2011.

[6] 王康臣,宋神友,许晴爽. 深中通道工程助力交通强国战略的实践路径[J]. 运输经理世界,2024(1):71-73.

[7] 宋神友,陈伟乐. 深中通道桥梁工程方案及主要创新技术[J]. 桥梁建设,2021,51(5):1-7.

[8] 金文良,宋神友,陈伟乐,等. 深中通道钢壳混凝土沉管隧道总体设计综述[J]. 中国港湾建设,2021,41(3):35-40.

[9] 陈伟乐,邵明智,宋神友,等. 钢壳智能制造技术水平评价指标体系研究[J]. 中国水运(下半月),2020,20(8):58-59,62.

[10] 陈伟乐,宋神友,金文良,等. 深中通道钢壳混凝土沉管隧道智能建造体系策划与实践[J]. 隧道建设(中英文),2020,40(4):465-474.

[11] 宋神友,陈伟乐,金文良,等. 深中通道工程关键技术及挑战[J]. 隧道建设(中英文),2020,40(1):143-152.

[12] 林鸣,王孟钧,王青娥,等. 论本质管理思想:基于港珠澳大桥岛隧工程管理实践[J]. 中国工程科学,2019,21(2):103-110.

第四章

深中通道工程治理体系

　　作为当今"国之重器"的深中通道，其建设管理的内涵不仅包含着一般层面上的"管理"概念，更包含着一个比"管理"更高层面、更丰富、更深刻和更具厚重感的"治理"概念，因此还需要构建一个相应的深中通道治理体系。本章将围绕深中通道这一重要的建设管理新内涵进行必要的诠释和具体的治理体系的总结，重点放在深中通道创新性较突出的"软法"治理、治理组织、党建引领三个方面。

4.1　深中通道治理体系概述

4.1.1　治理与工程治理

"治理"一词原本多用于政治学领域,意即政府如何通过行使国家的权力从而达到管理国家和人民的目的,因此,"治理"强调了通过途径的设计与安排来调节政府的行为方式。联合国全球治理委员会(Committee on Global Governance of the United Nations)认为"治理"是指各种个人、公共或私人的机构管理其公共事务的诸多方法的总和。它是一个持续过程,能使冲突或多元利益得到一定的调和,并采取联合行动;它不仅包括迫使人们服从的正式制度和规则,也包括人们同意或符合其利益的各种非正式制度安排。

由上不难看出,"治理"的内涵主要有:

第一,治理主要不是指一套管理规则或者一项管理活动,而是指一个过程以及这个过程内完整的行为方式。当然,任何行为都有目的性,例如管理和完成一项公共事务,不应以"治权"而谋私。而所谓行为方式既有"被治理"对象的行为,更强调"治理者"的行为方式,例如"治理者"是否公正、正确地运用"治权",是否在运用"治权"过程中出现违背"治权"原则的异化行为等。

第二,治理过程既涉及治理者,又涉及被治理者,而无论治理者还是被治理者,都具有自适应性的自主权。因此,治理的主要基础不应是刚性的控制,而应是各类自主主体之间的协调,这里的协调包括各种主体之间的利益协调、行为协调以及治理过程的流程协调等。

第三,虽然治理的概念从原来的领域扩展至包括企业在内的私人部门,例如:为了管理好国家和社会而设计可行的政治制度和法律环境;为了发展经济,企业创造就业机会和提高员工收入;为了维护社会良好运转,公民规范自身行为以及开展各种推动社会和谐的经济与文化活动等。重大工程决策作为一项以政府为决策主体和投资主体的公共事务,在决策过程中,自然也有治理的内核和各项具体的内容,也就是说,重大工程决策不可避免地有一系列具有决策治理属性的问题需要被设计和研究。

第四,既然治理体现在公共事务过程之中,任何过程及过程所依靠的环境都是动态的、演化的,特别是公共事务过程中各类自主主体因目的性、关联性与适应性不断改变,必然使"治理者""被治理者"各自行为或相互行为方式不断发生变化。因此,治理的一个重要任务就是在过程中持续开展各个层次、各个领域、各个方面的协调,我们不能以某种刚性制度和规则来控制、管束全过程中的行为变化。

在总结了治理的主要内涵的基础上,我们可以做如下总结:首先,治理并不是具体的管理活动,或者说它仅对管理活动制定行为边界;其次,治理应是对多个治理主体关系上的协调,而非直接的管理命令形式;再次,治理需要制定可行的协商调解制度和法规,以维持被治理对象的良好运转;最后,治理的过程是动态演化的,制度与规则的设定不宜过于刚性。

对于工程治理而言,其本质上是治理在工程管理活动上的扩展。一般意义上是指制定和实施政策、标准与监督机制,以确保工程项目的决策、执行和管理过程透明、合规且符合利益相关者的期望。它侧重于战略决策、风险管理和长期可持续性,通过监督和问责机制保障项目按既定的政策和标准运行。工程治理不仅考虑项目的技术和财务层面,还关注法律、环境和社会影响,确保项目在实现目标的同时,维护各相关方的利益并获得社会认可。通过有效的工程治理,可以确保工程项目在透明和负责任的框架下被顺利推进并取得成功。与一般意义上的工程治理相比,重大工程治理又出现新的特征,比如:传统工程治理模式一般较为稳定,而重大工程治理则具备个案性;传统工程治理一般不涉及基本法律法规问题,遵从相关建设程序的现成法律法规即可,而重大工程往往会出现现有法律法规无法解决的新问题,如港珠澳大桥涉及境内境外两套法律体系;传统工程的组织模式较为简单,并不涉及多级政府之间的横向或纵向的协调,内部组织架构也相对成熟,而重大工程的组织模式一般较为复杂。重大工程治理有着极其丰富的内涵,本章在接下来的小节中进行深入探讨,挖掘其本质内涵。

4.1.2 重大工程治理

在开展重大工程治理理论探讨的伊始,我们需要了解重大工程治理的权力来源。由于重大工程能以其公共品或准公共品属性满足社会公共需求,因此重大工程一般都由公共财政投资为主。从产权上讲,社会公众拥有重大工程的全部或者大部所有权。但是,出于各种原因,社会公众不可能全部直接参与重大工程决策事务,而是作为初始委托人通过政治、法律与民主等形式授权给某一级政府代其参与重大工程治理事务,这就产生了重大工程所有权与治理的分离。社会公众依据法律委托政府实施重大工程治理活动,社会公众与政府间的委托代理关系是重大工程决策中最具代表性的政府式委托代理关系。为实施重大工程治理活动,政府作为第一层次代理人还会依次委托政府职能部门、项目公司、各类社会专门机构,形成完整的"社会公众—政府—政府职能部门—项目公司—各类社会专门机构"递阶委托代理链。由于上述委托代理关系整个是在我国国情和市场环境下进行的,故应更全面地表述为我国国情和市场环境下政府式递阶委托代理关系(见图 4-1)。

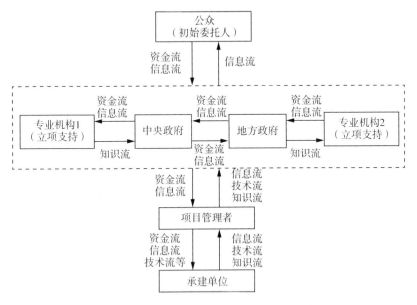

图 4-1　重大工程治理的委托代理流传递

重大工程治理活动中的政府式递阶委托代理关系表现出各种类型的复杂形态,在我国特有的国情下,这些复杂形态也产生和形成了复杂的治理问题,不了解这些问题及其背后的逻辑,将难以保证重大工程治理能够发挥积极、稳定和可持续的效能。因此,特别需要从制度、法规层面上对以下四个问题给予高度关注:

(1) 从宏观上讲,社会公众与政府之间委托代理关系中,一般都呈现"弱委托、强代理"现象。政府对决策事务一般都拥有较强的决定权、裁量权、话语权与信息主导权,而社会公众监督代理人的成本高、程序复杂、执行困难,从而有可能导致政府(在实际中往往是代表政府的某个部门)在决策过程中将"社会公权"异化为"部门私权",即以部门利益和价值偏好影响决策活动与结果,造成对委托人利益的损害。

(2) 从微观上讲,现实中作为政府代表的治理主体实际上是掌握一定公权力的社会人。社会人首先是个体人,如果在实际治理过程中代表政府的治理主体失责、失德,或由于委托制度不健全,缺乏监督,将可能导致治理主体在治理过程中因谋求"私利"而损害社会公众整体利益,因此,作为政府代表的个人的行为品质将直接关系到最终的决策品质,这是需要我们高度防范的。

（3）现代重大工程治理问题的复杂性不仅需要治理主体具有必要的治理公权（事权）,以确保治理的合法性与权威性,还要求治理主体具有相应的实施决策事务、做出好的决策方案的能力（事能）。在现实中,除了需要治理主体通过积累经验与自学习来提高自身治理能力外,通常还需要构建专门的工程治理支持体系（如聘请专家为决策顾问、组成技术专家委员会等）来辅助治理事务的开展,所以,重大工程治理体系一般由治理主体体系与支持体系两部分综合而成。

（4）重大工程往往位于两个地域的连接之处,涉及大量的跨境、跨界问题,如横跨两市的重大工程就涉及两个市一级政府,同时关系到省级政府和市一级政府的统筹协调。此外,项目公司将合同委托给各个社会专门机构后,又会出现大量的承包商主体。因此,多元价值观和利益冲突给治理带来了非常复杂的局面。因此,在我国国情之下,善用党建引领和政治保证是保障治理方向、提高治理效能的重要举措。

综上所述,在明确重大工程决策基本学理的基础上,要妥善解决政府式递阶委托代理关系在决策过程中涌现出的各种新问题和新挑战,不能仅依赖决策主体个人的道德、知识和经验,而必须通过系统性、全局性的制度设计和稳定的执行力机制规范治理主体行为和安排科学的决策流程来保障。

详细地说,在重大工程管理活动与过程中,治理主体必须站在社会公众的立场上,充分体现以民为本、程序规范、专家支持、公众参与、信息透明、责任明确、监管问责等"事权"与"事能"的核心内涵和基本构件,并要有相应的制度与法规体系来保证这些内涵与构件的实现与持续。显然,这已经远远超过了通常的"管理"概念,是一个比"管理"概念更高层面、更丰富、更深刻和更具厚重感的新概念,即所谓重大工程治理。

简言之,重大工程治理是引导、规范与保障重大工程决策事务基于合法合理、科学民主、程序规范、协同制衡的制度与行为规则体系及其执行与监管,重点为决策活动主体的决策治权、治能及执行力进行科学配置与制衡的过程。

4.1.3 重大工程治理体系

重大工程治理是一项公共事务,政府以公权力（治权）成为治理的核心主体,但由于重大工程治理事务涉及政府、社会、市场、公众等众多干系人,因此,政府必须在治理过程中处理和协调好与社会、市场、公众的各种关系,激发各方热情,化解各类矛盾,分担共有责任;同时还要在上位法的制约下,规范各主体及主体之间的行为,这就要制定重大工程治理活动必须遵循的国家相关法律法规和设计专门性的制度、规则与程序。这样,重大工程治理活动必然有着明确的治理主体、治理理念、治理目标、治理法规、治理制度、治理资源、治理方式与治理方法等,即由治道(方针)、治权(权力)、治制(制度)、治能(能力)、治具(措施)、治术(方法)等要素组成,所有这些要素综合在一起形成一个以稳定、有序和有效开展重大工程治理事务为基本功能的完整的系统,简称为治理体系。

具体而言,重大工程治理体系一般能够分解为治理环境、治理主体、治理组织、治理理念与目标、治理法规与制度、治理方式与方法等子体系,并在这些子体系之间形成稳定的层次与结构,同时在整体层面上实现引导、规范与保障重大工程决策事务的预期功能,"做到科学决策、民主决策、依法决策,避免发生重大失误甚至颠覆性错误"。重大工程治理体系的构建需要完成三项重要工作:

1. 治理体系中的权力安排与制衡

在重大工程治理体系中,治权的安排是核心问题,治理组织根据工程背景与重要治理典型问题,表现为不同治理主体、不同结构的系统演化序列。在治理功能意义上,治理组织既不应出现治理权力与能力的"缺失",也不应出现治理权力与能力的"冗余",更不应出现权力的行为"异化"。因此,治理体系的构建中最为重要的一点就是进行科学的权力安排、均衡和有效制约的设计。

权力的配置,包含两层基本涵义:一是明晰稳定的权责安排,即不同的权力分配给不同的人;二是不同的权力如何得以行使。从本质上来看,权力的分配是分权的问题,权力的行使则是对权力行使的范围的明确并进行制度保障。权力配置的根本目的在于保证组织的运行效率,从而确保组织目标的有效实现,权力的不适当配置则会使组织运行效率低乃至无效率。因此权力配置具有一定的必要性和重要性。

但是,若出现权力配置不均衡、权力过分集中的问题,则必须选择有效途径加强权力制衡,以防止权力滥用、腐败等。权力制衡,意味着有一股公共政治权力之内或之外的与权力主体(即政府部门)抗衡的力量。这些力量代表着一些社会实体,例如个人、机构、组织等,他们在权力主体行使权力的过程中对其进行监督和制约,确保权力正常有序、廉洁高效地运行。最终得到制衡的公共权力结构是优化的公共权力结构,权力的制衡有利于确保社会发展的公平合理和实现全社会福利的目标。

权力制衡的有效途径包括:①以法律这一强制力约束权力运行,例如完善规范权力主体权力的法律法规,完善监督处罚方面的法律法规等。②政府部门内部职业与监督,将决策权、执行权、监督权适当分权分配,例如中央对地方的审查审批、党政部门对公共权力的监督。③加强民主化,体现为自下而上的权力运行,包括个人、群体等。④对领导干部加强道德约束,例如建立和健全领导干部的道德规范、社会价值体系,以新闻媒体、舆论等制约和杜绝公共权力的滥用。

在重大工程的治理过程中,最为关键的是合理安排治理权力、保证治理权力制衡,即确保各个治理主体权力均衡是工程稳定有效运行的必备条件。

2. 治理体系中的分层架构设计

重大工程治理涉及面广、利益相关者多、决策事项关系复杂,为了保证治理过程的科学和有效,自然应根据拟决策问题的专业性、解决方案的权力需要和归属而对其进行层次定位和划分,并形成重大工程治理问题完整的层次架构。

根据上述原则,重大治理问题大致分为四类:

(1) 基本法律事项:重大工程在其准备、建设、运营、管理过程中必须解决的法律问题。

(2) 公共事务管理事项:包括重大工程在准备、建设、运营过程中所涉及的重大公共管理实务。

(3) 直接影响项目收益的政府经济财务政策事项:包括有关融资和项目公司方案的选择及项目经济和资源政策问题,如大桥资产权属;有关土地、税收、政策融资、收费等政策方面的决策问题。

(4) 项目公司及其有关商事行为:针对工程建设阶段的项目公司组织形式与运行方式等的决策问题。

在这四类治理事项中,第一类因关系到国家司法解释或法律补充、修改等,理应由中央政府决策,在中央政府指导下,地方政府形成共识。第二类属于重大公共事务管理问题,本质上它是地方重大关系处理及公共政策法规的协调问题,需要由中央政府和地方政府联合治理。第三类治理事项主要涉及地方政府有关决策和承诺,与中央政府的某些政策有关。第四类与投资者关系密切,与地方政府的关系较直接。

3. 治理体系中的冲突解决

无论重大工程治理体系中多主体之间如何具有共同的目标和愿景,但只要是不同的主体,彼此在目标、利益、文化与价值取向等方面一定存在或多或少、这样或那样的差异,有一些差异还是较大或较本质的,这就极易形成冲突和矛盾。因此,在治理体系中一定要有恰当的解决这类冲突和矛盾的机制和办法,简称为冲突解决机制。

在重大工程决策"政府式"委托代理模式中,解决政府间的冲突自然应遵循政治范畴内的"协商一致"的原则。"协商一致"关键在"协商","协"就是彼此共同的意思,"商"就是"商量",也就是冲突双方或多方,大家在一起通过友好商量而减少彼此冲突中的分歧,最终达成彼此都接受的解决办法。以利益冲突为例,通过降低诉求标准、补偿、置换等途径逐步平衡利益心理期望与诉求,"协商"能不断扩大各方的共同领地,最大化利益"交集",甚至开辟新的领地彼此共享共赢。

"协商"的基础是彼此友好和信任,协商不是依靠强制性的技术路线,而是双方一般都要做出各自的妥协和让步。"协商一致"只是原则上的,"一致"中仍有差异,但这一差异与最初的差异相比,无论从心理上还是从实际获益上都是可接受的,因此,"协商一致"只能从总体上、战略上、大局上和发展趋势上来理解和认识。在决策过程中对冲突的处理,各方在相当程度上是能通过协商而达成一致的。从理论上讲,并非所有的"协商"都能达到"一致",这时就需要启动其他途径来解决冲突,如付诸法律或请上级政府等权威部门来仲裁。

4.2　深中通道治理体系

深中通道工程治理体系包括三个核心内容,分别是工程"软法"治理、工程治理组织、工程党建引领,依次介绍如下。

4.2.1　深中通道治理概述

深中通道涉及大量的重要决策,包括投融资决策、桥位与登陆点决策、桥型决策与东人工岛方案决策等。上述决策事项不仅具有工程技术等层次的专业性强、难度大的特征,更出现了中山、深圳与广州市政府及广东省政府之间协调性复杂的问题。深中通道决策层次高,需要解决的问题涉及方方面面,决策治理的核心在于借助制度之钥,实现治理效能的释放。

在社会学意义上,制度主要是指国家、政府等按照一定的目的和程序创造的政治、经济、社会、文化等领域的法律法规及规则契约等,以构成对人们行为的激励和约束;多层次、多领域的制度体系形成了一个国家、政府在某个阶段的实际社会结构的一部分。这样,制度也就成为国家治理的依据,一切领域活动的治理都依据相关制度展开,制度的性质决定治理的方式。上述制度和治理两者内涵的统一性表明,重大工程决策"中国之治"其本质就是我国国家治理制度体系在重大工程治理领域的集中体现。特别是,当今推进重大工程治理体系现代化与中国化更要通过构建和完善相关治理制度、强化制度执行力和把制度优势更好地转化为治理效能来体现。按照重大工程治理体系在国家治理体系中的子系统方位,重大工程"中国之治"的制度体系是以国家根本制度为中心、以基本制度为基础、以工程领域专业性制度为操作规范的完备制度体系。

既然制度对于重大工程治理水平起着根本性、基础性作用,那么,只有有了完备、规范、有效的制度体系,才有可能实现重大工程的系统治理、依法治理、民主治理、科学治理、源头治理和综合治理,把制度优势转化为治理效能。因此,科学、完备、规范的制度体系就成为重大工程治理的"金钥匙"。

深中通道在遵循上位法与国家相关规定的基础上,通过省市合作协议、委托经营管理协议、管理中心章程实现了制度设计,奠定了决策的"软法治理"基础,继而完成权力配置,构建治理组织。

4.2.2 深中通道的"软法"治理

1. 软法及软法治理概述

"软法"这一概念最早出现于国际法中,是相对"硬法"而言的,法国学者Francis Snyder(1994)提出认可度较高的软法定义:"软法是原则上没有法律约束力但有实际效力的行为规则。"也有学者提出"软法"是指不具有任何约束力或约束力比传统的法律即所谓硬法要弱的准法律文件(罗豪才、毕洪海,2006)。Linda Senden(2005)给出了较长的定义:"以文件形式确定的、不具有法律约束力,但是可能具有某些间接法律影响的行为规则,这些规则以产生实际的效果为目标或者可能产生实际的效果。"相比于传统意义上具有强制约束力、通过司法机关执行的硬法,软法通常不是典型意义上的"法律"。

通过软法形式和相应工具处理事务的模式称为软法治理。软法治理的思想一开始出现于公共治理领域。在全球化和区域一体化背景下,公共治理领域出现了很多新问题,如果通过制定硬法来解决问题一般流程复杂、时间长、效率低,而以平等、尊重、民主、去中心化、共生共荣为核心思想的软法治理成了公共治理的新模式。这实际上是一种在各方自愿的基础上,通过合作、谈判、协商等形成的一种柔性治理体系。

2. 深中通道"软法"治理体系

根据重大工程治理的政府式委托代理原理,深中通道工程软法治理体系首先要确定在治理中如何配置和制衡政府公权力。这里的焦点是要明确谁有权、有什么样的权、在什么时候和在什么情况下用权以及如何制衡权力等。

(1)"省市合作协议":深中通道决策软法治理的"基本法"

省市政府确认深中通道的建设、运营、维护和管理应遵循以下基本原则:①友好协商和统筹兼顾原则。省市政府在深中通道建设、运营、维护和管理中,本着共同协商、互利共赢和统筹兼顾的精神处理各项事务;在出现争议的情况下,由省政府进行统筹协调及决策。②非营利性原则。深中通道项目属公共基础设施,项目按照"政府还贷公路"模式进行投资建设,收费收入全部用于偿还银行贷款和满足运营维护及管理需要,不获取营利性收入。③互助义务原则。在深中通道的建设、运营、维护和管理的有关事务中,广东省交通运输厅、深圳市、广州市和中山市之间应信息共享并相互提供必要的协助。省市政府作为出资人合作建设深中通道,为确保项目建设等工作的连续性及便于管理,由省市政府确定的省市投资主体作为出资人代表,省市投资主体共同委托省交通集团组建项目管理中心作为项目法人,具体负责项目建设、运营和维护管理。

深中通道采用二级管理模式,其中包括负责重大事项的省市共建管理委员会以及负责具体项目建设运营的法人单位。省市共建委员会在协议中的具体规定:①广东省人民政府、深圳市人民政府和中山市人民政府作为出资人共同组建深中通道项目省市共建管理委员会(以下简称建管委),广东省交通运输厅代表省政府担任建管委召集人。②建管委办公地点设在广东省交通运输厅,共设 7 名委员,其中广东省交通运输厅委派 1 名委员,1 人任建管委主任(建管委主席,原则由现深中通道协调小组办公室主任担任),广东省投资主体、深圳市和中山市各委派 2 名委员。各方在各自的委员成员中均设置一名首席代表,广东省交通运输厅方面的首席代表由协调小组办公室主任兼任。各方均有权更换其任命的委员(包括建管委主席),但应以书面方式通知建管委的其他委员和项目法人。③建管委主要负责深中通道项目的重大事项决策,协调与项目相关的公共事务,对主体部分项目法人实施监管,监督协调通道东、西两端接线同步或提前建成。④建管委的工作费用纳入主体部分项目法人的年度财务预算。⑤项目建设及运营期间广东省交通运输厅将行业监管、督导职能授予建管委。

项目法人单位在协议中的具体规定:①省市政府作为举办单位,依照相关法律共同确定项目法人,注册成立深中通道管理中心。项目法人为非营利性单位法人,项目法人员工的人事关系按照相关法律法规和组织规章制度规定管理。项目法人实行全额自收自支的经营管理。②项目法人负责通道主体部分建设、运营、维护和管理的组织实施工作,执行建管委的各项决策,行使除建管委权限外(具体权限另见相关文件,本书不详列)其他主体部分事项的决策权,并向建管委报告主体部分建设、运营、维护及管理方面的工作。③深中通道管理中心领导原则上由 5 名成员组成,设 1 名主任、1 名总工程师和 3 名副主任。主任和总工程师由省交通运输厅提名,省级投资主体、深圳市和中山市各提名 1 名副主任。主任、总工程师和副主任经建管委审议通过后办理聘任手续。主任、总工程师和副主任不兼任建管委委员,主任为项目法人的法定代表人。④在发生重大质量、安全、消防、卫生防疫、自然灾害等紧急事件时,管理中心领导班子可作出临时决定,采取紧急措施予以处理,并及时报告建管委。

(2)"出资方合作协议":深中通道软法治理的重要共识

根据省政府《关于深中通道项目省市投资分摊比例及管理组织架构方案的签报意见》(签报201400232)、《关于深中通道项目法人架构等问题的签报意见》(签报201500276)、《省领导对〈关于报送深中通道项目管委会组成方案及主要管理规程的请示〉的批示》(交通0326)等文件规定,受广东省及深圳、广州、中山市政府授权相关单位作为本项目出资人,即本协议的甲、乙、丙、丁四方(甲方为广东省南粤交通投资建设有限公司,乙方为深圳市特区建设发展集团有限公司,丙方为广州交通投资集团有限公司,丁方为中山市交通发展集团有限公司)履行项目出资义务,通过管委会行使国有资产出资人监管职责;将项目法人组建及依法依规组织开展项目前期、融资、建设、运营、养护、管理等工作委托给戊方(即广东省交通集团有限公司)。根据省政府《关于深中通道项目法人架构等问题的签报意见》(签报201500276)等文件规定,受托人(戊方)受委托人委托,承担项目法人举办、管理中心组建,以及指导管理中心依法依规组织开展项目前期、融资、建设、运营、养护和管理等工作,并承担项目相应管理责任。项目法人(管理中心)由受托人举办成立,具体负责项目前期、融资、建设、运营、养护和管理等工作,独立承担项目建设和运营全部责任的事业单位法人。戊方于2015年10月13日在广东省事业单位改革服务局举办登记成立深中通道管理中心。

深中通道项目采用政府还贷公路模式,由广东省及深圳、广州、中山市政府合作投资。广东省及深圳、广州、中山市政府授权甲、乙、丙、丁四方分别作为深中通道项目省、市政府出资人,通过管委会行使项目监管职责。甲、乙、丙、丁四方共同委托戊方作为举办人成立深中通道管理中心(简称管理中心)作为项目法人;管理中心成立后,戊方应指导管理中心切实履行项目建设和运营管理法人职责,依法依规组织开展项目前期、融资、建设、运营、养护和管理各项工作。深中通道项目采用管委会、管理中心两级管理模式,即管委会负责对管理中心在投资、建设、运营、管理过程中的行为进行监管,承担决策、监督和协调职能。

协议对委托人的出资比例作出规定,项目投资总额以内、资本金以外的建设资金由管理中心以项目收费权质押向金融机构借款等方式解决,全部用于项目建设。同时对变更、超概、结算、资金拨付等方面作出了规定,并且明确了出资人和受托人的权利、义务和责任。

（3）深中通道管理中心章程：深中通道软法治理的基本规章

章程对管理中心的性质作出了基础性的规定：省市投资主体（广东省南粤交通投资建设有限公司、深圳市特区建设发展集团有限公司、广州交通投资集团有限公司、中山市交通发展集团有限公司）共同委托广东省交通集团有限公司严格按照《收费公路管理条例》的规定组建以管理中心为名称的独立的非营利性法人组织，作为投资、建设、运营、维护和管理深中通道的项目法人。管理中心作为建设协调小组（简称管委会）的下设单位，执行管委会各项决策并对管委会负责。管理中心主任为管理中心的法定代表人。管理中心具有独立法人资格，以其全部资产对其债务承担责任。除非各方另有书面约定，省市投资主体任何一方均不需因管理中心行为而对管理中心或第三方负有任何单独或连带责任。

章程明确了管理中心的宗旨：从广东省共同的社会公共利益出发，按照相关法律、省市合作协议、《深圳至中山跨江通道项目工程可行性研究报告》及其相关评审和批复意见、管委会在职权范围内的指示及本章程，负责组织深中通道项目投资、建设、运营、维护和管理的具体实施，积极配合深中通道两岸三地接线工程的实施，确保深中通道项目的顺利建设和运营管理。业务范围包括：深中通道项目的投资、建设、运营、维护和管理，收取车辆通行费；兼营项目配套服务设施业务、广告经营业务，收取相关费用。

章程明确了资金安排：深中通道的建设资金主要来源于省市政府提供的项目资本金和管理中心向金融机构借取的贷款。在运营阶段，项目资金则来源于项目自身产生的收入（例如通行费、服务设施经营或广告收益等）和必要时向金融机构借取的贷款。除了项目资本金，建设期间的其他资金需求将通过管理中心依据相关法律向金融机构借取商业贷款来满足。项目投资需控制在交通运输部批复的概算范围内，但如果遇到征地拆迁、人工、材料成本增加等因素导致成本超支，项目出资人需根据规定的比例增资。运营期间，项目收入首先用于偿还管理中心的贷款本金、利息及支付运营费用。如果项目收入不足以覆盖这些费用，管理中心需提出解决方案并提交管委会审批。贷款还清后，运营、管理、养护等费用的问题将由管委会和项目管理中心专题研究并提出解决方案，待省政府及相关部门批准。此外，管理中心的所有贷款或融资活动必须经过管委会审批，且所借款项的本金和利息应通过项目收入偿还。

章程明确了职能安排：管理中心在遵循相关法律、省市合作协议及本章程的框架内，承担了项目投资、建设、运营、维护和管理的重要职能。这包括确保项目遵守各项法律法规、标准和规范，收取通行费及从事相关业务以获得收入，并负责制定一系列管理制度、年度报告和财务预算等。管理中心还负责项目的交工验收、竣工结算报告的提交,处理设计和施工方案的重大变更,审议批准年度招标计划及特定财务预算外的支出。此外,管理中心在项目法人财务审查、人员聘用与解聘、通道定期检修及紧急情况下的通道关闭与应急预案制定等方面发挥着关键作用。它还负责内部机构设置方案的制定、公众信息的披露、执行管委会的决议、召开临时会议、委托其他机构或专家提供协助,以及持有或取得法人股份、股权等多方面工作,充分体现了其在项目全周期内的核心管理和执行职责。

章程明确了争议解决方式:章程的订立、效力、解释、履行以及有关本章程的任何争议的解决均依照现行法律进行;省市出资人之间、管理中心与出资人之间因本章程产生任何争议或分歧,争议或分歧各方应首先通过管委会协商解决;若管委会无法就此达成解决方案,则上报广东省人民政府,由省政府作出最终裁决。

4.2.3 深中通道治理组织

1. 深中通道治理组织概述

深中通道建设涉及了深圳机场、珠江口出海航道海事安全监管、南沙港区作业、珠江口水利防洪和中山火炬开发区等多个地域与行业,面对众多限制因素,协调任务极为艰巨。这一项目特别之处在于,它包括了世界上无先例的特长八车道公路海底隧道,以及国内首例锚碇在海中的超大跨径悬索桥,技术难度极高,迫切需要汲取全球最先进技术,整合顶尖设计、施工和建设管理团队。为此,项目建设不仅需要一个高层次的协调机构来统筹整体进程,还要求建设管理具备相对独立、管理链条清晰、运转高效且层级简约的组织架构以有效推进工作。

鉴于项目的巨大投资规模、长建设周期与经营期,资金需求量大且占用时间长,财务内部收益率低,项目融资面临巨大压力和挑战。巨额资本金及超过200亿的银行贷款能否顺利筹集,是项目成功与否的关键。因此,项目管理架构的设置必须首先考虑有利于项目融资。进一步地,组织机构的构建应促进项目的统筹与监管。广东省第十二届第八次省政府常务会议同意采用政府还贷和省市合建模式下企业代融资的建设管理模式,通过中央补助、地方政府出资和企业代融资共同构成项目资本金,并以此为基础向财团融资,解决银行贷款问题,大大减轻省级财政在项目建设期间的筹资压力。项目管理架构的设置应便于资本金的统筹,增强融资谈判的筹码,形成谈判合力,并纳入参与投资的地方政府对项目的监管,以建立一个运作高效、监督有力的组织架构。

2. 深中通道治理组织的权力配置

在规模如深中通道的重大工程中,事与权的匹配对于工程正常开展极为重要。治理组织应根据工程背景与重要的治理问题,表现为一个不同主体、不同结构组成的柔性组织,治理组织既不应出现治理权力与能力的"缺失",也不应出现治理权力与能力的"冗余",更不应出现权力的行为"异化"。因此,重大工程治理中最为重要的一点就是优化治理组织结构设计,实现权力的科学安排、均衡和有效制约。

(1)深中通道治理组织整体框架

深中通道在前期工作中采用两层级机制:第一层级为省政府成立的前期工作协调小组,下设办公室;第二层级为省交通集团成立的前期工作办公室。该层级机制在前期三年的工作中取得了高效的运行效果。在即将进入建设期时,为满足实际工作需求,经过多方比对,形成了适应工程建设需求的整体性框架。主要包括三个层级(见图4-2):

第一层级为省项目建设协调领导小组,由省政府成立深中通道项目协调领导小组,省直相关和沿线地方政府参加。下设协调办公室,由省交通运输厅牵头设立。协调由项目法人提交的议案和重大问题,以及省政府明确的其他职责,解决项目建设、运营过程中涉及事权存有争议的重大问题,监督省市政府合作协议的落实。该小组由前期工作协调小组演变过渡。

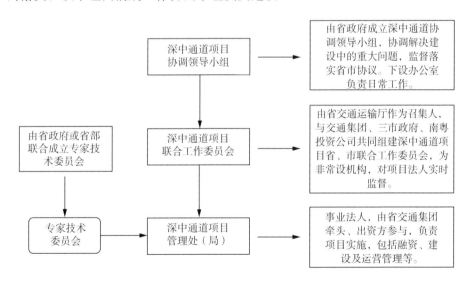

图4-2　深中治理组织整体性框架(前期设计)

第二层级为省、市联合工作委员会,拟由省交通运输厅代表省政府作为召集人,代融资企业交通集团与深圳市、广州市和中山市政府及南粤投资公司(代表省财政厅出资部分权益)派代表参加,为非常设机构,按照资本金比例代表股权,具体协调解决项目建设、运营过程中涉及的相关问题,监管项目法人。

第三层级为项目法人,即成立深中通道项目管理处(局),由省交通集团牵头同各出资方共同组建项目管理处(局),属于事业单位性质。主要承担深中通道海中段工程融资、建设、运营管理等工作任务。该项目法人相对独立,事权分离,主要事项对协调小组及省市联合委员会负责。

(2)深中通道治理组织的责任与职能划分

在深中通道工程的治理组织框架得到明确之后,下一步重要的工作是进一步明确各治理组织单位之间的责任和职能划分。不仅需要较高层次机构统筹协调,也需要相对独立、管理结构清晰、运转高效的管理部门推进建设。深中通道项目在领导小组之下,采用管委会、深中通道管理中心两级管理模式,即管委会负责对项目的重大事项进行审议决策并监督履行,管理中心负责项目融资、建设、营运和管理的具体工作(见图4-3)。

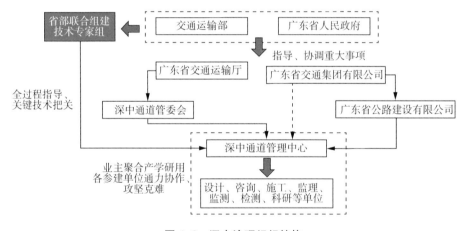

图4-3 深中治理组织结构

管委会对管理中心在投资、建设、运营、维护和管理过程中的行为进行全面监督,同时承担决策、监督和协调职责,这包括审议并批准省交通集团提出的管理中心章程以及关键管理制度如基建管理、投资经营、财务审计、人力资源和绩效考核等。管委会还负责审议并批准省交通集团推荐的管理中心领导班子人选及其年度考核结果,管理中心人员规模控制数、薪酬标准和工资总额。此外,管委会审议省交通集团提出的项目年度投资计划、资金需求计划及年度收支计划,以及项目年度财务预算、决策、营运补亏及融资方案,并将这些计划和方案按规定报批。管委会还审议项目管理过程中的重要决策和重大事项,提出处理意见并报省政府审定。为确保项目顺利进行,管委会协调各出资人按照批准的投资计划及时、足额出资,确保深中通道项目珠江东西两岸接线工程与深中通道项目同步建成,并解决项目建设过程中遇到的相关问题。此外,管委会还负责执行法律法规和管理中心章程规定的其他工作,以确保项目的顺利实施和管理的有效性。

深中通道管理中心在项目筹建、建设及营运阶段担负着融资、建设、经营及管理的具体职责。这包括严格执行管委会的各项决议并向其负责,同时向管委会报告项目建设、经营及管理的各方面工作。管理中心依照政府管理部门或单位批准的建设规模、内容和标准组织项目的实施,并负责项目的建设与营运管理。管理中心负责拟订项目的总体建设计划、投资计划、招标计划及年度资金计划(包括资本金和贷款),并在管委会审批后执行。此外,还需制定项目营运期的年度收支计划,并在管委会审核同意后按规定报批。管理中心也需拟订年度财务预算、决算及营运补亏方案,经管委会审核同意后依规报批。按照管委会审议批准的年度资金需求计划,管理中心向投资主体申请资本金拨付。同时,管理中心严格遵循国家关于基本建设财务管理的相关制度,并接受投资主体和政府相应主管部门的监督。此职责还包括组织会计核算、编制会计报表和财务报告,以及定期向投资主体报送这些文档,以确保项目财务管理的透明度和规范性。

4.2.4 深中通道党建引领

1. 深中通道党建引领概述

交通工程往往需要面对建设条件艰苦、技术挑战性大、多主体利益冲突多等诸多挑战,这在重大交通工程项目的实施过程中尤为明显,如上文谈到的多元价值观带来了系统复杂性。党的领导和政治优势在重大工程治理中发挥了不可替代的重要作用,是重大工程治理体系的核心组成部分。

将党建引领作为重要的治理手段,不仅可以巩固党在重大工程中的领导核心地位,还能有效激发全体参建人员的政治热情和创造力,保障工程项目在政治方向、思想理念和价值追求上的正确性。这种党建引领不仅为工程项目提供了坚强的政治保证,也为解决工程实施中的复杂问题提供了根本遵循,确保了工程项目的高质量完成。深中通道作为国家重点工程及粤港澳大湾区的核心交通枢纽,在建设期着重强化了党的组织领导,确保党在重大工程中的政治核心和领导核心地位。为此,深中通道项目在将党建要求融入中心章程和施工合同之外,还经过广东省公路建设有限公司党委和广东省交通集团党委批准,创立了覆盖所有参建单位党组织的"中共深中通道项目建设期委员会"。这标志着国内首次在工程建设项目中设置基层党委,开展了党建工作的有效实践。深中通道项目通

过多年的党建工作实践,创立了独特的党建工作模式——"深中标准",即"一四三二"模式:

全域党建:通过一个建设期党委领导,涵盖所有施工单位的项目部党组织,实现组织和党员的全面覆盖。

四个共同原则:包括共驻共建、要事共商、信息共享、活动共组,以促进各方面的共同进步和发展。

三个统一工作机制:实施一套通用的党建标准指南,设立一个统一的舆论宣传口径和使用一套项目共有的标识应用,以统一党建工作的标准和形象。

两个认同意识:加强对深中通道党员和深中人身份的认同,增强团队凝聚力和归属感。

2. 深中通道工程的党建引领模式

(1)"全域党建"的产生背景

"全域党建"是深中通道创新采用的工程治理党建机制模式。2020年2月,深中通道管理中心党总支建设期党委正式成立,党委书记由业主单位党组织负责人担任,设专职党委副书记兼纪委书记,委员由管理中心党总支委员和各施工监理单位党组织主要负责人担任,这标志着深中通道"全域党建"治理思路正式成型并实施开展。

深中通道"全域党建"是指通过"全领域统筹、全方位引领、全员工参与、全链条推进"实现党的组织和党的工作有形覆盖、有效覆盖,以"政治引领、标杆引领、创新引领"为切入点,抓实"全域党建、融合党建、先锋党建",创特色、展亮点、见成效。深中通道开展"全域党建"的主要目的是有效发挥全领域各参建单位党组织的战斗堡垒作用和党员的先锋模范作用,构建"'全域党建'新格局,打造'双区先锋·百年深中'"党建品牌,以推进超级工程高质量建设。整体治理路径如图4-4所示。

"全域党建"这一创新治理模式,在深中通道超级工程建设背景下,有其必要性和与工程本身相适配的契合性,其产生的背景如下:

第一,工程任务"重"且"大"。深中通道是一个集"桥、岛、隧、水下互通"为一体的世界级超大跨海工程,路线全长24 km,双向八车道,概算总投资446.9亿元,是国家"十三五"重大工程和粤港澳大湾区核心交通枢纽,担当着国家战略性工程的时代使命,党组织的统一领导是深中通道建设的坚强保证、必要前提和题中应有之义。

第二,参建单位人员"多"且"散"。深中通道项目参建单位、参建人员众多、工点分散、党员分散(参建单位60多家,全线122个工点,现场参建人员10 000

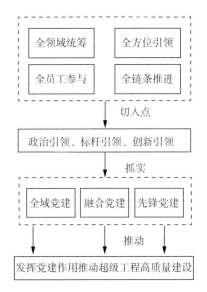

图 4-4　"全域党建"治理模式

多名,其中 400 多名党员分布在各工点一线),施工区域特殊,分布于海上、水下、高空等情况复杂地区,如何发挥党组织政治引领力,将互不隶属的庞大党员队伍和建设者凝聚在一起,形成磅礴的建设合力,是摆在深中通道项目治理中的一个重要课题。

第三,工程技术问题"难"且"艰"。面对世界首例大规模应用钢壳沉管隧道管节的浮运与精准对接、海中巨型锚碇、超高塔及大跨径桥梁施工等关键性工程的世界级重难点问题,需要一个有力有效的治理方式,带领 10 000 多名建设者拧成一股绳,构建"工作一盘棋、深中一家人"格局,实现党建与生产建设深度融合。

第四,形势与挑战"新"且"急"。积极响应省委省政府提出的"扩大有效投资、保经济平稳增长"要求,如何发挥党组织把方向、管大局、保落实的重要作用,扎实做好"六稳""六保",在复工复产中主动作为、当好表率,这是国家重大项目和重要国有企业应有的担当。

(2)"全域党建"模式的内涵与举措

深中通道"全域党建"治理模式主要包含以下治理内涵与治理举措:

第一,全方位引领,构建全域学习新模式。深中通道建设期党委把党建"第一议题"学习制度推广落实到所有参建单位党组织,全力推动习近平新时代中国特色社会主义思想进基层、到一线。一是全域开展"党组织书记交叉互讲党课"

活动,组织中国交通建设集团有限公司、中国中铁股份有限公司、中国船舶重工集团有限公司、保利长大工程有限公司等不同参建单位的基层党组织书记,交叉到兄弟单位讲党课。二是全域推广"云端党课",通过微视频《以忠诚和信仰铸就湾区脊梁——新时代重大工程全域党建模式探索》进行全域传播。三是全域开展"党员先锋讲先锋"活动,以身边榜样讲故事的形式,让党员骨干现身说法,用榜样的力量感染人、鼓舞人、带动人。四是全域传承"特区精神",深中通道组织参观"大潮起珠江——广东改革开放40周年展",激励党员主动作为、当好表率。

第二,全领域统筹,用好建设期党委新平台。一是将项目参建单位党组织全部纳入建设期党委范畴,深中通道设置了30个基层党组织,配备了112名专兼职党务干部,按"六个一"标准建设了30个党员活动室,实现组织、人员、阵地覆盖到位。二是将开展党建工作要求内嵌到施工建设合同中,合同条款明确要求承包人在项目现场设立基层党组织、开展党建工作,充分发挥基层党组织在项目实施中的作用。同时将党建考核指标列入信用评价,增强参建单位的诚信履约和自律意识。三是开展"党建红旗奖"评比,对党建引领工程建设出色的党组织进行评选表彰。从评比结果看,2020年共授予6个单位"先进基层党组织"和"党建红旗奖"称号,评选出75名优秀共产党员和优秀党务工作者。通过党建工作的绩效化、指数化,参建单位党组织思想到位、行动对标、责任落地,以精神激励和物质奖励,推动各参建单位党组织抓实党建工作与生产建设的深度融合。深中通道管理中心党总支被纳入创建省国资委系统"五强五化"100个示范党组织。

第三,全员工参与,激发基层组织新活力。一是创新成立工会联合会,推进"1+7+N"建设者之家、项目部职工之家和海上(空中)职工小家建设。科学组织劳动竞赛,推动施工大干氛围,以2020年为例,深中通道共有2个单位、3个先进个人和4个班组经省总工会批复获得广东省重点工程劳动竞赛五一劳动奖状(奖章);通过深圳、中山两地"产业工人培训中心",培育新时代技能型产业工人队伍,西人工岛技术组班组获得中华全国总工会"安康杯"优胜班组。二是全域深化"劳模创新工作室"创建活动,建设了8个"创新工作室",其中,陈韶章创新工作室被广东省总工会命名为"2020年广东省劳模和工匠人才创新工作室",工作室成员宋神友获2020年度"全国交通运输系统劳动模范""交通运输行业中青年科技创新领军人才"称号。三是成立新媒体中心,整合各参建单位资源,拓宽宣传渠道。2020年承办交通运输部首次重大工程新闻联络机制座谈会、全国交通重大工程主题展"华彩大湾区"。获评中国交通报社2019—2020年度新闻宣传十佳项目,交通运输部2020年度交通重大工程新闻宣传先进单位,中央电视台、"学习强国"平台等媒体报道超 700 篇,有力激发了建设者建设好深中通道的热情和信心,充分展示了勇立粤港澳大湾区潮头的广东交通人新形象。

第四,全链条推进,提高项目建设新速度。一是成立了"湾区鲲鹏"创新小组,组织 20 余家国家一流科技攻关团队,"产学研"结合,历经 4 年科技攻关,开展了近千组模型试验,成功攻克了项目乃至行业"卡脖子"技术难题,形成了具有自主知识产权的钢壳-混凝土沉管隧道建设成套技术和中国标准,填补了国内全产业链空白。来自管理中心和中交第一航务工程局有限公司、中船黄埔文冲船舶有限公司、上海振华重工(集团)股份有限公司等单位的党员共同组成党员突击队,历经 3 年艰辛研发,成功研制了世界首艘"运输安装一体船",创造了沉管浮运安装一月一节的"深中速度"。二是以"劳动竞赛""开路先锋"工程为抓手,打造全寿命周期样板工程、品质工程、平安工程、开路先锋工程。岛隧工程管理部党支部成立"钢壳制造、沉管隧道、人工岛"三个先锋队,在施工一线攻坚冲锋,队员们科学部署施工计划,挂图作战,把每步施工计划精确到小时乃至分钟,带领岛隧工程建设者接连突破重要工序。2020 年 6 月 17 日,沉管隧道首节沉管顺利实现与西人工岛暗埋段对接,项目关键线路控制性工程取得重大进展。至2023 年 6 月,完成了全部共计 32 个管节和 1 个最终接头的精准沉放对接,所有管节沉放安装精度均满足设计要求。

(3)"全域党建"模式的实践成效

第一,推进了党员教育全覆盖。项目建设者党员共有 447 名,建设期党委通过组织全体党员经常性学习教育,分层分级开展集中学习、集中培训、集中宣讲,解决了党支部工作点多面广的难点,引领党员职工听党话、跟党走。发挥了党支部日常教育管理党员主体作用,落实了党支部"三会一课"制度,打通了学习贯彻"最后一公里"。

第二,夯实了党建基础管理。建立了 30 个标准化、规范化的党员活动室,为加强党员教育管理提供了硬件保证,达到了阵地过硬的标准。党建工作内容由"分散"变"集中",实现了清单化管理,党建工作任务更加明确、要求更加具体、管理更加清晰,党建工作监督考核"一目了然",推动了党建工作责任制有效落实。

第三,激发了党建工作动力。通过"五强五化"示范党组织创建,形成了党员大会、"党员活动日""党员示范岗"创建、党员学习教育等一整套党建工作规范化、标准化、可视化的程序和步骤,较好地解决了党支部在党建工作质量上存在的"不严不实"问题。

第四,推动了党建融合生产。通过抓党建从生产出发、抓生产从党建入手,有序推进了沉管隧道浮运沉放、海中超深超大规模锚碇基坑及桥梁高塔施工等关键节点,有效破解了党建工作与项目建设脱节问题。特别是首艘沉管浮运安装一体船的诞生,有效提升了沉管浮运的安全系数、速率和沉放对接精度,系统性革新了沉管浮运安装工艺,彰显了国家重大工程项目的责任和担当,为"六稳""六保"工作作出了突出贡献。同时,管理中心获评"中山市抗击新冠肺炎疫情先进集体";2020年广东省交通运输厅"十大感动交通人物——最美抗疫奋斗者(集体)";广东省交通运输厅2020年度质量安全综合检查全省第一名;广东省公路水运工程"平安工地"典型项目。

3. 深中通道党建引领实践的经验与启示

找准党建与生产建设深度融合新的着力点。重大工程项目建设条件异常复杂,综合技术难度高,涉及专业和行业众多,以深中通道为例,整个建设期面临着沉管隧道管节浮运与精准对接、海中巨型锚碇、超高塔及大跨径桥梁施工等关键性工程的重难点问题。深中通道以党建与生产建设深度融合为核心,在"全域党建"新格局的统领下,以"一支部一品牌""创岗建区""结对共建""劳模创新工作室"建设为抓手,真正把党的政治优势、组织优势转化为推动超级工程建设的优势。

打造新时代重大工程项目"全域党建"模式创新点。超级工程不仅需要超级的投入和技术,更需要超级的管理和建设团队。通过动态调整、优化基层党的组织设置,创新成立建设期党委,全领域统筹各级参建单位,全方位引领全域党员和职工群众,有效整合项目业主、施工单位和监理单位等多方党建资源,打破不同参建单位、不同施工地域的界限,把党建触角延伸到基层的每个"神经末梢"——到海上、到空中、到工厂,构建横向到边、纵向到底的党建工作网络,立足超级工程建设的实际需求,有效发挥党组织把方向、管大局、保落实的重要作用。

形成基层党建工作可复制、可推广、可借鉴示范点。持续深化全域党建提升"双区先锋·百年深中"品牌力,提炼形成了"党建深中标准",并编撰印制《深中通道项目建设期党委党建标准化手册》,形成了可复制、可推广的党建深中标准、深中经验。围绕以"党建领航,推进超级工程高质量建设"的目标,统筹抓好创特色、展亮点、见成效,重点示范"全域党建、融合党建、先锋党建",打造新时代重大工程党建的"深中标准",得到国务院国资委高度肯定,圆满完成省国资委举办的"双区建设,国企担当"党史学习教育现场教学任务,树立了可复制、可推广、可借鉴的示范标杆。(见图4-5)

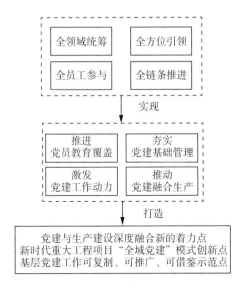

图4-5 "全域党建"实施路径与成效

4.3 本章小结

　　深中通道的管理活动需要有相应的社会与政治环境支撑与保证,通常意义上的"管理"已难以完整地表达其更高层次的治理内涵。在诠释了重大工程治理一般性意义后,本章介绍了在深中通道建设过程中发挥了重要作用的工程"软法"治理、工程治理组织、工程党建引领三个模块。在"软法"治理中,深中通道通过省市合作协议、出资方合作协议、中心章程,形成了省与市、市与市之间的权责划分,出资方之间的关系协调,以及深中通道具体管理活动应遵循的基本依据。在工程治理组织中,深中通道随着前期决策的推进和工程建设需求的变化,治理组织呈现出了多阶段演化的柔性状态,既有利于资本金的统筹,增强融资谈判的筹码,形成谈判合力,并纳入参与投资的地方政府对项目的监管,也在实际建设管理中建立起一个运作高效、监督有力的架构。在党建引领中,深中通道以党建与生产建设深度融合为核心,构建横向到边、纵向到底的党建工作网络,立足超级工程建设的实际需求,有效发挥党组织把方向、管大局、保落实的重要作用,并发挥了可复制、可推广、可借鉴的示范作用。

参考文献

［1］盛昭瀚,程书萍,李迁,等.重大工程决策治理的"中国之治"[J].管理世界,2020,36(6):202-212,254.

［2］盛昭瀚,刘慧敏,燕雪,等.重大工程决策"中国之治"的现代化道路:我国重大工程决策治理70年[J].管理世界,2020,36(10):170-203.

［3］邱聿旻.制度视角下重大工程决策治理研究[D].南京:南京大学,2021.

［4］孙旭东.基于多源流理论的重大工程立项决策形成过程分析及治理对策研究[D].南京:南京大学,2021.

［5］李迁,朱永灵,刘慧敏,等.港珠澳大桥决策治理体系:原理与实务[J].管理世界,2019,35(4):52-60,159.

［6］肖巧婵.试论我国公共机构的权力配置[J].福建行政学院福建经济管理干部学院学报,2002(4):22-26,77.

［7］曾宪洲.港珠澳大桥三方沟通现状及其优化路径研究[D].桂林:广西师范大学,2022.

［8］王维.让"党旗红"与"海事蓝"在深中通道建设一线熠熠生辉[J].中国海事,2023(6):76-77.

［9］邱聿旻,程书萍.基于政府多重功能分析的重大工程"激励-监管"治理模型[J].系统管理学报,2018,27(1):129-136,156.

［10］罗岚,冯文强,谢坚勋,等.重大工程项目治理机制对项目成功的影响研究[J].建筑经济,2021,42(10):20-24.

［11］孙蕾,孙绍荣.重大基础工程引发的利益冲突与治理机制研究[J].管理工程学报,2016,30(1):34-42.

［12］罗岚,何兴朋,何清华.基于SD的重大工程项目治理动态仿真研究[J].科技管理研究,2021,41(13):167-175.

［13］向鹏成,庞先娅.跨区域重大工程项目横向府际冲突协调机制[J].北京行政学院学报,2021(3):42-48.

［14］王金秀."政府式"委托代理理论模型的构建[J].管理世界,2002(1):139-140.

［15］刘慧敏,盛昭瀚,邱聿旻,等.重大工程决策治理理论与实务[M].北京:科学出版社,2020.

第五章

深中通道工程决策
与决策管理

深中通道地处粤港澳大湾区及中国特色社会主义先行示范区核心区域,涉及地市众多,建设条件异常复杂,技术难度极高。在建设管理过程中,深中通道历时 5 年,系统、高效、有序组织完成了项目的工可编制、52 项专题论证、29 个过江通道方案比选、19 个通航专题研究及各项审批工作,于 2015 年 12 月获得国家发展改革委的工可批复。本章将着重介绍深中通道在决策与决策管理方面的实践与经验。

5.1　深中通道决策概述

5.1.1　深中通道决策

决策,是重大工程管理中一类重要的实践活动。特别是其中一类关系到重大工程建设全局性的核心决策问题更具战略性、整体性意义。例如,工程规划论证、工程整体方案、投融资模式等都是这类决策问题,因为它们在宏观层面上要明确且准确地回答工程要不要建、能不能建、如何建、风险有多大、有没有和能不能破解"卡脖子"技术难题等重大问题。这类决策问题一旦出现失误将对国家安全和社会经济发展造成严重后果,因此,必须分析好、解决好这类核心决策问题。

一般来说,以下三类实际问题都属于重大工程核心决策问题:

(1)工程建设中的"基础决定性"决策问题。这一类问题一般对重大工程实体的功能、质量及运营具有全局性影响,如深中通道的通道走廊带决策、通道线位决策等。这一类问题的基本特点为:其一,问题几乎影响到工程建设的所有要素和工程全过程;其二,问题多集中于工程建设初期,此时,信息相对不完全、资源相对不充分、主体能力相对不充足等情况最为突出;其三,决策结果对工程后续施工与运营,甚至工程全生命周期状况都有重要影响。

(2)工程建设中的"需求创新性"决策问题。这一类问题常常面临着难以完全预知的自然环境与技术难题,对工程建设具有举足轻重的作用,需要通过重要创新才能解决,如深中通道的海中特长隧道关键技术决策、海中桥隧耐久性等。这一类问题的基本特点为:其一,决策主体初期普遍缺乏工程所需的完整知识与能力储备;其二,决策主体往往需要通过构建创新平台才能实现创新目标,而这本身又会引发一系列新的问题;其三,存在"卡脖子"技术难题和难以化解的重大风险。

(3)工程建设中的"发展战略性"决策问题。这一类问题中涉及的工程功能和建设目的与国家安全、区域社会经济发展等宏观战略有着直接紧密的关系,如珠江口跨江通道统筹、社会稳定风险等。这一类问题的基本特点为:其一,决策目标具有多层次、多维度与多尺度特征;其二,决策问题与多类非工程技术要素之间有着紧密关联;其三,决策主体的工程价值观、社会责任等意识与站位对决策有着很大影响。

当然,重大工程全部决策问题中还有一些相对简单的问题,对这类问题,主体一般可以运用成熟的经验和知识及一般系统思维与集成性方法来解决,但总体上讲,这些问题的重要性及解决问题的难度等与前面所说的重大工程核心决策问题相比,不在一个层次上。因此,本章仅对上述重大工程核心决策问题进行讨论。

5.1.2 深中通道工程决策特征

深中通道决策具有深度不确定性、决策质量和情景鲁棒性三大特征。

1. 深中通道决策的深度不确定性

"不确定"概念在管理学研究中已是一种常态,无论在决策、预测、优化还是关于人的行为研究中,人们总会遇到环境、问题、因果关系以及人的行为选择的"不能肯定、不能断定、难以决断或难以预料"的情况,这就是所谓"不确定"。人们对"不确定"的研究,既是对决策管理问题一般规律的尊重与客观的反应,又反映了人们对问题本质认知的进步。因此,人们接受并尊重决策管理的不确定性本质,并不断探索认识和描述不确定性的方法。

首先,人们对于不确定性的来源达成了共识,大体上认为有两种主要来源:

第一,由于人的认识能力或掌握的信息不完全,人们无法对某一事实、现象的状态、运行趋势及未来情况做出唯一、确凿的描述、预测与判断,这一般称为主观不确定性。随着人的认识能力的提高和掌握信息的不断完备,主观不确定性会有所降低。

第二,客观事物和现象自身的状态与运行具有某种客观的动力学机理,正是这一机理固有地让状态与运行结果有多种可能性,即客观不确定性。客观不确定性与人的主观认识能力无关,它是种客观属性。除非事实和现象自身结构与机理发生变化,这种不确定性才会消失。决策管理活动与现象中的不确定性既包括主观不确定性,又包括客观不确定性,不少场合下还是这两种不确定性的综合。

但是,必须看到,深中通道的复杂性属性必然会给决策问题的不确定性注入新的科学内涵,从而使原本常规的不确定性发生深刻变化,甚至出现质的变化,进一步要求决策者对深中通道决策不确定性形成新的认知、新的分析和新的解决办法。

结合深中通道决策管理活动的实际情况,深入分析其中的不确定性:

(1) 深中通道自然环境形成的"严重"不确定性。表现为深中通道工程的情景险恶和复杂,主要包括地质条件、海洋自然生态环境、海势;人文因素,其中包括防洪、通航、海事安全、环保、景观、航空限高、锚地等。东人工岛在施工建设中面临"海、陆、空"三维立体交叉的复杂外部环境,位于既有广深沿江高速桥下,这使得其无法采用搭建钢平台或者钢栈桥的常规海上作业方式,施工作业需要解决浅滩、低净空以及既有桥梁结构的影响问题。

（2）深中通道决策问题耦合形成的"严重"不确定性。深中通道立项决策问题不仅涉及项目影响区域的社会经济发展现状与趋势、交通运输发展现状及规划等一般性背景问题，还涉及专业性极强的工程物理方案的设计，如特种海洋平台通行珠江口专用航道、深中通道对深圳宝安机场航空器运行影响的分析及方案设计；亦涉及工程复杂性的决策问题，如海洋环境保护、工程场地地震安全等多项难题，这类问题涉及海洋、渔业、港口、航道、水利、自然保护、环保等多部门高度耦合。

（3）深中通道环境大尺度演化的不确定性。深中通道的周边环境自身是一个复杂的自组织系统，在工程长生命周期内，环境行为不仅有一般动态性而且还会出现复杂的自组织、自适应现象，这些现象一般不是构成或生成的，而是涌现产生的。因此是一类机理复杂的不确定性现象。另外，工程建成后形成的新的"重大工程-环境复杂系统"在工程功能释放的广泛、持久而深刻的影响下，也会涌现产生该地区过去和现在都可能从未出现过的环境现象。

（4）深中通道主体认知能力不足形成的"严重"不确定性。表现为主体在认知深中通道工程客观不确定性时，可能存在以下几种情况：知道自己掌握了什么信息、知识与能力；知道自己尚未掌握什么信息、知识与能力；甚至不知道自己尚未掌握什么信息、知识与能力。其中，从前两种情况到第三种情况，决策主体主观认知不确定、不确知程度经历了从"一般"到逐渐"严重"的变化。

以上提到的四类不确定性比一般意义上的不确定性更"严重"、更"强烈"、更"深刻"，我们称这一类源于深中通道管理实践活动的、传统和常规处理不确定的思想和方法不再适用的、更为"严重"的不确定性为"深度不确定性"。正是这种深度不确定性，使得决策主体只有逐步确定和深化对决策深度不确定的认知，才能形成"高质量"的决策方案。所以，深中通道决策方案只能经过"迭代式"生成过程才能形成。

2．深中通道决策的质量

深中通道决策方案质量关键体现在决策方案的规定性对全生命周期环境情景变动具有的稳健性与适应性（低敏感性），即情景适应性，这也是深中通道决策方案质量的核心属性。深中通道工程决策情景是指决策过程中的工程环境（包括社会、经济、自然等）综合状况及演化。

深中通道决策情景适应性是决策方案应对工程全生命周期情景变动的稳健性属性。深中通道工程在规划阶段就需要考虑到未来可能出现的各种社会、经济和自然环境变化，如新技术和新材料的出现、区域经济结构的调整、气候变化导致的海平面上升等。决策方案应该能够适应这些变化,保持工程的可持续性和有效性。例如,设计时考虑到未来可能增加的交通流量,选择可扩展的桥梁和隧道设计,以便在未来需要时能够进行扩建。

深中通道决策方案形成过程中要着重考虑方案对工程全生命周期情景变动预期的适应。深中通道工程的决策者在制定方案时,需要考虑到工程对周边生态环境的影响,如对海洋生物栖息地的干扰、对渔业资源的影响等。决策方案应该包含减少这些负面影响的措施,如设置合理的施工时间、采用环保材料和技术、建立生态补偿机制等。

如果深中通道的决策方案没有充分考虑到长期的环境影响,可能会导致生态恶化、经济发展受阻等问题。例如,如果工程在规划时没有考虑到对沿海城市防洪系统的影响,可能会导致洪水灾害的风险增加,这样的决策方案显然是不稳健的。

综上而言,深中通道决策活动的确具有质量属性,这一属性主要体现为决策方案对解决某个具体决策问题提出的规定的合理性、有效性与稳健性。

3. 深中通道决策的情景鲁棒性

深中通道在立项与规划论证阶段,决策主体必须充分考虑工程所处的自然、社会和经济环境的常态性与变动性,以确保工程与环境之间的协调。例如,设计时需考虑珠江口地区的台风频率和强度,以及未来可能出现的气候变化,如海平面上升,以确保工程的结构安全和耐久性。同时,还需考虑区域经济发展趋势,如粤港澳大湾区的一体化进程,以及新技术的应用,如智能交通系统的整合,以适应未来交通需求的变化。这时,决策主体一般把环境作为工程系统的背景来考虑,并尽量在决策方案中体现这些影响以实现工程与环境之间的协调。不难看出,由于工程生命周期长,环境的变动性会暴露出深度不确定性并呈现出各类复杂情景,而决策方案的设计与规定则要能体现对这类情景影响的适应性,并把这种适应性充分反映到决策方案的作用与效果之中。

进一步地,深中通道一旦建成,将成为珠江口地区的重要组成部分,与原有的环境系统结合形成新的人工系统。这一新的复杂系统除了可能有助于决策方案实现预期功能,也可能因其新的系统情景涌现与演化,而破坏决策方案作用与效果的稳健性,甚至出现决策主体完全未曾想象过的负面作用与效果,例如工程导致交通流量大幅增加,可能会引发新的交通拥堵点,影响区域交通网络的效率。决策的深度不确定性越严重,出现这一情况并造成决策方案损伤甚至失误的风险越大。

不难看出,这是两类不同的决策情景的变动与演化,前者主要考虑了工程实体尚未形成,环境作为工程背景,类似于工程系统的"外生变量"。而后者主要考虑了工程实体形成后,工程与原环境系统已耦合成一个新的复合系统,无论是重大工程还是原来的环境系统都是新的复合系统的子系统,这时的环境则类似于工程系统的"内生变量"。不论哪一种情形,它们对工程决策方案的形成与质量的影响都是由决策活动深度不确定形成的,而面对这两类情景变动与演化时,决策方案对作用与效果的规定性能否保持稳健性,则充分反映出深度不确定性环境下决策方案的质量属性,这称之为工程决策的情景鲁棒性。

这表明,对一个高度开放与深度不确定环境,并且在大时间尺度的整体意义下,要考虑深中通道决策方案的质量,既不能仅仅以一个时间点或一个时间段考察,也不能仅静态或仅动态地考虑问题,而需要在工程全生命周期、多尺度以及情景演化与涌现背景下,考察决策方案效果、作用与情景变动之间的契合程度,即在情景意义下决策方案的效果、作用相对于大时空尺度情景变动既能够保持有效又能够保持鲁棒性。

5.1.3　深中通道决策挑战

就深中通道决策而言,由于深度不确定性、决策质量和情景鲁棒性的决策特征,使其相关决策除具有一定的难度外,还在不同角度和层次上增添了难度。本节就其中显著的几点进行归纳:

1. 深度不确定性特征导致决策问题的复杂性

深中通道是世界级的集"桥、岛、隧、水下互通"于一体的超大型跨海交通基础设施工程,深中通道海底隧道是世界首例双向八车道海底钢壳混凝土沉管隧道,也是世界上规模最大的钢壳混凝土沉管隧道,钢壳沉管隧道规模及技术复杂性居世界首位;机场互通立交为世界首例高速公路水下枢纽互通;深中大桥是世界最大跨径全离岸海中钢箱梁悬索桥,其抗风检验风速为世界最高。因此,深中通道是目前世界上综合技术难度最大的交通基础设施工程。具体表现为:

(1)处于珠江口门、粤港澳湾区核心位置,建设条件极为复杂。第一,项目起点位于深圳机场南侧,航空限高决定了项目东侧只能采用隧道方案,同时也对深中大桥桥塔高度以及投入附近区域的施工装备高度提出了限制性要求。第二,项目线位穿越 7 条航道,其中矾石航道、伶仃西航道是珠江口的出海主航道,通航等级高,是世界最繁忙的航道之一,这就决定了跨(穿)越航道的桥梁净高及隧道埋深,且安全通航管理问题突出。第三,项目位于珠江口门,所处区域台风等异常极端灾害气候频发,对深中大桥主梁抗风性能提出了极高的要求,对主桥及沉管浮运沉放施工带来了巨大挑战。第四,项目处于珠江口东四口门出海口河口湾,防洪纳潮敏感,阻水比控制严格。第五,项目穿越了国家一级保护动物中华白海豚洄游区,区域内环保要求高。综上,项目建设条件异常复杂。

(2)世界首例双向八车道海底沉管隧道,钢壳混凝土沉管为国内首次应用、国际首次大规模应用,综合技术难度高,极具挑战性。受建设条件制约,本项目在世界上首次应用了双向八车道超大跨钢壳混凝土沉管隧道结构型式(见图5-1),设计、预制及浮运安装难度极大,在结构设计上缺乏成熟的规范与标准,面临着钢壳砼沉管受力机理不明、自流平混凝土制备及质量控制难度大、浮态浇筑技术要求高等诸多难题。同时,隧址区地质条件复杂,存在挖砂坑范围大、基槽回淤强度高、粉砂层地震液化、风化层软硬不均等诸多不利因素,超深挖砂坑软弱淤泥层的地基基础沉降控制、病害诱发机理和主动防控技术面临巨大挑战。受航道水深条件、干坞预制场选址条件制约,预制场距离隧址达50 km,长距离管节浮运、长达5 km的基槽横拖及穿越繁忙伶仃航道等不利因素,给沉管浮运和安装带来极大挑战。

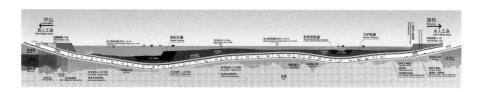

图5-1 海底沉管隧道示意图

(3)世界最大跨海中悬索桥(主跨1 666 m),且位于强台风频发区,技术难度高。本项目处于珠江口开阔水域,是强台风区,深中大桥为海中超大跨径三跨吊全飘浮体系悬索桥,桥梁结构柔、阻尼比小、桥面超高,颤振检验风速高达83.7 m/s,抗风问题突出。深中大桥是全离岸结构(见图5-2),两个锚碇位于海中,国内外罕有类似案例供参考,建设经验不足;同时,还存在外海高温高湿高盐

图5-2 海中大跨度悬索桥实景图

环境悬索桥主缆的耐久性、大交通量高货车比例条件下正交异性钢桥面板疲劳耐久性等系列世界性难题。因此,深中大桥的建设面临巨大挑战。

(4)海域水下枢纽式匝道隧道与双向八车道超长海底沉管隧道组合属世界首例(见图5-3),运营安全与防灾救援面临极大挑战。机场互通立交为世界首例开通高速公路的水下枢纽立交,交通量超大、货车比高、无主线收费站,危化品车管控难,运营安全问题突出;超大断面钢壳砼沉管结构防火标准缺乏,特长超宽隧道通风排烟技术不成熟,海底互通式隧道交通流态势研判及智能管控技术薄弱。同时,水下枢纽互通的隧道内存在多次分合流,行车视距受限,安全问题突出。因此,项目的运营安全与防灾救援面临极大挑战。

图5-3 八车道沉管隧道+水下枢纽互通组合示意图

(5)海域超宽深基坑防渗止水难度大。东人工岛隧道基坑处于水中回填砂填筑区段,淤泥层的厚度大,地下水位与海水相持平,并且与海水相贯通。堰筑段施工区位于水中,堰内陆域标高比最低海平面水位低5 m左右,基坑最宽72 m,最深20 m,基坑体量大,且下伏风化花岗岩,防渗止水难度大,施工风险高。

(6)粤港澳大湾区几何中心,海陆空视点丰富,社会关注度高,对项目建设品质提出非常高的要求。本项目位于粤港澳大湾区的几何中心,紧邻深圳前海新区、广州南沙新区、中山翠亨新区,东接深圳机场,向西跨越珠江口各条主航道,周边自然环境优美,海陆空立体视点丰富。项目的建设受到沿线地市及珠江口两岸人民的高度关注,如何把项目建成与大湾区城市规划、自然环境和谐的珠江口门户工程是需要慎重考虑的问题。

但凡重大基础设施工程必然与社会经济环境有着广泛、紧密和深刻的关联,并可能因大桥建设而引发多方面的原来没有出现过的对社会经济环境的正、负面影响,而这些关联与影响又因为工程超长生命周期,而难以被考虑周全、预测准确,因此,需要十分谨慎的科学态度才能尽可能避免决策失误。

2. 情景鲁棒性特征增添决策过程的复杂性

由上看出,深中通道工程决策既有工程自身的难度,又有工程与社会经济环境关联性强造成的复杂性,更深一步还会发现,决策环境的特殊性和复杂性更增添了决策过程的复杂性。

事实上,任何重大基础设施工程建设都必须在一定的政治制度下,严格遵循相关的法律与法规,特别是工程的决策行为,更要做到"依法决策",这主要因为重大工程建设一般都是国家向社会公众提供的公共产品,其根本目的是保障国家安全、发展经济、改善民生与推动社会进步。因此,它必须与国家的发展战略、国内外政治经济环境与国家实力紧密相关,这就使重大工程立项规划决策从根本上必然与一国之政治、经济、社会之大局、大势紧密相关。

重大工程的公共品性质决定了工程前期重要决策的主体多为社会公众委托的政府(政府相关部门)及政府委托人,决策主体的这一社会地位使其站在社会公众的立场上完成决策过程和确定决策方案,因此,一切与工程决策有关的问题,不仅要符合与工程决策直接关联的基本建设程序、建设行为规范,如国内的《建设工程勘察设计管理条例》、工程建设标准等,还要保证工程建设与其他领域的关联性法律法规不相冲突,如环境保护法律法规等,并要求工程决策行为中涉及其他领域活动时,必须按照其他领域同样反映公众利益的相关法律法规行事。越是规模大、影响深远的重大基础设施工程,如深中通道工程,涉及的领域就越多,环境关联性也越强,因此必然受到更多相关法律法规的约束,这自然使工程决策要更多、更细地考虑决策过程和决策方案与法律法规的相容性。

3. 决策质量特征提高决策主体能力要求

就国内而言,近几十年来我们已积累了大量的超级工程的建设和管理经验,其中也包括对重大工程重要问题决策的经验。但总的来讲,我们所建设的那些超大规模工程,如三峡水利工程、青藏铁路工程、全国高速铁路网工程等,都是在中央政府领导下,地方政府坚持执行中央政府指示,并与有相关部门紧密配合,实现重大工程建设的资源配置。重要问题决策中的许多宏观、行政层面的事情在上级政府权力统一协调下更易于解决,一些工程技术层面上的事情通过行政和市场的共同作用,也能有效地整合资源来解决,一般不会出现法律、政府行政管理权等方面的冲突。

但是,深中通道核心问题决策,具有工程技术等层次的专业性很强、难度很大的问题,这些问题已不能简单地套用国内传统的行政管理思维来解决。这就需要深中通道工程决策者,结合工程实际情况,研究新问题,寻找新办法,这其中包括运用一系列新的科学手段与方法,如搜集分析大量的数据、信息,采用定性、定量与多种科学实验手段以增强决策的科学性。同时,在不断学习和探索中,通过思维创新、认知创新,实现决策分析与决策管理的创新。

5.2　深中通道决策管理特征

对深中通道决策管理的科学研究,应当尽量排除附加在研究对象身上的各种感性、主观和表面的因素,而聚焦于研究对象自身固有的、本质的品质,这样才能揭示出关于重大工程决策管理的客观规律。这就要求我们深度凝练和抽象深中通道决策管理的基本属性,并在其基本属性范畴内开展科学研究。

"属",隶属、归属、属于;"性",性质、性能。"属性"意为一个事物专有的、基本的和稳定的品质的抽象,它决定了该事物能够区别于其他事物和作为自身独特性、固有性的质的表征。深中通道决策管理的基本属性是复杂性和整体性。

5.2.1　复杂性

无论哪一种类型的重大工程决策管理问题,就决策活动而言,最核心的都是要提出相关的决策方案,而任何一个决策方案都是具有相应功能的人造系统。决策方案的形成是一个理论思维与工程思维结合的过程,决策主体在设计方案时,需要考虑到工程对珠江口地区交通、经济、环境等多方面的影响,通过工程建设来缓解交通压力、促进区域经济发展、提升人民生活质量。然而,由于工程自身及工程与环境复合系统的变化,这些预期的"善"的功能可能无法完全实现,甚至可能出现一些未预料到的负面效果,如对生态环境的破坏、社会矛盾的激发等。

深中通道的决策问题构成要素众多,包括技术、经济、环境、社会等多个方面,且这些要素之间关联错综复杂。例如,工程的设计需要考虑到地质条件、海洋生态环境、气象条件等多个自然因素的影响,同时还要考虑到工程对周边城市的交通规划、土地利用、城市规划的影响。这些要素之间的相互作用和影响可能会导致一些机理尚不清楚的复杂现象的涌现。

决策方案的赋能是先于工程实体的,需要通过理论思维设定。然而,这些功能价值和作用最终必须通过工程实体来实现。这意味着,决策方案从设计到实现的过程是一个结合理论思维与工程思维,并实现从理论思维到工程思维转化的过程。这一过程充满了不确定性和动态演化的特点,如新技术的应用、新材料的使用等可能会对工程的设计和建设产生影响。

深中通道的决策环境高度开放和动态化,决策过程及方案功能释放与环境的开放性、动态性关联紧密。决策主体的多元化、异质性会导致决策目标、价值偏好出现矛盾或冲突。即使决策主体没有出现行为异化,也可能因为认识不足、能力缺失或者传统方法失灵而无法驾驭这类问题的复杂状况。

综上所述,深中通道决策充满了各种形态的系统复杂性,需要决策者在制定决策方案时,充分考虑这些复杂性因素,以确保工程能够顺利推进并实现预期的目标。这要求决策者在尊重一般规律的同时,体现主体独特意图,通过理论思维与工程思维的结合,对工程系统进行设计与筹划,以应对工程自身以及重大工程-环境复合系统可能出现的各种变化。

5.2.2 整体性

在一般的决策管理中,经典的分析和解决路径就是把该决策问题分解成若干部分,把各部分都研究清楚了,整体也就清楚了;如果对部分的研究还不清楚,可以再继续往下分解进行研究,直到弄清楚为止,这种方法论称为还原论。还原论方法主要是由整体往下分解,研究得越来越细,这是它的优势。但是,深中通道工程的决策管理问题充分体现了重大工程决策的复杂性和整体性,这些特点使得传统的还原论方法在处理这类问题时显得力不从心。

(1)深中通道与环境的紧密耦合关系要求决策者在分析问题时不能将其与环境切割开。例如,工程的设计和建设需要考虑到珠江口地区的复杂地质条件、海洋生态环境、气象条件等自然环境因素,以及区域经济发展、城市规划、交通网络等社会环境因素。这些环境因素的变化会直接影响工程的可行性和效果,因此,在决策过程中必须将工程与环境作为一个整体来考虑。

(2)深中通道的建设和管理活动是一个具有连贯性的故事,具有其特定的背景、情节和发展。例如,工程的规划和建设不仅是一个技术问题,更是一个涉及政策、经济、社会、环境等多方面因素的复杂过程。决策者需要在整体情景中看待问题,通过对情景的自上而下和自下而上的分析和综合,找出解决问题的方案。

(3)深中通道的决策问题表现出多种动态性,如突变、涌现、湮没、演化等。这些动态性的变化机理复杂,往往不是单一的因果关系所能解释的。例如,工程的设计和建设可能会因为新技术的出现、政策的变化、市场需求的波动等而进行调整。这些因素之间的关联在时间维度上发生变化，并相互影响，使得问题的解决需要考虑到这些复杂关联的作用。

（4）深中通道的决策问题需要利用跨领域、跨学科、跨专业的技术手段和方法来解决。决策主体需要构建一个知识齐备、工作机制良好的整体性认知平台，以便更好地理解和管理工程的复杂性。例如，工程的设计和建设涉及土木工程、环境科学、经济学、社会学等多个领域的知识和技能。

以上这些都告诉我们，如果我们在研究和解决深中通道决策问题过程中仅仅运用还原论把一个完整的问题分解为多个相互独立的部分，再一步步单独研究各个部分，这势必就把问题的各部分之间、问题与环境之间的复杂关联与结构肢解了，问题中固有的不可分割的那部分品质也被破坏了。这样，即使把核心决策问题的每个部分都研究清楚了，也不能依靠简单叠加路径来认识、分析和解决决策问题的"整体"。这说明深中通道工程核心决策问题存在一类不能用还原论方法处理的品质特征，即整体性。

"整体性"有两种基本类型：一种整体性可以通过各部分简单叠加而获得，称此为"可加整体性"，这是一类简单的整体性；另一种整体性不能通过各部分简单叠加而获得，称此为"非可加整体性"或者"复杂整体性"。深中通道工程决策问题就是一类具有"复杂整体性"的决策问题。

5.3　深中通道决策管理范式

在学术上，基于复杂系统管理的重大工程核心决策是一个关于重大工程核心决策复杂整体性问题的逻辑化与系统化管理知识体系。这是一个"正在路上"和蓬勃发展的新领域，该体系具有重要意义的哲学思维、核心概念、基本原理、科学问题都在萌芽和生长之中，而我国重大工程实践的强国地位正源源不断地为该领域提供丰富的思想、经验与理论源泉。

下面将结合深中通道案例列举四个决策范式要点。

5.3.1　基本范式

"重大工程决策范式"是指按照一定的行为约定和流程规范来实施重大工程核心决策活动的实践模式。要强调的是，这里的模式不是个别决策者的自我设定，而是依据复杂系统思维范式转移路径，通过结合理论思维与工程思维，在既尊重一般决策规律又体现主体独特意图，在厘清和驾驭核心决策问题复杂整体性属性的基础上对决策方案进行设计与筹划。作为一个典型的重大

工程案例,深中通道的决策过程充分体现了"重大工程决策范式"的三个阶段:

(1)在深中通道决策过程中,决策者首先是在直观上感知到决策问题作为人造系统的物质型要素,如桥梁、隧道等,以及这些要素之间的关联与结构。这些物理形态和复杂性是决策问题进一步抽象的原生态母体。例如,决策者需要直观地认识到深中通道工程所处的地质条件、海洋环境、交通需求等物理层面的复杂性,这是决策分析的基础。

(2)深中通道的决策问题分析不能仅停留在直观感知层面,而是要逐步抽象至复杂系统层面。例如,决策者需要运用复杂系统思维与话语体系,表述和提炼工程的核心决策问题的关联逻辑与属性特征,如工程与周边环境、社会、经济等要素的相互作用。这是决策问题的物理复杂性向系统复杂性的转换,也是对决策情景核心要素与结构的提取。

(3)根据深中通道被凝练出来的系统复杂性,决策者依据管理学概念、原理,将系统复杂性形态与机理认知转换成管理学相应的概念、原理逻辑与话语体系,形成管理科学问题。例如,决策者需要形成可分析或可计算的决策问题与方案设计的核心情景,并加入工程的独特性语境要素,重构和预测决策问题及方案的情景与演化。通过理论、实证、模拟等手段和"迭代式"路径,逐步得到决策问题的最终解决方案。

以上三个阶段的转换形成了基于复杂系统管理深中通道决策的基本范式(见图5-4)。

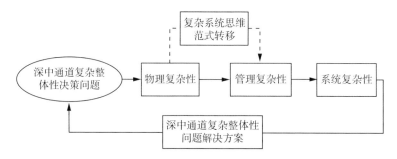

图5-4　深中通道工程决策基本范式

5.3.2　降解与综合

重大工程决策问题的整体性不能单纯理解为一个"铁板一块"的决策问题。大多数情况下,宜理解为一个可以进行适当分解、彼此有着错综复杂关联的决策问题群,这里的问题群内部具有层次性、时序性、顺序性、逻辑性等,还包括子问题之间的冲突性、协同性、涌现性与隐没性等,所有这些构成了总体核心决策问题的复杂整体性。深中通道工程作为一项重大工程,其核心决策问题同样具有这样的复杂整体性。

针对这一状况,我们可以依据工程虚体可变性原理,通过假设与理想化的降解行为,在一定尺度和粗粒度上把深中通道工程的决策问题群降解为若干个相对独立和相互关联的子问题群。例如,深中通道工程的决策问题可以被分解为地质勘探、海洋环境影响评估、交通流量预测、施工管理、投融资模式等多个子问题群。然后,对各子问题群进行分析和解决,逐层往下,在完成各层次任务后,分别针对不同情况进行子问题群的逐层往上集成与综合。

需要注意的是,这里的集成与综合不是"可加性"整体论,而是复杂系统管理的综合集成方法论。例如,深中通道工程的子问题群可能涉及对地质条件的评估与分析、对海洋环境的保护与恢复、对施工过程的技术运用与管理、对投融资模式的优化与调整等。这些子问题虽然各自有着一定的问题边界,但它们之间存在高度的复杂整体性,不可能仅仅采用还原论方法来解决。

5.3.3 组织的适应性与柔性

深中通道的决策问题体现了复杂整体性,而决策环境又具有深度不确定性。决策组织需要充分利用组织与自组织作用,涌现出驾驭问题复杂整体性的能力,并通过制定决策组织内部的运作规则与流程来保证这种驾驭能力的持续性与执行力。深中通道工程决策组织可以理解成一个平台,其主要职能不是直接为重大工程核心决策问题提供具体的方法和方案,而是提供形成决策方案的环境与条件。例如,在深中通道工程的决策过程中,决策主体可能会与不同的设计研究院、水利研究院、施工单位等组成不同的决策平台,以适应不同决策问题和阶段。

深中通道决策组织是一类"平台"的认知,体现了重大工程决策组织的"自组织"与"自适应"特征。一方面,深中通道工程的决策组织以构建与提高组织整体行为能力为导向来选择和优化主体,包括主体的层次、事权、专业、关系、能力、知识的完备性与彼此的和谐性等,这主要反映了深中通道工程决策组织的"他组织"行为。另一方面,深中通道工程的决策组织还要十分注重对工程决策组织的机制、流程的设计与事权配置等,以有利于组织内部通过相互关联与相互作用,涌现出不仅高于单独个体,而且高于个体之间简单叠加形成的驾驭复杂整体性的能力。这主要反映了深中通道工程决策组织的"自组织"与"自适应"行为。而深中通道工程的决策组织的整体行为能力的涌现,特别是对决策问题复杂整体性驾驭能力的涌现,是决策组织"他组织"与"自组织"综合作用的结果。其中,

"自适应"与"自组织"机理发挥了特别重要的作用。

因此,对深中通道工程进行设计和优化,特别重要的就是这一能够涌现或增强新的驾驭决策问题复杂整体性能力的自组织机制。通过这种机制,决策组织可以在主体微观层次与组织宏观层次之间形成新的行为与能力生成、转换和涌现模式,从而增强对决策问题复杂整体性的驾驭能力。

5.3.4 方案的迭代及收敛

深中通道是一个极富挑战性的项目,它充分体现了重大工程核心决策主体的全部行为都是为了设计和提出解决复杂整体性决策问题的方案。这个项目涉及多个相对独立的不同阶段,每个阶段面对的复杂性相对较低,但整体上构成了一个复杂性极高的系统。深中通道的决策过程体现了复杂系统管理的复杂性降解准则和适应性选择准则。根据复杂性降解原理,在深中通道工程目标的基础上,一般会把整体性的决策问题适当分解为若干个相对独立的子决策问题,并对其分别进行决策,得到各自的决策方案。进一步地,在此基础上,在适应性选择与"迭代式"生成原理的指导下,或者直接形成一个同时与这些子方案兼容的整体方案,或者对部分子决策方案进行调整而形成一个整体性的兼容方案(见图5-5)。

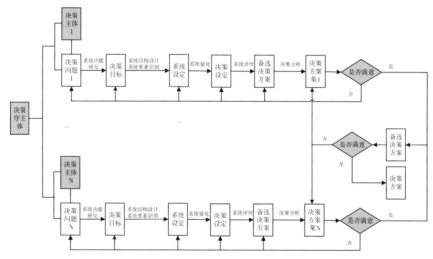

图5-5 深中通道工程决策的系统程序

在操作层面上,这表现为一种由"主体个体自学习迭代—主体群平台迭代—主体群共识形成迭代"组成的三个不同层次、相互反馈的综合迭代模式。主体通过不断对某一阶段性的方案进行纵向或横向比对、调整和修正,甚至推翻原方案再重新设计方案,以逐次迭代方案序列逼近最终方案(见图 5-6)。

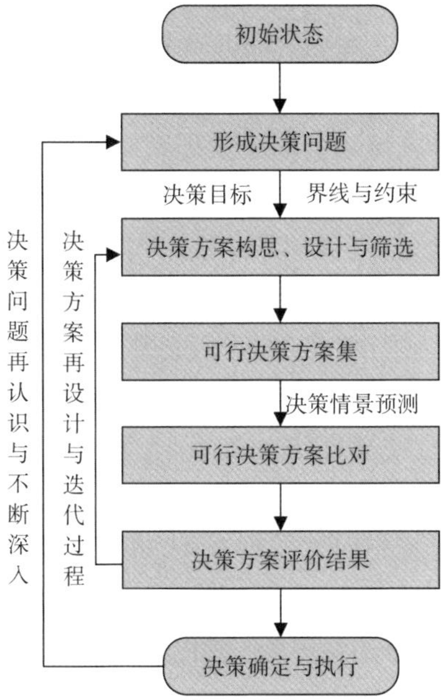

图 5-6　深中通道工程决策过程

5.4　深中通道典型决策管理实践

5.4.1　工程立项精准把握战略机遇期

在深中通道建设策划阶段,珠江口南北纵向长达 95 公里的水道上仅建有两条公路跨江通道——珠江黄埔大桥和虎门大桥。其中,珠江黄埔大桥是广州市重要的过境通道之一,承担京珠高速南北向交通,基本不承担珠江东西两岸的跨江交通流。在这样的情况下,珠江东西两岸之间的交通流目前就仅有虎门大桥承担,造成虎门大桥 1997 年建成通车以后交通量以年均 12% 左右的速度迅速增长,到 2010 年已达到 87 842 pcu/d,通行能力已显不足,常态化拥堵将不可避免地出现,同时也增加了车辆的行驶成本和资源消耗,阻碍了两岸更多的经济联系。

因此,建设通行能力大、服务水平高的新的过江通道以合理分担虎门大桥的过江交通压力已是当务之急。作为珠三角两大功能组团"深莞惠"与"珠中江"之间的唯一直连通道,为满足珠江下游东西两岸 2 万亿元 GDP 的经济体快速增长的交通需求,深中通道项目建设是非常迫切的。

　　除了拉近珠三角及粤东、粤西之间的空间距离,深中通道的建设对于推进珠三角东西两岸产业互联互通以及各类要素的高效配置,加快广东自由贸易试验区发展,推动粤港澳大湾区城市群联动发展具有重要的战略意义。深圳至中山跨江通道项目是《珠江三角洲地区改革发展规划纲要(2008—2020 年)》确定的重大基础设施项目,并被列入广东省"十三五""十四五"重点建设项目,是"深莞惠"与"珠中江"两大经济圈的唯一直连通道及连接深圳前海、广州南沙、珠海横琴三个国家级新区和中山翠亨省级新区的交通纽带,是粤东通往粤西乃至大西南的便捷交通大动脉。

　　深中过江通道的过江交通量(94 327 pcu/d)在东岸分布情况为:往深圳市区方向出行量比例最大,占深中通道过江交通量的 42%;其次是往深圳中部及粤东地区的出行量,占深中通道过江交通量的 36%;再次是往深圳北部地区的出行量,占深中通道过江交通量的 9%,往其他方向所占比例相对较低。深中过江通道的过江交通量在西岸分布情况为:往中山市区方向出行量比例最大,占深中通道过江交通量的 24%;其次是往江门方向,占深中通道过江交通量的 22%;再次是往珠海、澳门方向,占深中通道过江交通量的 18%;往粤西及海南省方向占深中通道过江交通量的 13%,往其他方向所占比例相对较低。由深中过江通道的过江交通量分布情况可见,深中过江通道主要为深圳、粤东地区与中山、江门、珠海、粤西南地区之间过江交通服务(占 90%以上),与其他通道所承担的交通功能不同,在功能上具有不可替代性。

　　深中通道对港珠澳大桥交通量的分流影响有限,其功能与港珠澳大桥互补,竞争作用不强。深中通道建成后将分担一部分香港与西岸地区之间的过江出行量,根据分析和计算,2020—2040 年深中通道分流港珠澳大桥交通量比例在 5.7%—7%,分流比例不高。深中通道在功能上与港珠澳大桥是互补的,竞争作用并不强。主要原因是中山和江门地区如选择深中通道要经过深港公路口岸到香港,深港公路口岸客货流量较大,已基本达到饱和状态,未来几年口岸通关能力提升空间不大,拥堵现象较多,过关时间较长。而港珠澳大桥口岸为新开口岸,通行能力大,受配额限制影响小,过关速度快。尽管深中通道对于中山、江门地区客车跨境交通比港珠澳大桥在出行时间和费用上有所节省,但由于口岸通关能力以及配额制度的限制,深中通道对港珠澳大桥交通量的分流能力也较为有限。

　　深中通道的建设对于优化珠江两岸的交通路网结构,促进交通的可持续发展具有不可替代性。目前珠江口东西两岸主交通流呈"门"型绕行珠江口，如果通过深中通道跨越珠江，比目前绕行广州市区可节约里程约 80 km，比绕行虎门大桥节约里程约 30 km。同时，随着交通量的持续增长形成珠江两岸集中在以虎门地区为单一主通道的路网结构，势必导致东莞、南沙两岸路网承受更大冲击，使公路网不均衡的状况进一步恶化，不利于珠江两岸交通的可持续发展。

5.4.2　工程方案决策的降解与综合

在明确珠江口东西两岸登陆点及接线决策后，深中通道进入工程方案决策阶段。具体登陆点及接线决策结论为：珠江口东岸起点位于深圳市宝安区西乡机荷高速黄鹤互通收费站中心点处，向西跨过广深高速公路、G107，穿越下角山，沿盛泰大道高架，至机场南三围涌，向西跨越珠江口；珠江口西岸采用双登陆方案，主登陆点位于中山马鞍岛，与中开高速对接，并连接中山市东部外环高速，同时设万顷沙登陆点，通过万顷沙连接线连接至江中高速延长线及南沙港快速。

深中通道位于珠江口，不仅需要考虑复杂的海域环境、地质条件，以及频繁的台风等极端气候条件，而且需要评估工程对周边地区的影响，包括交通流量、城市规划、环境保护等方面，并制定相应的缓解措施，还需要考虑多种线位方案，包括全桥方案、东桥西隧方案、东隧西桥方案、长隧方案、双隧方案等。这些方案的选择和比较需要考虑多种技术挑战，如隧道长度、人工岛规模、路线总长、行车安全、技术难度、抗震适应性、运营和防灾救援、风险等级、工期、全寿命周期费用、防洪水利、施工对港口航道的影响等。因此，需要将工程方案决策适当分解为不同的线位方案群，对各线位方案进行分析后，再逐层往上集成与综合。

1. 线位方案的降解

结合跨江通道的主要形式分解出如下线位方案：A1(全桥方案)、A2(东桥西隧方案，伶仃航道隧道＋矾石航道桥梁)、A3(东隧西桥方案，伶仃航道桥梁＋矾石航道隧道)、A4(长隧方案，伶仃、矾石航道均为隧道，包括长隧和双隧两种形式)、A4-1(长隧)、AS(S型双隧方案)。

A1、A2 由于在矾石水道设置桥梁，不能满足航空限高要求，因此方案不成立，不再对其做进一步研究。项目工可对 A3(东隧西桥)、A4(长隧)、A4(双隧)、A4-1(长隧)、AS(双隧)做了进一步比选。

（1）A3 线位工程方案

A3 线在伶仃航道设置桥梁，在矾石水道设置隧道，路线整体走向顺适，转角均匀，指标均衡，与建设条件相适应。东侧为隧道方案，对深圳机场航空限高干扰最小,同时也可以通行特种工程船舶,东侧地质状况也较好;西侧跨越伶仃航道按规划30万吨船舶预留桥梁净空,又可以满足机场限高要求(跨伶仃航道处线位如再向北偏移,则不能满足机场限高要求),施工时对航道运行干扰较小。

A3方案过江通道起点为东人工岛,终点为马鞍岛登陆点,跨海范围为K5+755.000~K29+760.000,长度为24.005 km。

A3线位桥梁包括两个通航孔桥,分别为伶仃水道桥和横门东水道桥,其余为非通航孔桥和陆地引桥。结构物布置如图5-7所示。

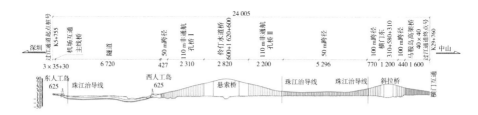

图 5-7 A3 线位桥梁布置概略图

A3海底隧道全长6 720 m,其中沉管段长5 700 m。东人工岛位于珠江东侧治导线以东,西人工岛位于江中。受平面线位的控制,隧道两端采用直线,中间以半径为6 000米的圆曲线连接,曲线段长度接近1 300 m。A3线位隧道平面布置如图5-8所示。

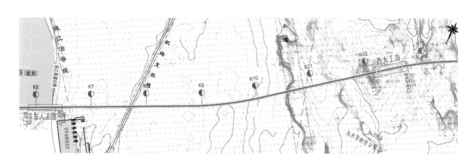

图 5-8 A3 方案沉管隧道平面布置方案

(2) A4 长隧工程方案

A4线在两岸珠江治导线之间全为隧道,在工法上推荐采用沉管法,理由同A3方案。沉管隧道长度为15.19 km,本方案能满足广州港提出的通航需求、深圳机场限高的要求,对海域干扰也最小,综合影响最小,平纵布置如图5-9所示。

受深圳机场南侧预留通道、沿江高速预留桥跨和中山侧接线的影响,拟定平

图 5-9 A4 长隧方案纵断图

面线形在东侧靠近岸边段采用半径为 7 000 m 的圆曲线,其他部分均为直线。为满足施工和通风救援的要求,在江中设置两处通风井人工岛。

隧道全长 15 190 m,其中暗洞全长 14 620 m、敞开段长 580 m,东西人工岛竖井间长度为 14 245 m。结合海底地形和纵面线形组成特点,纵断面适当减少了在航道中间的浚挖深度。由于隧道穿越多处航道和挖沙坑,隧道共设置 5 处低点,纵断面布置如图 5-10 所示。

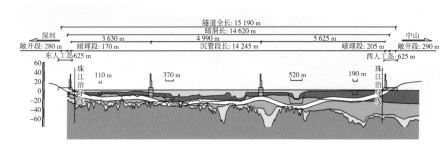

图 5-10 A4 线位沉管隧道纵断面示意图

(3) A4 双隧方案

双隧方案在矾石水道和伶仃水道间设置中人工岛将隧道分为两段。综合考虑火灾情况下的救援、逃生、车辆掉头及隧道管理养护设施的设置,车辆应可通达中人工岛岛面,平纵布置如图 5-11 所示。

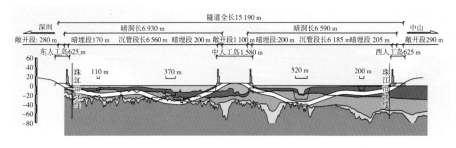

图 5-11 A4 线位双隧方案沉管隧道纵断面

153

（4）AS 双隧方案

为了降低双隧方案水中人工岛阻水面积,将 A4 双隧方案线路设计为 S 型,使中人工岛顺水流方向,该方案路线长度 26 020 m,隧道全长 16 950 m,其中矾石隧道全长 7 700 m、伶仃隧道全长 8 700 m。

（5）A4－1 方案

A4－1 线位方案过江通道起点东人工岛,终点为马鞍岛登陆点,跨海范围为 K5＋795.000～K26＋895.000,长度为 21.1 km,如图 5-12 所示。

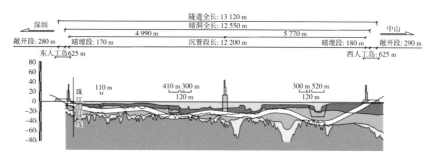

图 5-12　A4－1 隧道纵断面图

2. 隧道建设因素下的线位方案集成与综合

A4 双隧长岛方案,海中人工岛长度达到 1 580 m,工程规模大于长隧方案,其阻水率达到 21.4%,不能满足防洪要求,方案不可行;A4 长隧短岛方案,其造价较 A4 长隧高约 90 亿元,且对长隧方案运营期间防灾及救援风险改善有限,风险等级依然较高,不作进一步深入比选。

针对 A4 长隧方案、AS 双隧方案、A4－1 方案,从风险等级、水文和地质条件的适应性、抗震适应性、海洋环境适应性、行车舒适性、行车安全性、工期、全寿命周期费用、防洪水利、施工对港口航道的影响等方面进行了综合比较,详见表 5-1:

表 5-1　长隧道方案综合比较表

	线位方案	A4 长隧方案	AS 双隧方案	A4－1 方案
1	隧道长度	隧道全长 15 190 m	隧道全长 16 950 m,其中矾石隧道全长 7 700 m、伶仃隧道全长 8 700 m	隧道全长 13 120 m

续 表

线位方案		A4 长隧方案	AS 双隧方案	A4-1 方案
2	人工岛规模	1 730 m/4 个,其中海中通风井人工岛 2 个,东西人工岛 2 个,治导线内人工岛总长 480 m	3 150 m/4 个,其中中人工岛 1 660 m	1 490 m/3 个,其中海中人工岛 625 m/1 个,设通风井 240 m/1 个,治导线内人工岛总长 865 m
3	路线总长/m	22 755	26 200	22 940
4	行车安全	隧道段线形指标较高,但隧道总长过长,给防灾救援提出了较大挑战,安全运营存在较大隐患	路线线形扭曲、东西隧道位于小半径曲线长约 4.5 km,超高达到 4%,中人工岛洞口段隧道前后曲线指标不连贯,总体评价对行车安全十分不利	隧道总长仍过长,给防灾救援提出了较高挑战,安全运营存在较大隐患
5	技术难度	隧道规模巨大,隧道长达 15.19 km,曲线沉管段长 1.6 km,技术难度极大,设计及运营风险高	隧道规模巨大,小半径曲线段长 4.5 km,管节预制、浮运、沉放、对接等施工工序难度极大,可实施性极差	隧道规模巨大,隧道长达 13.12 km,其中曲线沉管段长 2.4 km,技术难度极大,设计及运营风险高
6	抗震适应性	隧道长度大,纵向地基刚度变化大,且穿越多条交汇活动断裂带,抗震风险高	隧道长度大,穿越多条交汇活动断裂带,尤其是中人工岛段与 F3、F4 断层小角度相交,抗震风险高	隧道长度大,纵向地基刚度变化大,且穿越多条交汇活动断裂带,抗震风险高
7	运营和防灾救援	难以满足消防及运营安全要求	救援条件比 A4 稍好,但仍然难以满足消防及运营安全要求	难以满足消防及运营安全要求
8	风险等级	以 Ⅲ、Ⅳ 级风险为主,其中 Ⅳ 级风险 10 项,主要为超长隧道的设计、施工组织、环境影响、运营救援等	以 Ⅲ、Ⅳ 级风险为主,其中 Ⅳ 级风险 10 项,主要为超长隧道的设计、曲线管节的实施、施工组织、环境影响等	以 Ⅲ、Ⅳ 级风险为主,其中 Ⅳ 级风险 9 项,主要为超长隧道的设计、施工组织、环境影响、运营救援等

续　表

线位方案	A4 长隧方案	AS 双隧方案	A4-1 方案
9	工期比较	86 个月	110 个月	86 个月
10	对伶仃航道的影响	伶仃水道为人工航道,基槽开挖、管节浮运沉放对接回填需要转换航道 4—6 次,需要临时中断航道;中滩水深较浅,临时开辟航道难以满足航运要求。临时航道给区域流态和航道维护管理带来新的问题,在整个施工期间珠三角所有经过伶仃航道的船舶都将受到影响,航行安全管理和施工安全管理可控性差,施工期的船舶航行安全难保障。 AS 方案影响时间更长,难以满足施工期通航安全要求。		
11	对龙穴南航道的影响	对龙穴南航道无影响		需向西改移龙穴南航道,并进入万顷沙边界约 300 m,龙穴南航道存在维护风险;且龙穴岛江海联运码头位于东侧,航道位于东侧,连接不畅,影响岸线使用
12	对海洋环境的影响	水下爆破达 100 万立方米,弃泥量达 12 000 万立方米,需占用大片海域,对水下地形和海域环境带来巨大影响,环评难以接受	水下爆破量巨大,中人工岛需大规模填筑,对环境的影响巨大,环评难以接受	水下爆破及弃泥量与 A4 方案相当,需占用大片海域,对水下地形和海域环境带来巨大影响,环评难以接受
13	对锚地的影响	对 NO31LD 锚地无影响		废弃 NO31LD 锚地
14	河床演变对沉管隧道的影响	隧道穿越龙穴岛下游处埋深较深,河床的演变及船撞对隧道安全不构成影响		隧道位于龙穴岛下游约 1.6 km 处,埋深浅,上游港池水动力较大,长期以来将会逐步冲刷隧道与港池之间的覆盖层,影响沉管的基础稳定性;存在船撞风险
15	海中段建安费/亿元	350	447	330

	线位方案	A4 长隧方案	AS 双隧方案	A4-1 方案
16	海中段全寿命周期费用/亿元	469	580	453

AS 双隧方案:难以满足海洋环保及抗震要求,行车安全隐患大,小半径曲线沉管预制、浮运、下沉、对接及防水技术难度与风险极大,较 A4 方案隧道长度增加 3 km,不符合跨江、跨海通道设计基本原则,全寿命周期费用昂贵、工期过长(110 个月),且在施工期难以满足通航安全要求,与 A4 线位、A4-1 线位隧道方案相比劣势明显,不作更深入比选。

A4-1 方案:虽然隧道长度缩短 2.07 km,工程建安费用有一定减少,但总体隧道规模与 A4 方案基本相当,属于同一工程规模的隧道工程,同样穿越伶仃地质断裂带,A4 方案存在的超长隧道设计和运营、基槽开挖、水下爆破、施工期对航运的不利影响、抗震等高风险因素并未改善,同时又带来了新的工程风险:① 本方案西人工岛位于龙穴岛下游约 1.6 km 处,该段隧道埋深较浅,由于上游港池水动力较大,长期以来将会逐步冲刷隧道与港池之间的覆盖层,影响沉管的基础稳定性;且存在港池船撞风险。② 由于隧道出口距离龙穴南水道过近,无法满足纵坡爬坡要求,需向西改移龙穴南水道,并废弃 NO31LD 锚地;由于万顷沙下游为易淤积区,开挖龙穴南水道后,需要进行长期维护,费用较高,按照分析年淤积约 80 cm,190 m 航道底宽,年清淤 136.8 万立方米,年维护费用约 6 156 万元,30 年约 20 亿元。③ 本方案治导线内人工岛的长度达到 865 m,对防洪纳潮的影响较大,需与珠江水利委员会协调,并进行海床变化与防洪影响的评价。

比较结论:A4-1 方案隧道长度 13.12 km,较 A4 方案短 2.07 km,需增加一座 380 m 主跨斜拉桥,需调整珠江口治导线并改移龙穴南航道,在抗震、运营和防灾救援、环境影响等方面风险等级与 A4 方案基本相当,两方案在施工期间对广州港正常运营影响方面均较大,且造价相当(尚未考虑龙穴南南端扩大筑岛的费用),还会增加港池下游隧道结构遭受船撞的风险及龙穴南航道长期维护的风险。从施工方法来看,无论 A4-1 采用东沉管＋西盾构隧道方案,还是采用盾构＋钻爆＋盾构隧道方案,均存在上述制约性条件,且组合工法还存在施工相互影响、风险叠加等之虞,故暂推荐 A4 沉管隧道方案。

3. 海中段工程建设因素集成下的线位方案集成与综合

针对 A3 东隧西桥方案、A4 全隧方案、A4-1 全隧方案,从风险等级、水文和地质条件的适应性、抗震适应性、海洋环境适应性、行车舒适性、行车安全性、工期、全寿命周期费用、防洪水利、施工对港口航道的影响等方面进行综合比较,详见表5-2。

表5-2 海中工程方案综合比较表

综合对比项		A3 东隧西桥方案	A4 全隧方案	A4-1 全隧方案
方案基本情况		隧道全长 6 720 m	隧道全长 15 190 m	隧道全长 13 120 m
		治导线内人工岛 625 m	治导线内设通风井人工岛 2 个	治导线内人工岛总长 865 m
1	功能(通行能力及舒适性)	海中段线形指标顺适,隧道长度适中,通行能力及舒适性较好	鉴于隧道总长过大,空间狭窄,通行能力及舒适性相对 A3 稍差	
2	安全性(风险等级)	以Ⅰ、Ⅱ级风险为主,无Ⅳ级风险	以Ⅲ、Ⅳ级风险为主,其中Ⅳ级风险 10 项,主要为超长隧道的通风及防灾救援、不均匀沉降、对海洋环境影响、抗震等	
3	运营和防灾救援	隧道相对短,有利于隧道逃生和救援	隧道总体过长,难以满足消防及运营安全要求	
4	技术难度	与国内外已实施的同类隧道规模相近,技术比较成熟	八车道沉管隧道长达 15.19 km,曲线沉管段长 1.6 km,国内外没有先例,技术难度很大	八车道沉管隧道长达 13.12 km,曲线沉管段长 2.4 km,国内外没有先例,技术难度很大
5	抗震适应性	地基刚度变化不大,断裂带较少,抗震性总体可控	隧道长度大,纵向地基刚度变化大,且穿越多条交汇活动性断裂带,抗震风险高	
6	水文及地质条件适应性 河势演变	三滩两槽格局长期稳定,伶仃航道为人工航道,适宜建桥	三滩两槽格局长期稳定,沉管隧道适宜	三滩两槽格局长期稳定,鉴于隧道距离龙穴岛较近,存在冲刷风险,影响沉管基础稳定性
	地质条件	地质均匀,适宜性较好	东侧地质条件较好,西侧软土层较厚,纵向刚度变化大,不均匀沉降控制难度大,地质条件适宜性较差	
7	工期	68 个月	86 个月	

续　表

综合对比项		A3 东隧西桥方案	A4 全隧方案	A4-1 全隧方案
8	防洪水利影响	西人工岛位于中滩上,阻水影响小,总阻水比为8.66%,满足防洪水利要求	总阻水比为4.3%,阻水比较小,满足防洪水利要求	西人工岛位于蕉门泄洪通道上,对泄洪影响大,总阻水比虽为8.6%,但就蕉门泄洪通道而言,阻水效应不可接受
9	航空安全影响	满足要求	满足要求	满足要求
10	对海洋环境影响	施工影响水域较小,弃渣量相对较小,国家海洋局评审认为对海洋环境影响可接受	水下爆破达96万立方米,弃泥量达15 000万立方米,对海洋生物多样性和海域环境带来巨大影响	水下爆破量巨大,挖泥、抛泥规模与A4方案基本一致,对海洋生物多样性和海域环境带来巨大影响
11	对航运影响	施工期仅影响矾石航道,周边水深条件好,船只可绕行,对航运的影响较小,通航监管可控;营运期影响较小	施工期会影响矾石水道及伶仃航道,伶仃航道为人工航道,需要开挖临时航道,海上施工组织及通航安全监管难度大,较难保证施工期的船舶航行安全。临时航道需增加建安费17亿元。施工期伶仃航道占用22个月,时间较长,对南沙港正常运营影响大;营运期基本无影响。	水下爆破量巨大,挖泥、抛泥规模与A4方案基本一致,对海洋生物多样性和海域环境带来巨大影响
12	建安费/亿元	254	350	330
13	全寿命周期费用/亿元	314	469	453
14	结论	推荐	比较	比较

结论:从功能、安全、技术难度、抗震、水文及地质条件适应性、造价、海洋环境等方面综合比选,A3东隧西桥方案明显优于全隧道方案,推荐A3东隧西桥方案。

鉴于A4、A4-1两个方案风险等级高(10项不可接受的Ⅳ级风险),造价昂贵(较A3方案全寿命成本高约150亿元),工期长(较A3方案长1年半);而A3方案能满足建设条件要求,安全风险可控,规模、工期适度,故推荐A3东隧西桥方案。

4. 工程方案决策降解与综合路径总结

深中通道方案决策涉及多个线位方案的比选和优化。这个过程包括对各种方案的详细分析,以及对技术、安全、经济和环境影响等多方面因素的综合考虑。在降解方面,深中通道首先将整体复杂性分解为多个相对独立的阶段,如线位方案的降解,从而使决策主体在每个阶段面对的复杂性降低。这有助于更清晰地理解和解决各个阶段的问题,并为最终方案的形成打下基础。综合方面,深中通道工程在决策过程中综合考虑了多个因素。例如,在隧道建设因素集成下的综合比选中,考虑了隧道长度、人工岛规模、行车安全、运营和防灾救援、技术难度、抗震适应性、风险等级、工期、防洪水利、施工对港口航道的影响、全寿命周期费用等。对这些因素进行综合评估有助于确定最优的工程方案。在综合比较中,A3东隧西桥方案在功能、安全、技术难度、抗震、水文及地质条件适应性、造价、海洋环境等方面表现较好,因此被推荐为最优方案。这一方案能够满足建设条件要求,安全风险可控,规模和工期适度,相较于全隧道方案具有明显的优势。总体而言,深中通道方案决策的过程体现了对复杂问题的分解和综合考虑,通过迭代式的比选和优化,最终形成了符合工程需求和社会效益的决策方案。

5.4.3 投融资方案决策的迭代收敛

深中通道项目的融资拥有诸多有利条件,但由于近年基础设施建设成本越来越高,投融资存在很多困难,单独依靠地方政府的财政资金进行投资建设相对不易。地方政府基础设施投资资金主要来自公共财政收入、土地出让收入、银行贷款(政府融资平台)、发行债券(地方政府融资平台和地方政府债券)以及其他筹资渠道的资金。

1. 初始融资方案的拓展和构造

(1)政府还贷模式融资方案测算

在项目融资前财务分析的基础上,对项目融资后的情况进行财务测算。按照现行《收费公路管理条例》的规定,本项目收费年限最长为15年,资本金比例最低为25%。项目贷款额为272.57亿元,项目总投资为363.43亿元,15年收费期内未能还清贷款,期末贷款余额172.79亿元。

由于采用政府还贷模式,作为非经营性项目,本项目可行的融资方案测算目标是:收费期内能够还本付息,政府投入资金不追求项目盈利,也不对政府投资收益提出要求。财务分析的目的就是以信贷资金平衡为目标,倒推反算本项目能够负担的最高贷款额。

经测算,采用政府还贷融资方案,海中段主体工程需要政府出资比例为42%,政府出资将近150亿元,年均政府总支出约24.60亿元;按照25%的最低资本金比例政府出资90.85亿元,则需要突破现行公路收费政策,延长收费期至22年,存在一定的可能性;降低政府先期投资比例,需要在营运期前6年贴息补助共 89.09 亿元,政府总体出资约 179.94 亿元,额度更大,建议不予考虑。

(2) 完全市场化融资方案构造

深中通道若采用经营性融资模式进行市场化融资,可以采用 PPP 模式、BOT 模式、土地综合开发融资模式、ABS 模式,以及发行股票、发行债券等。总的来说,项目融资都离不开股权融资和债权融资两种基本模式。

对于股权融资,包括发行股票及各类权益性资金的直接投资,必须满足出资人对股权投资回报的要求。不同的出资者,基于出资目的的不同,对投资回报的要求会存在很大差别。因此,应根据拟建项目各类出资人的特点,分析其投资回报要求,以便策划出可行的融资方案。

对于债权融资,包括申请各类银行贷款、发行债券等融资模式,必须满足负债资金偿还本金和利息的需要,这就要求拟建项目必须具备一定的盈利能力,从而具备相应的贷款清偿能力。

本项目采用完全市场化运作融资模式,不考虑政府资金投入,资本金比例按照国家最低要求的 25% 进行测算。融资后的财务基准收益率按一般社会企业资金期望值 10%—15% 计算,平均期望按 ib=12% 计算;省属国有企业资金期望值为 0%—6%,平均期望按 ib=3% 计算。

海中桥隧跨江段主体工程静态投资 315.71 亿元,按照资本金 25% 的比例计算,含息总投资为 363.43 亿元,企业资本金为 90.85 亿元,资本金财务内部收益率 FIRR 为 0.21%,低于一般社会企业资金收益期望低限的要求(Ic=7.41%),与省属国有企业的资金平均期望差距也很大(Ic=5.66%),即便省属国有企业完全履行政府的职责,自有资金收益期望为零(Ic=4.91%),仍然达不到市场化融资的要求,财务净现值为 -53.8 亿元。计算结果表明,本项目完全市场化融资不可行(见表 5-3)。

(3) 政府主导的市场化融资方案

深中通道自身财务盈利能力有限,在既定收费标准和收费年限难以突破的情况下,项目内部收益率低于市场预期回报率水平,不能实现完全市场化融资。在现行政策可能的范畴下,研究找寻合适的融资模式,使政府出资额度尽量减小,是可实施融资方案研究的既定目标。通过政府适当的资金投入及各项政策的灵活运用,可以调动社会投资各方的积极性,最终实现市场化经营。

政府在市场经济运行体系中的角色定位与一般商业性投资者明显不同,其资本金投入的目的不是追求股东价值最大化,而是希望通过企业化运作的方式,吸引更多的社会投资者参与公益性项目投资建设,提升项目进行市场化运作的

表 5-3　海中段主体工程融资后财务状况(收费期 25 年)

总投资(含息)/亿元	静态投资/亿元	资本金(25%比例)/亿元	财务内部收益率FIRR	财务基准收益率Ic		财务净现值 FNPV/亿元
363.43	315.71	90.85	0.21%	一般社会企业低限要求：Ic＝10 * 25%＋6.55 * 75%＝7.41%		－72.7
				省属国有企业平均要求：Ic＝3 * 25%＋6.55 * 75%＝5.66%		－70.6
				省属企业最低要求(类同政府)：Ic＝0 * 25%＋6.55 * 75%＝4.91%		－68.1

财务生存能力,有效减轻政府财政支出的压力,提高基础设施投资与运营的效率,充分发挥市场配置资源作用。因此,政府主导的市场化融资模式是深中通道项目融资较为切合实际的选择。

在政府主导的市场化融资模式下,融资可行的措施就是增加资本金比例,尤其是增加政府零回报投资的资本金比例,从而满足企业投资获得合理回报及银行贷款能够还本付息的融资要求。深中通道达到资金收益平衡的贷款额度为48.5%,需要资本金比例为51.5%,如能争取获得政府20%的资金注入,则企业出资为31.5%,虽然高于公路项目资本金25%的最低要求,但还属于一般公路项目可以接受的企业出资比例水平。因此,利用市场化运作模式,可以通过企业投融资建设经营,最大程度实现国有资产的保值增值目标。

2."定性-定量"相结合的多方案同深度比选

在综合多因素的基础上,决策方案的比对实际上是一个综合评价过程,是一个包括评价目标、结构、准则以及评价程序、方法等的评价体系,特别是对复杂问题,比对从单项评价变成了综合评价,或者出现多次比对,这样,比对就呈现出迭代和逼近的特征。

深中通道规模和投资巨大,融资研究的海中段主体工程每公里静态投资接近 13 亿元,通车 20 年的预测交通量约为 9 万辆/日,尽管拟定了小客车 90 元/次的过江收费标准,鉴于国内当前的金融环境及高速公路收费政策,采用经营性模式项目财务效益很差,仅实施海中段主体工程,资本金比例为 25%时,资本金内部收益率 FIRR＝0.21%,财务净现值 FNPV＝－70.6 亿元(折现率 Ic＝5.66%)。完全市场化融资不具可行性,市场化模式的 BT 及一般社会企业的BOT 方式均不适合;由于项目工程技术的复杂性,以及公益性和百年大计工程特点,BOT＋EPC 方式也不适合本项目。

深中通道项目既有明显的公益性又有一定的商业性特征,鉴于项目的战略意义重大,需要投资者以履行社会职责为投资导向,放弃对商业利益的追求。考虑到我国目前融资环境的复杂性和本项目前期工作进程的时间性,选择较为简单而适用的融资模式更为合理。

融资研究推荐在"政府还贷模式"和"政府主导的经营性融资模式"下拟定融资实施方案(见表5-4)。

表5-4 融资方案对比

内容	政府还贷模式	完全市场化模式	政府主导的经营性融资模式
政府财政压力	较大	小	较小
发挥市场机制作用	小	大	较大
项目前期准备时间	较短	较长	较长
谈判协调成本	较低	高	较高
可获得的银行贷款	少	较多	一般
道路使用者负担	低	高	较高
体现公益性特征	明显	不明显	不明显
政府控制力	强	弱	较强
融资风险管理难度	小	大	较小
收费期	短	长	长
调动其他利益相关者积极性	不利于	较有利于	有利于
对项目财务盈利的要求	无	高	较低
本项目是否可以采用	可以采用	不可采用	可以采用

政府还贷模式的基本方案,能有效降低使用者的负担,更多体现公路公益性本质,充分发挥项目的经济效益,同时具有较强的风险控制能力,但会带来较大财政压力。目前我国收费公路清理整顿、取消二级收费公路,以及新一轮国家公路网的建设任务,使得政府在公路领域的投资压力剧增,尽量减少有可能市场化运作的收费高速公路中的政府行为,是减轻政府压力的有效举措。

政府主导的经营性融资模式的实施方案,有利于提高投资效益,符合投资主体多元化、投资渠道多元化的投融资体制改革的大方向。本项目的融资方向宜积极探索特许经营等吸引社会资金投入的方式,减轻政府的财政压力,充分发挥市场配置资源的基础性作用,分解项目财务风险。但经营性收费公路与公路的公益性本质相悖,需要承受的社会舆论压力较大。

3. 实施融资方案的迭代优化

深中通道工程具有明显的准公共产品性质,政府还贷模式的基本方案可争取国家车辆购置税专项资金的补助约 40 亿元,政府主导的经营性融资模式实施方案下企业的投融资能力较强,各有利弊。无论采用哪种融资模式的实施方案,都需要政府提供优惠政策或专项资金支持。企业若参与本项目的投融资建设,需放弃或者降低对投入资金的商业收益期望。按照政府还贷模式运作,国家(交通运输部)对本项目补助的资金额度有望达到项目建安费的 15% 以上,在项目资金构成中不容忽视。

因此,深中通道融资模式立足政府还贷模式,同时充分发挥政府主导的市场化融资模式的优势,进而提出政府还贷模式下的企业代融资建设实施方案。在该方案中,政府通过授权特定企业履行政府管理相关职能,采用企业模式运作公共产品项目,并要求企业对现在或过去政府投入所形成的国有资本放弃商业投资收益期望。

政府还贷模式下的企业代融资建设实施方案的资金构成是:资本金 42%,贷款 58%。资本金由申请国家 40 亿元补助、企业代省财政先行垫付 35.3 亿元(10%)、深圳市出资 42.8 亿元(12.2%)、中山和广州南沙各出资 14.735 亿元(4.2%)组成,企业负责项目的贷款融资和建设,项目建成后省政府在 5 年之内等额返还本金 35.3 亿元及覆盖相关资金成本 10.34 亿元(方案阶段测算值),共计 45.64 亿元。

推荐的融资实施方案有利于获得交通运输部补助资金 97.78 亿元,减轻广东省内财政资金压力;有利于提升大型国企的投融资能力,大幅缓解省政府"十三五"财政资金压力,企业融资利率低于银行贷款利率,降低了项目资本金融资成本;还有利于充分发挥国有交通企业的项目建设管理经验和能力优势,以及人才优势。同时,企业投资额度较政府主导的经营性模式减少一半,投入资金返还快,短期效益高。本项目采用政府还贷模式,收费期短,符合收费公路政策总体趋向。

推荐的融资实施方案虽由企业参与模式运作,但是项目财务零回报,符合政府还贷公路性质的属性。该方案获得了国家资金最大限度的补助,建设期省内各级政府和省属企业出资额度均较少。考虑到未来收费政策可能发生调整,或专项申请延长本项目收费期至 22 年,本方案将会有效减少各方投入资金约 50%。

4. 投融资方案决策的迭代收敛路径总结

深中通道工程投融资决策是一个持续优化和调整方案的过程,践行迭代与收敛的决策范式。初始阶段,决策者基于项目的财务分析,提出了政府还贷模式、完全市场化融资模式和政府主导的经营性融资模式等初始融资方案。这些方案为后续迭代提供了基础。在后续的迭代过程中,决策者对初始融资方案进行不断的调整和优化。例如,在政府还贷模式融资方案测算阶段,决策者根据财务分析结果,确定了政府出资比例和年均支出,为后续迭代提供了基础;在完全市场化融资方案构造阶段,决策者发现完全市场化融资不可行,这一发现为探索其他融资模式提供了重要的经验教训;在政府主导的经营性融资方案阶段,决策者通过增加资本金比例,特别是政府零回报投资的资本金比例,满足了企业投资获得合理回报及银行贷款能够还本付息的融资要求。在迭代过程中,决策者不断调整和优化方案,最终形成了政府还贷模式下的企业代融资建设实施方案。

深中通道投融资决策的迭代与收敛过程反映了决策者对不同融资方案的深入理解和不断优化。这一过程体现了迭代与收敛的决策范式,即决策者通过不断的迭代和调整,最终形成了一个相对稳定的解决方案,为项目的成功实施提供了坚实的支持。

5.5　本章小结

深中通道是连接珠江口两岸的重要交通基础设施,其建设对于优化珠江口地区的交通布局、促进区域经济社会发展具有关键作用。深中通道工程决策与决策管理在提升工程管理水平、推动决策理论创新、增强决策者能力、促进跨领域协同、提升工程可持续性等方面具有重要意义。本章主要研究内容概括如下:

1. 深中通道决策的特征和挑战。深中通道工程决策是关系到工程建设全局的核心决策问题,涉及工程规划论证、工程方案和投融资模式等。这些决策问题在宏观层面需要回答工程建设的必要性、可行性、建设方式、风险以及技术难题等重大问题。深中通道决策具有深度不确定性、决策质量和情景鲁棒性三大特征。深度不确定性源自复杂的工程环境、技术难题和工程规模,决策质量体现在决策方案对环境变化的适应能力,情景鲁棒性反映决策方案在复杂环境下的稳健性。这些特征使得深中通道决策面临诸多挑战,包括决策问题的复杂性、决策过程的复杂性以及对决策主体能力的高要求。

2. 深中通道决策管理的基本属性,包括复杂性和整体性。复杂性体现在决策问题构成要素众多,各要素之间关联错综复杂,决策环境高度开放和动态化,决策主体多元化。整体性体现在工程与环境紧密耦合,工程决策问题具有连贯性,动态变化复杂,需要运用跨领域的技术手段和方法解决。这些基本属性使得深中通道决策管理面临挑战,需要采用复杂系统管理的方法,注重工程与环境之间的关联,构建整体性的认知平台,实现决策方案的科学制定和有效实施。

3. 深中通道决策需要采用基于复杂系统管理的决策范式。这种范式强调在决策过程中充分尊重一般决策规律,同时体现决策者的独特意图。具体来说,基本范式包括直观感知、复杂系统抽象以及管理学重构等阶段。在降解与综合方面,决策者需要将整体问题分解为若干子问题,然后进行综合集成。在组织的适应性与柔性方面,决策组织需要具备自组织和自适应能力,以应对问题的复杂性。在方案的迭代及收敛方面,决策方案需要经过不断的迭代和调整,最终形成相对稳定的解决方案。

4. 深中通道在立项、工程方案、投融资方案等方面的决策实践体现了决策的科学性和有效性。在立项决策方面,决策者需要精准把握战略机遇期,充分考虑工程对国家安全、区域社会经济发展的影响。在工程方案决策方面,决策者需要对不同线位方案进行综合比较,以确定最优方案。在投融资方案决策方面,决策者需要通过不断的调整和迭代,形成科学合理的融资方案。这些决策实践为深中通道工程的成功实施奠定了基础。

综上所述,深中通道前期决策在应对复杂性、不确定性以及科学性方面进行了充分的理论探讨和实践探索。这些成果不仅为深中通道的成功实施提供了重要支持,也为其他重大基础设施工程决策提供了有益的借鉴。

参考文献

[1] 崔阳,陈勇强,徐冰冰.工程项目风险管理研究现状与前景展望[J].工程管理学报,2015,29(2):76-80.

[2] 何清华,钱丽丽,段运峰,等.BIM在国内外应用的现状及障碍研究[J].工程管理学报,2012,26(1):12-16.

[3] 梁茹,盛昭瀚.基于综合集成的重大工程复杂问题决策模式[J].中国软科学,2015(11):123-135.

[4] 刘慧敏,盛昭瀚,曹启龙.发达国家高速公路投融资体制改革分析与借鉴[J].现代经济探讨,2014(12):91-95.

[5] 刘哲铭,隋越,金治州,等.国际视域下重大基础设施工程社会责任的演进[J].系统管理学报,2018,27(1):101-108.

［6］卢广彦,付超,季星.国家重大工程决策机制的构建[J].科技进步与对策,2010,27(6): 81-85.

［7］卢广彦,付超,吴金园,等.重大工程决策过程与决策特征研究:以三峡工程为例[J].中国 科技论坛,2008(8):20-24.

［8］马德隆.交通基础设施投融资基本经验与未来展望[J].宏观经济管理,2019(8):39-44.

［9］盛昭瀚,梁茹.基于复杂系统管理的重大工程核心决策范式研究:以我国典型长大桥梁工 程决策为例[J].管理世界,2022,38(3):200-212.

［10］盛昭瀚,刘慧敏,燕雪,等.重大工程决策"中国之治"的现代化道路:我国重大工程决策治 理70年[J].管理世界,2020,36(10):170-203.

［11］徐兴博,胡方俊,陈建军,等."交通强国"战略下公路交通建设可持续发展投融资政策研 究[J].财政科学,2021(4):126-134.

［12］张劲文,盛昭瀚.重大工程决策"政府式"委托代理关系研究:基于我国港珠澳大桥工程实 践[J].科学决策,2014(12):23-34.

第六章

深中通道工程产业链供应链管理

近年来,在工程特别是重大工程管理研究领域,越来越多地出现了基于产业链供应链的工程管理研究。这类研究的基本内涵是实现工程建设管理目标,从工程资源制造商、供应链以及物流系统环节研究如何保证工程质量、降低成本、缩短建设期等。例如,研究在工程建设资源需求导向下,如何选择制造商与供应链并形成供应链联盟,如何制定制造商、供应链的监管制度与激励机制,如何开展供应链多主体协调决策及防范供应链风险的控制等。显然,上述这些研究都是以工程建设管理目标为导向,而工程各类物资制造商、供应商均为工程建设管理资源的供给方或服务方,这一关联关系的核心内涵可表述为如何通过对工程资源生产制造方与服务方的系统结构与行为优化,提升工程建设管理的质量、进度、安全与成本协同水平,实现工程现场人、物、机、料等有序与有效运行。由此可见,重大工程管理中这一类关于产业链供应链的研究,核心还是在传统狭义的工程管理活动与目标上的供给侧与供应链的行为管理,目标主要是降低采购成本、提升物资质量或者保证物资供应链的稳定性与可靠性等。

近几十年来,随着重大工程建设环境越来越复杂、技术越来越先进、规模越来越宏大、目标越来越多元化,且人类科学技术高速发展,思维范式产生重大转移，重大工程建设管理形成了许多新的理念、新的范式、新的技术、新的工艺等，逐渐在重大工程建设管理的整体层面上形成了变革性的业态。例如，数智技术不断融入工程制造生产系统，工程的工厂化、自动化、装配化生产方式进一步发展为现代重大工程生产方式，并逐渐催化重大工程建设生产中一些新的关系模式的形成。通过分析可以看出，这其中也包括了重大工程建设管理与产业链供应链之间的关联出现的多方面质的变化。

在这一重大变革形势下，原先的产业链供应链在重大工程建设管理活动中形成了具有新质生产力意义的内在驱动力和规定性，随着重大工程的产业链供应链管理也表现出具有新型生产关系的新特征，研究这类重大工程产业链供应链管理新问题，即从传统的基于产业链供应链的深中通道工程管理到基于深中通道工程管理的产业链供应链管理，不仅是对当前深中通道工程管理理论与实践的创新，而且对于推进当前中国式现代化产业与践行交通强国战略具有新的拓展与深化意义。因此，在这个意义上，本章研究内容的内核是基于新质生产力新的格局下对工程产业链供应链管理的理解，是对深中通道工程建设管理能力内涵与外延新的质性管理的理论与实践探索。

6.1　深中通道管理的新格局

6.1.1　工程管理格局概述

近年来,"格局"一词频见于党和国家诸多重要文件中。2020 年 4 月 10 日,习近平总书记在中央财经委员会第七次会议上首次提出"新发展格局"这一概念;在 2023 年 1 月 31 日中共中央政治局第二次集体学习时,又特别强调:"只有加快构建新发展格局,才能夯实我国经济发展的根基、增强发展的安全性稳定性,……胜利实现全面建成社会主义现代化强国目标。"

为什么在当前要构建新发展格局,根本原因是为了适应我国发展新阶段要求、新时期挑战、新战略需要。同样,在当前大形势下,深中通道工程管理也需要有新的格局引领才能适应新的工程建设产业发展的任务,实现工程建设管理新的目标。

为了更加深刻地认识这一点,这里对"格局"的基本含义做一个解释。

"格局"源于棋盘。棋盘中单个格子为矩形,下棋要按规则操作,多个格子的有序操作成为布局体系,相当于形成了一个系统及其结构。这一体系在博弈双方的运筹之下,在空间、时间、次序、演化等关联、架构诸方面会形成各种局面、形势,即构建各种复杂整体性的态势、局势与大势。这一过程的实质是以微观上的规范性的格,形成了宏观上复杂性的局,这个局就是复杂系统中的由微观到宏观的涌现。用系统科学的语言来表述:格是简单系统,局是复杂系统,局的复杂整体性是复杂系统整体性的涌现。根据本书前面第二章关于复杂系统管理的基本理论,以及深中通道工程管理中的智改数转含义可知,智改数转就是通过数智技术对系统的重构与集成,因此是局,不是格;进一步,基于复杂系统思维和将数智技术融入工程建设管理活动之中的深中通道工程管理新的范式,包括在这一范式中产业链供应链管理新的形态都是复杂的"局",而不是简单的"格"。

6.1.2　产业链供应链在深中通道管理格局中的新内涵

人类的工程活动其本质是人类关于人造物的活动,既然是人造物,即非原来自然界所存在的,因此,工程是人类在造物过程中被制造和生产出来的,这样,人们的工程建设管理在经济学中可以理解为一种生产制造工程的物质力量,即一种关于工程的生产力。马克思主义生产力理论认为,生产力是人类在生产实践中形成的改造和影响自然以使其适合社会需要的物质力量。马克思在《资本论》

中还指出："劳动生产力是随着科学和技术的不断进步而不断发展的。"根据以上两个基本观点，不难理解，任何工程造物都必须有确定适合的生产力，哪怕架一座小桥、修一小段公路都要有其特定的生产力表征。一般认为，生产力包括生产者、生产资料、生产对象三个基本要素，还包括特定的科学技术，具有生产力的人群同这些要素相结合就能形成相应的工程生产力。

在很长时间内，工程生产资料的制造商、供应商为工程生产提供了必要的物质型资源，他们（人与相关产业、企业、供应链等）也就成为生产力中的生产要素。在这个意义上，传统的工程建设管理主体对产业链供应链的管理很容易理解为对工程生产力的建构、组织与调控，其目的就是在他们的辅助、支持与服务下，实现工程造物的目标和工程预设的功能属性。

当然，这里的产业链的组织程度比较低，表现为多个有一定关联性但耦合紧密程度并不高的企业群，而供应链也不呈现网络形态，仅表现为单链形态，产业链与供应链之间的关联关系也不够强。总体上，这时的产业链供应链管理基本上是直接的生产、供给、贸易等基本经济行为，甚至可以将产业链供应链管理理解为对企业群与供应链的分别管理。也就是说，传统的关于重大工程产业链供应链管理可视为相对于简单的"格"层面的管理。

当今，在许多场合（不仅工程建设管理领域），产业链与供应链这两个相对独立的概念被融合成一个整体，即产业链供应链，这不是偶然和随意的，而有其重要的现实意义。我们对此先做如下的说明：

随着人类产品制造（包括工程制造）的产品结构、生产环境、技术原理、材料种类、生产方式以及工艺、工法越来越复杂，生产资源要素的配置、整合与流通已不再是简单的供给与物流概念，它越来越涉及多个层次、多个领域，逐渐需要延伸至源头，直至形成基础研究、应用研究、测试、商品化、产业化、生产、销售、物流及各类现代工业服务等多个环节的一体化支撑。在这个过程中，以产业链、供应链的融合为核心，统筹技术、资金、人才等，使各个链条与环节实现一体化设计、一体化推进、一体化配置，在一体化与整体化中形成工程建设管理中的产业链供应链整体性概念。

这样，产业链供应链的深度融合就成为深中通道工程管理新格局的重要支撑与关键抓手。只有抓住产业链供应链一体化这个新的着力点，才能使深中通道工程管理新质生产力必需的各类生产要素配置、整合、流通畅通，源头的创新如活水之源向工程技术提供必要的科技成果，产业链能使从产品研发到产品市场化的各个环节完整，而供应链则在生产要素中实现合理流动、高效配置。总体上就解决了深中通道工程管理新格局形成过程中可能出现的堵点、卡点与断点问题,不仅提升了工程建设管理生产力的供给质量与能力,而且能够增强生产力应对复杂环境变化的适应性,这就是产业链供应链在深中通道工程管理新格局中的新内涵、新作用与新意义。

6.2　深中通道产业链供应链管理的现实逻辑

6.2.1　产业链供应链的整体性

由上节,我们清晰地看到,在包括重大工程建设造物领域的制造业中,确实存在着产业链供应链一体化概念与问题,从学理上,它既不是产业链与供应链,也不是产业链或供应链,而是有其自身的属性、特征及背景,这表明,深中通道工程产业链供应链形态及其管理有其现实逻辑。

首先,我们较为详细地对产业链供应链这一整体性概念做一解释。

产业链是指各个产业部门之间基于一定的技术经济关联,并依据特定的逻辑关系和时空布局关系所客观形成的链条式关联关系形态。它是一个包含价值链、企业链、供需链和空间链四个维度的概念,描述了一个具有某种内在联系的企业群结构。产业链在全球范围内为实现某种商品或服务的价值,各个部门之间基于一定的技术经济关联和时空布局关系,连接产品研发、技术创新、生产、销售、回收、处理过程的链式协同形态,涵盖产品生产或服务提供的全过程,包括动力提供、原材料生产、技术研发、中间品制造、终端产品制造乃至流通和消费等环节。

供应链则是指生产及流通过程中,围绕核心企业的核心产品或服务,由所涉及的将产品或服务提供给最终用户活动的上游与下游企业所形成的网链结构。供应链是一个更具体、更侧重于产品从生产到消费者的流程。企业供应链管理主要是对企业自身以及企业供应链中的企业进行管理,包括对供应链中企业间的竞争与合作的管理。企业实施供应链管理的主要目的,一是降低交易成本,二是提高供应链敏捷性,从而在更大范围内提高企业自身核心能力。

从逻辑关联性看,产业链是供应链的物质基础,供应链依托产业链而运作。每个产业类型(大量企业构成)都可看作供应链中的单个企业,并由它们组成一个供需链,所以,产业链即为行业供应链。产业链也可认为是一类供应链,只是产业链的组成单位是行业,而供应链的组成单位是企业。

相较于企业供应链,产业链涵盖更广泛的经济活动和市场参与者的互动,表现为国家行业的有序组织与分工,关系到国家产业发展与经济安全,所以,产业链的内涵远远深刻于供应链。传统的产业链管理包括如何发挥头部企业的牵引作用、以品牌战略强化产业链中各类企业持久稳定的合作关系,以及如何补齐产业链短板与薄弱环节,提高产业链整体安全性等。

由上可知,供应链一般是管理学的研究对象,由具体的企业组成,而产业链是经济学的研究对象,由抽象的行业组成,两者既有区别,又有紧密关联。在一体化意义下,产业链供应链是国家经济发展的重要基础,对产业链供应链的管理将直接影响到国家经济运行的稳定性和效益。特别是,当前产业链供应链面临着一些挑战:首先,全球化进程使得各个国家之间的经济联系更加紧密,但也增加了诸多不稳定因素;其次,环境问题、资源短缺等问题也对产业链供应链提出了新的难题;再者,数字化和智能化的发展也给产业链供应链带来了新的挑战和机遇。所有这些,在我国重大工程,包括深中通道建设管理领域也都强烈地体现和凸显出来,需要我们以新的思维范式来思考和应对。

6.2.2 现实逻辑概述

2024 年 4 月 30 日召开的中共中央政治局会议指出,当前我国经济发展仍然面临诸多挑战,主要是"有效需求仍然不足,企业经营压力较大,重点领域风险隐患较多,国内大循环不够顺畅,外部环境复杂性、严峻性、不确定性明显上升"。会议还强调,"要因地制宜发展新质生产力。要加强国家战略科技力量布局,培育壮大新兴产业,超前布局建设未来产业,运用先进技术赋能传统产业转型升级"。在这样的形势下,探索和总结深中通道产业链供应链管理具有推动构建深中通道新质生产力与夯实工程管理新格局根基的现实意义。

总体上,与传统的产业链与供应链管理相比,深中通道产业链供应链管理面临着一系列新的重要变革,这一变革的来临和必须面对的必要性有其深刻的现实逻辑,大体逻辑如下:

第一,传统上,我们对重大工程建设的认知与理解,或者将其视为一个高度独立的单体性造物活动,或者仅仅囿于工程建设行业内的行为,工程管理的视野也多局限于工程物理层面的物质型生产要素的配置与整合。但是,在当前大经济、大科技、大工程、大循环以及高质量发展的理念下,重大工程建设作为我国现代化产业体系的重要组成部分,需要将产业链供应链现代化作为基础性支撑力量,重新建构基于深中通道工程产业链供应链管理的制造强国、交通强国战略,加强重大工程基础产业与产业基础能力建设,推动实体经济、科技创新、现代金融、人力资源的协同发展。

第二,改革开放 40 多年来,我国已经成为世界上首屈一指的交通工程建设大国,交通工程科技创新能力也得到快速的发展,并且正在向交通工程建设强国迈进。但是,我们也应该认识到,我国重大交通工程建设中也存在科技创新能力亟待提升,部分重要产业链供应链断点、卡点、堵点仍然较多,缺乏抗御突发事件冲击的韧性等突出问题,而要实现重大工程建设高质量发展,必须围绕产业链部署创新链,围绕创新链布局产业链,加快夯实产业基础,集中力量开展重大技术装备攻关,补齐短板,锻造长板,实现高水平自立自强。而所有这些新格局的思维、理念与范式创新,仅仅在传统的供应链管理范畴内思考和制定解决方案是难以奏效的,因为供应链管理的思维、目标、格局与资源整合方式都难以涌现出解决这类问题的能力。

第三,深中通道工程建设客观上遇到了多方面的技术难点及挑战,仅以钢壳-混凝土沉管隧道建设为例,世界首例双向八车道沉管隧道——钢壳-混凝土沉管隧道,其结构为国内首次应用,国内全产业链处于空白状态;超宽、深埋、变宽,即八车道,最宽超过 56 m,最大水头 -38 m,变宽段长 615 m,结构受力问题突出。要解决这类技术问题,必须强化企业技术创新主体地位,完善成果转化和激励机制,提升自主创新能力推动产业链和创新链深度融合,围绕创新链布局产业链,发挥产业链带动创新成果工程化和落地应用的作用,使产业链成为创新链落地生根的载体。同时,通过产业创新发展对创新链发展提出新需求,进而推动创新链升级并催生新的创新链,依托产业链实现创新的经济和社会价值,推动创新驱动发展战略向产业领域纵深发展。

第四,为了打造深中品质工程,深中通道工程建设推动标准化设计、临建工程标准化建设,工厂化、自动化制造,助力保障工程质量。在这一过程中,需要实现重大新型装备的自主可控,这不能仅仅在供应链管理阶段完成,而需要通过确立产业基础能力直接决定产品性能、质量和可靠性,这也是国家制造业综合实力和产业竞争力的重要体现。例如,深中通道工程努力构建供需适配、优质高效的重大技术装备体系,包括传统优势装备、新型高端装备与战略前沿装备。制造模式上也要对重大装备提出要求,主要是"两化"融合,数字化、网络化、智能化融合,还有绿色化,以促进重大装备的发展。例如,设立了钢筋加工集中配送中心,优化了钢筋自动化加工装备,创建了集成混凝土 ERP 系统、搅拌站生产系统、物料管理系统、混凝土生产集中控制系统和一体化智能筑造机系统,实现了钢筋混凝土塔柱垂直工厂化建造,以及布料、振捣、蒸汽养护功能一体化。

第五,在当前"重点领域风险隐患较多,国内大循环不够顺畅,外部环境复杂性、严峻性、不确定性明显上升"的情况下,深中通道等我国重大工程建设更要提升产业链供应链韧性与安全水平,保障中国式现代化事业的顺利发展。因此,要改变供应链管理主要注重物流经济效益和物资通畅的观念,做到统筹发展与安全,充分锻造产业链供应链抗风险能力,促进产业链供应链实现协同发展。这首先要确立基于工程新质生产力的产业链供应链管理理念与方法论。

第六,在 2023 年 12 月中央经济工作会议上,习近平总书记深刻阐释:"深化供给侧结构性改革,核心是以科技创新推动产业创新,特别是以颠覆性技术和前沿技术催生新产业、新模式、新动能,发展新质生产力。"实践告诉我们,科技创新是深中通道工程建设新质生产力的关键要素,数智赋能是核心路径(详见《"数智赋能"驱动下深中通道工程管理》)。这表明,数智赋能有效推动了深中通道工程新质生产力的发展,产业是发展的重要载体,创新是引领发展的第一动力。深中通道工程正是以数智科技创新与应用为核心,通过研发工程建设新技术、新工艺、新产品,依托相关产业结构优化升级,提高工程造物生产效率和质量,降低资源消耗和环境污染。这深刻揭示了深中数智赋能科技创新与通过产业链创新链融合发展,促进产业链供应链现代化路径的有效性。

党的二十大报告提出,建设现代化产业体系,要"坚持把发展经济的着力点放在实体经济上,推进新型工业化,加快建设制造强国、质量强国、航天强国、交通强国、网络强国、数字中国"。在这一点上,制造是深中通道的本质属性,交通是深中通道的行业特征,质量是深中通道的生命性,数字则是深中通道的新动能。制造强国有六个方面的指标:自主创新能力;产业结构,也就是产业技术高级化,产业链现代化;质量品牌,质量效益指数要高于更多的质量品牌;生产方式要有绿色和智能的方式体现;供应链要自主可控;体制机制要适应于生产的发展。这六方面的指标够使我们更清晰地理解深中通道工程产业链供应链管理的现实逻辑。

6.3 基于产业链供应链融合的"降维打击"理念

6.3.1 深中通道建设管理的"降维打击"的实践原则

前面几节我们围绕着产业链供应链一体化基本内涵及其在深中通道工程建设管理中的重要作用做了说明,为使本节与 6.4 节研究学理基础清晰,故先把以上各节核心内容进行梳理和凝练,并表述如下:

第一,本章所谓产业链供应链是个一体化整体性概念,有着自身的科学与实践基础,不宜将其简单理解为产业链和供应链、产业链或者供应链。

第二,深中通道建设管理是一个建造(生产)复杂人造物系统的活动与过程,最终的工程物理型实体及其品质属性就是工程建设管理生产出的"产品",因此,伴随着深中通道工程建设管理必然有其显性、特定的生产力形态。

第三,深中通道建设管理全过程中相关的产业链与供应链是深中通道工程生产力的重要生产要素,因此,产业链供应链的形态、品质,以及与其他如工程物资、技术与人力等生产要素的关联、结构及形成的功能决定了深中通道工程生产力的整体品质与功能。

第四,深中通道的产业链供应链管理是深中通道工程管理现代化体系中的一个重要组成部分,有其具体的内涵,但不能认为,对产业链供应链的管理是深中通道工程管理的孤立的终结行为。从总体上说,对产业链供应链的管理是一种通过对深中通道工程生产力要素的配置、整合而重构生产力的过程,其目的是以新的生产力新动能提升驾驭深中通道工程建设管理复杂性的能力,打造深中品质工程。

第五,因此,在深中通道建设管理实践中,一个重要的实践原则是以产业链供应链管理为基础,形成基于产业链供应链融合的新质生产力,并以此为建设管理新理念指导深中通道工程建设管理实践。

综上所述,本章名为"深中通道工程产业链供应链管理",实质上是对构建深中通道工程新质生产力的管理。

党的十九大前后,党中央提出建设"百年工程"要求,并且正式将其确定为国家层面认可的交通行业示范行为,因此,"平安百年品质工程"理念深入深中通道每个建设者的心里,工程建设管理者在推动高质量建设、提供高品质服务、弘扬高品质文化等方面责无旁贷。同时,作为当今中国式现代化伟大事业的一个标志性重大交通工程,深中通道集"桥、岛、隧、水下互通"于一体,是我国继港珠澳大桥之后的又一世界性、世纪性超大型跨海集群工程。

面对特殊的大湾区核心地域与复杂的自然环境,深中通道必然规模宏大、综合技术难度高,世界首例双向八车道钢壳沉管隧道、世界最大跨径离岸海中悬索桥、世界首例高速水下枢纽互通立交等多项工程技术难题摆在深中通道建设者的面前,不可绕开。在这样的形势下,不仅传统的工程建设管理技术、知识与经验,甚至以"发展理念人本化、项目管理专业化、工程施工标准化、管理手段信息化、日常管理精细化"为重要抓手的一般性现代工程管理理念都不足以应对和驾驭深中通道工程的各类复杂性,唯一的方针是以"交通强国战略"为指引,坚持系统观念,运用数智技术赋能,通过工程资源要素新的配置与整合,建构工程新质生产力,从整体上和全过程上提升应对深中通道建设复杂整体性的能力。

这其中,无论从思维变革上,还是从实践操作上,深中通道产业链供应链管理都能够为我们提供新的工程生产力要素,以生产力结构调整提升对工程复杂性的适应性,以生产力新的"质性"提高深中通道工程生产力的品质。具体地讲,就是通过产业链供应链管理转化为一种形同"降维打击"思维的、基于产业链供应链"双链"融合的工程生产力的新动能。

"降维打击",虽然出现在多个不同的领域与场景中,但其基本思想是一致的,原意是指拥有高端技术的群体直接进入低端技术群体的领域,对后者形成"高端"和"居高临下"的打击。这种打击通常存在巨大的科技或认知差异,导致一方对另一方的打击有效而风险较小。这里所谓"降维打击"是指为了对付和有效解决深中通道建设管理中的复杂性难题,管理主体通过包括产业链供应链"双链"融合等思维与手段形成新的理念、工具与手段,从而以工程产业链供应链等新生产要素为基础,形成原本工程建设能力体系中没有的创新力、集成力、融合力、涌现力,并补齐深中通道建设管理能力短板、破解"卡脖子"工程建设难题等。这就是深中通道工程建设管理的"降维打击"理念。

6.3.2 产业链供应链融合的"降维打击"嵌入点

深中通道产业链供应链管理是对工程本身复杂整体性的适应,它针对的也是一类复杂整体性问题,这一类问题难以局部和孤立地去解决,如现场准工业化的生产方式需要设计施工装备的多方协调和体系化的顶层设计。产业链供应链管理也不能停留在理念层面,而需要以适应现场建设管理需求的方式合理嵌入,从而形成提升工程生产力的新动能。具体来说,这一理念主要实践"嵌入点"有以下三个:

1. 深中通道分布式供应链体系

深中通道规模大、环境复杂、制造智能化等特点,赋予了其供应链新的内涵和特点。深中通道的供应链集聚了全国范围内的工程设计、制造、施工的优势力量,自然通道的施工现场是供应链的重要一环,是供应链的集成之地,除此之外还包括了原材料的生产、部件和构件的生产制造、陆地及水道物资的运输等整个供应链体系。具体而言,深中通道的供应链活动是指从供应商选择、原材料采购、构件生产制造、仓储和运输直到现场施工的全过程,其中采购与供应管理、库存管理、仓库选址、运输管理等供应链集成管理都是十分重要的环节。具体而言,深中通道的供应链体系呈现出如下特点:

(1)采用分布式供应链提升供应链韧性及质量的稳定性

深中通道需要大量的大型部件,为保证其供应链的韧性及质量的稳定性,普遍采用工厂自动化生产再将部件运送到施工现场的方法。工程中的大量关键部件不直接在施工现场制造,而是被多个设计、制造、物流、施工单位在全国各地的工厂中生产制造,再运送至施工现场。比如深中通道的西人工岛钢圆筒分别在振华重工上海长兴基地、广州南沙龙穴岛黄埔文冲船厂和江苏南通基地等地实行工厂化制造,制造完成后通过滚装泊位工程从各地运输到深中通道的施工现场,再进行施工。其中,工厂、运输途中、施工现场都属于供应链的重要环节,多个工厂的协同生产有效地保证了供应链的韧性,多个环节的严格控制保证了质量的稳定性。因此,深中通道的供应链体系遍布设计、生产、运输到施工的各个环节,呈现出大范围分布的特点。

(2)供应链部分结构强关联出现企业集群(产业链)

深中通道规模大、标准高,现场施工需要大量高端设备和先进的技术,很多时候光凭单个企业的生产制造技术无法满足工程的需求和标准,深中通道管理者在全国乃至全球范围内寻找最合适的供应商和生产商,甚至在同一个分项工程中与多个来自世界各地的供应商、生产商共同合作。比如在沉管隧道的预制与沉放中,决策团队与多个全球顶级设备制造商合作,共同研究技术方案,进行设备的研发和配置。其中核心企业中涉及钢结构制造、自密实混凝土制备、北斗定位系统等多个领域,围绕沉管隧道制造与安装形成了企业集群。虽然通道的建造运作本质上是一种市场行为,各个供应商、制造商的技术水平、市场地位都不尽相同,但是深中通道管理者在尊重市场基本规则和规律的基础上,对相关的技术、设备选择和创新活动进行战略性的安排,对不同层次、不同阶段的供应商、制造商进行合理的选择和组合,形成了产业链集群效应,围绕链主企业,形成了能完成特定高难度工程施工的产业集群。

(3)业主强化供应商培育,实现"产—供—管理"体系

深中通道各个供应商实现整体性的技术创新和管理创新是企业自身的自组织演化行为,但是,业主在这一过程中必须通过一系列引导和培育工作,提供必要的环境和资源保证、构建必要的动力机制。深中通道管理者积极推进智能建造,保证生产和供给能力。业主通过积极发挥序主体的引导作用,在保证企业利益的前提下,积极推动产业变革并保证关键部件的供给能力。以中铁山桥为例,在港珠澳大桥项目实现自动化的基础上,业主进一步推动了智能制造的生产模式,搭建了以板材智能下料切割生产线、板单元智能组焊生产线、钢桁梁杆件智能制造生产线、智能总拼生产线、智能涂装生产线及车间制造执行智能管控系统为核心的"五线一系统",实行数字化智能监控,严格把控成品质量,同时保障了产能,圆满完成了全部制造安装任务。深中通道业主通过招投标合同、关系协调、过程控制等管理方式,强化了对供应商技术创新的引导和培育,实现了"产—

供—管理"体系的构建。

2. 深中通道施工现场工厂化与准工业化建造

随着重大工程的产业升级,如前文谈到的钢箱梁与沉管隧道的制作基本是在工厂内进行的,实现了工业化生产,但工程仍存在着一些不可避免的现场作业,对于深中通道而言,典型的就是悬索桥的桥塔建造和路面铺装,而路面铺装因为涉及面广、跨度大,又属于建设的后期,并受天气、工期等多方面因素制约,实现现场工厂化与准工业化建造意义重大。深中通道的路面铺装项目任务重、工期紧、标准要求高,在原材料供应、施工过程控制、质量保证、项目管理等方面都面临着严峻的挑战。为切实提高桥面铺装管理水平,保证项目体系达到效果,确保桥面铺装质量稳定、经久耐用,深中通道管理者需要整合产业链资源以达到建设目标。

图 6-1　环氧富锌漆智能化移动式厂房

具体而言,首先是工艺源头管控,通过综合比对采用结合了玛蹄脂沥青(MA)和浇注式沥青(GA)优点的 GMA,即用 GA 工艺生产 MA 浇注式沥青混凝土的方法,进行两阶段拌合,实现了级配稳定、生产工效高、路用性能优良的目的;通过建设中山集料工厂,实现沥青的工厂化生产,从根本上确保混合料质量。

其次,在现场采用了环氧富锌漆智能化移动式厂房(见图 6-1),从而保障现场施工环境较为稳定,达到不受外界风速、环境影响,漆膜厚度均匀,漆膜致密、无质量隐患,不受钢板温度影响、有效作业时间长,智能化移动、根据需求输入参数的效果。现场构建类工厂化的准工业化建造,通过对各工艺用时的准确测算,构建了现场路面铺装的各层的流水线作业(见图 6-2);通过人员、机械的紧密配合,做到标准化、流水线式的施工管理,极大地提高了施工效率。此外,关键工艺积极推行智能系统研发与应用,建设团队自主研发了环氧沥青智能铺装三大系统,即环氧富锌漆智能喷涂系统、环氧树脂智能涂刷系统和环氧树脂自动称量投放系统,大幅提升了施工效率、控制精度和工程质量。

图 6-2　深中通道路面铺装流水线作业

3. 深中通道智能型工程生产方式的形成

数智技术作为新的生产要素,体现了生产力功能,因此,数智生产力是深中通道工程新质生产力的重要表现,而这类生产力形态更多是在数智技术促进产业变革基础上形成的。因此,深中通道工程把数智赋能作为驾驭工程管理复杂性与涌现巨大工程管理动能的驱动力,在这一过程中,深中通道建设逐渐呈现出工程数智化与数智化工程双向推动的变化特征,同时也造就了深中通道的智能型工程生产方式。这其中除了新的生产力,还包括了新的生产关系。因为在这一阶段,深中通道建设除了传统的技术、资金、土地,还有数智技术、工具及平台等,从而使生产力要素的种类与关联结构、配置方式等产生了变革。

如深中通道通过积极推进钢箱梁智能制造,通过《智能制造验收办法》《智能制造优质优价考核办法》,促进相关企业推进智能制造,打造智能型生产方式。以承接钢箱梁 G04 标中铁宝桥为例,通过集成实施信息化系统、5G＋工业互联网以及先进的智能生产设备群,为产品开发建立统一的项目管理平台,建成了上下联通、业务闭环、典型覆盖的智能制造生产线。具体而言,通过采用 MES 系统打造透明生产工厂。其可承接来自 PDM 的设计数据,提供包括制造数据管理、计划排程管理、生产调度管理、库存管理、质量管理、项目看板管理、生产过程控制、底层数据集成分析、上层数据集成分解等管理模块,助力企业打造一个扎实、可靠、全面、可行的制造协同管理平台。同时,MES 系统也是实现车间无纸化的载体,通过集成 PDM 系统上传的生产图文档信息,可为生产车间提供准确的第一手生产资料。按时完成与提交三维数字化生产设计模型与图纸,能够实现MES 系统与各生产线的集成与联动,MES 系统与专用管理信息平台系统集成、焊缝地图与专用管理信息平台系统集成,工地视频监控的安装及与专用管理信息平台的系统集成,WBS 中每项子分项工程的工序报验,标段一般作业设备、大型作业设备、特种作业设备的信息化管理,班组实名制管理之每日班前教育,以及专用管理信息平台之安全隐患排查模块和专用管理信息平台之质量问题模块的充分使用。

6.4　基于产业链供应链融合的工程建设示例

基于产业链供应链融合的深中通道工程新质生产力不仅在理论创新上做了深度探索,而且还取得了显著的实践效益。以下列举几个典型的实例:

6.4.1　基于产业链供应链融合的深中通道先进装备研发

1. 深中通道装备先进适用理念更新

作为一项标志性的跨海大型基础设施项目,深中通道不仅对技术和工程能力提出了高标准的要求,也强调了装备先进适用理念的重要性。这一理念体现了工程在设计、施工及维护各阶段对装备的选择与应用都追求高效能、高适配性和可持续性。通过采用行业内最先进的技术和设备,深中通道工程能够确保施工安全、提高工程质量,同时优化资源利用、减少环境影响。此外,适用性原则确保了所选装备不仅符合当前的技术需求,还能适应未来可能的技术进步和工程需求变化,从而延长工程寿命,提升经济效益和社会价值。深中通道在装备选择和应用上的这种前瞻性和实用性,充分展示了现代大型基础设施项目管理的新模式和高标准。

（1）先进性

技术前沿应用。深中通道采用了世界级的建筑和工程技术，涵盖了最新的材料科学、智能制造和自动化技术。这些技术的应用确保了工程在施工效率、安全性能和耐久性方面达到国际领先水平。例如，面对设计寿命达百年的要求，工程特别注重材料防腐性和结构耐久性，针对沉管段全面沉没于海底的特殊环境，采取了创新措施。工程通过数值分析和实验模拟研究钢壳的电化学腐蚀机理，开发了适用于复杂海洋环境的高电阻率阴极保护技术，并建立了一个包含防腐涂层、牺牲阳极阴极保护和腐蚀裕量的综合耐久性防护体系。此外，深中通道还引入了铝合金阳极和自感知监测技术，提高了防腐技术的寿命和有效性，展示了其在技术前沿应用上的实践和创新，为类似海洋工程项目提供了重要的技术参考。

信息化管理。深中通道在项目管理领域积极采用了信息化工具，比如 BIM 技术和智能监控系统，以促进工程设计、施工和监理等关键环节的高效合作，保障了信息传递的实时性与准确性。项目团队探索实施了"互联网＋交通基础设施的现代管理"新理念，推动大数据和项目管理系统的深度整合，创建了基于 BIM 技术的项目管理平台。这一平台促进了工程全生命周期内的关键信息共享与各参建方的协同工作。同时，深中通道积极构建"智慧工地"，建设基于 BIM＋物联网技术的智慧工地，实现建设过程信息数据共享与智慧物联、工艺监测、安全预警、隐蔽工程数据实时采集、远程视频监控、智慧海事等的集成应用。这些措施显著提高了项目管理的信息化水平，推进了现代工程管理的进步和工程品质的提高。

智能建造。深中通道工程的智慧建造理念在其工厂和施工现场的应用中得到了充分体现，展现了利用先进技术和创新思维推动建筑行业转型升级的路径。在这一过程中，智慧工厂和现场施工通过高度的信息化和自动化，实现了工程建设的高效率和高质量。例如，深中通道工程的智慧建造实践在钢筋混凝土索塔施工中取得显著成效，克服了传统工艺中效率低下和安全风险高的问题。通过采用创新的"塔柱钢筋网片工厂智能弯折及现场快速组拼"工艺，项目实现了钢筋部品化施工。这一方法利用自主研发的技术，实现了钢筋网片的工业化生产和快速拼装，通过锥套紧锁接头实现部品间的高效连接，显著提高了施工品质与安全性。施工效率由原本的 4 天一节段提升至 1 天一节段，有效加速了工程进度，展现了深中通道在推进建筑行业现代化方面的领先实践。

（2）适用性

环境与地域适应性。深中通道充分考虑了跨海建设的特殊环境条件，如盐雾腐蚀、海流冲击等,选用能耗低、功效高、工艺先进的施工机械设备,确保工程的长期稳定性和安全性。例如,为降低施工风险,保障水上公共安全,提高对接精度,减少疏浚量,结合项目需求,研发沉管运输安装一体船"一航津安1"。"一航津安1"是具有原创性的一艘集沉管浮运、DP定位和循迹、沉放、安装功能等综合作业于一体的专业沉管施工船舶,具有航迹线控制、自航速度快、抵抗横流、减少航道通航影响、可实现应急回拖、施工风险可控、管节结构适应性强等功能与优点,可提升长距离管节浮运施工安全保障能力,并大幅提升浮运安装工效,实现智慧安装。另外,该船配备沉管沉放姿态控制系统,可实现沉管水下50 m的精准沉放与毫米级对接。

后期维护与升级。在装备的选型和应用过程中,项目团队特别重视装备后期维护的便捷性和未来升级的可能性。这不仅降低了长期运营成本,也保证了工程能够随技术进步持续优化和升级。例如,深中通道采用全球首创的双向八车道沉管隧道加水下枢纽互通,面临着超饱和交通、高货车比例、分合流带来的行车安全问题,以及超大断面钢壳沉管结构在防火和通风排烟方面的经验不足问题。为此,项目依托国家重点研发计划,集合国内研究力量,聚焦海底沉管隧道火灾防控与智能交通管控技术研发,通过基础理论探索和技术创新,建立了防灾、智能管控和应急救援的综合技术体系,并修订安全技术标准,为深中通道的安全提供科技支撑,提高了火灾防控与交通管控水平。

经济性与效益最大化。选择装备时,深中通道工程同样注重经济性,力求在满足技术和安全要求的前提下,实现成本效益的最大化。通过精细的成本-效益分析,确保了项目的经济可行性和社会价值最大化。例如,深中通道工程研发的浮运安装一体船相比传统管节浮运安装方式,可大幅减少浮运航道疏浚量达1 500万立方米,节省造价约9亿元。

深中通道的装备先进适用理念不仅展现了对当前技术标准的追求,也体现了对项目长期可持续发展的深远考量,在工程实现技术突破的同时,也保障了环境适应性和经济效益。

2. 深中通道先进装备的需求牵引

深中通道在其设计与施工中遇到的一系列技术挑战,不仅挑战了工程界的现有技术极限,而且极大促进了对先进技术装备的迫切需求。从深海作业的复杂条件到超大断面沉管隧道的施工,每一个环节都对技术装备提出了更高的要求,推动了科技界和工程装备制造业的持续创新。

在面对这些挑战时,深中通道不仅采用了市场上现有的先进技术和装备,更重要的是,自身也成为推动新技术研发和装备创新的重要平台。工程对精准的施工控制系统、高效的材料处理技术、先进的安全监测设备等方面的需求，促使相关科研机构和企业加大技术研发投入，不断突破技术瓶颈，创造出多项工程技术和装备的创新成果。例如，为解决珠江口大回淤条件下沉管隧道碎石基床快速铺设难题，攻克离岸深水条件下碎石基床整平船抬升系统、抬升锁紧系统技术瓶颈，国内首次研制集定位测量、石料输送、高精度整平、质量检测于一体的自动化自升式碎石铺设整平船，实现 4 天铺设完成标准管节（165 m）碎石基床，解决了珠江口大回淤风险，满足项目沉管隧道碎石基床整平的高精度要求。

此外，深中通道智能化、数字化施工技术的广泛应用，也是对先进装备需求的重要体现。通过利用 BIM 技术、大数据分析等现代信息技术，工程管理和施工过程实现了高度信息化和智能化，极大地提升了工程质量和管理效率。这一过程不仅促进了建筑信息模型技术和智能施工装备的发展，也为工程建设行业提供了转型升级的重要示范。

因此，深中通道不仅是一项跨时代的工程建设壮举，更是推动工程技术创新、先进装备研发和产业进步的强大引擎。通过这样的重大工程项目，将挑战转化为对先进适用装备和技术的广泛需求，不仅解决了工程自身的技术难题，也推动了整个工程建设领域乃至相关产业的科技进步和产业升级。

3. 深中通道先进装备产业链供应链技术供给能力分析

（1）企业内部技术供给

在深中通道建设过程中，单个企业或承包商的内部技术供给能力，包括技术创新、生产制造、人力资源以及应急处理等多方面的能力成为确保项目顺利进行的关键因素。特别是在技术创新能力方面，企业不仅要能够持续进行新技术的研发和应用，还需要确保这些技术能够迅速转化为实际生产力，以应对工程施工中的各种挑战。此外，企业还必须具备强大的人力资源管理能力，通过培训和激励机制，构建一个专业、高效的技术和管理团队。另外，良好的协调合作能力与突发事件应对能力等也是必不可少的。例如，相比于深中通道 S08 标段采用传统的沉管管节拖拉浮运和安装技术，S09 标段的承包商联合体成员中交第一航务工程局有限公司研发了长距离沉管隧道浮运安装一体船，解决沉管拖轮拖带浮运方案和自航式半潜船出运沉管方案中存在的浮运线路长、沉管运输上船和下船的操作风险、沉管施工工效低、异常情况下沉管回拖困难、沉管二次浮运、配备大量拖轮、航道挖泥量大、沉管横拖等难题和技术瓶颈，首次革命性地提出了具有原始创新性的自航式沉管运输安装一体化装备方案。

（2）项目内跨组织技术合作供给

在深中通道实施过程中，跨组织的技术合作是更高层次应对重大技术挑战的有效路径。不同标段的承包商，通过相互学习与技术合作，构建起跨组织的技术合作网络。这种方式有利于通过技术创新的综合集成破解"卡脖子"技术难点，从而提高整个工程的技术水平和工程质量。

例如，深中通道沉管隧道分为 GK01 和 GK02 两个标段，分别由广船国际有限公司和中船黄埔文冲船舶有限公司承包。两个船厂分别采用了国内和国外的焊接技术和装备，相互之间存在明显的竞争与学习，为业主和项目带来了更多的优势。类似地，在港珠澳大桥钢箱梁大规模制造的初期，两个最大标段的承包商也存在尤为突出的技术创新能力落差，其中一方在大规模制造的初始阶段仍存在能力短板，迟迟不能达到业主要求，为此业主开展了大量的指导与协助工作，包括派驻驻厂监理、制定激励契约以及协调两承包商开展知识共享等，方才保证了建造任务的顺利进行。这种跨组织的技术合作还有助于减少重复研发，节约成本，加快工程进度。

跨组织技术合作供给的实施，需要强有力的组织协调和技术支持平台，以及开放共享的文化氛围，确保信息流通、技术共享和合作高效进行。通过建立明确的合作机制和激励政策，加强合作参与方之间的信任，可以进一步激发合作潜力，推动项目内技术创新和协作效率的提升。因此，在重大工程项目中实施跨组织的技术合作供给，不仅是提升工程技术水平的有效途径，也是促进项目管理现代化、提高工程效率的关键策略。

（3）跨项目技术供给

重大工程项目之间的技术、设备和经验的传承与发展，不仅体现了技术进步的连续性，也展示了我国在特定领域从跟随到领先的转变。以港珠澳大桥的建设为例，该项目标志着中国在沉管隧道技术领域的飞跃——从一个相对落后的参与者变为全球领先的强国。港珠澳大桥的成功建设，依托于先进的技术装备和丰富的管理经验，这些宝贵的资产通过人员和装备的转移，在深中通道中得到了有效应用和进一步的发展。深中通道不仅继承了港珠澳大桥的技术和经验，更在此基础上实现了创新和优化，推动了我国沉管隧道技术的成熟，并促进了更多沉管隧道项目的发展，如大连湾隧道、汉江隧道等。例如，港珠澳大桥使用的"津安 2""津安 3"采用的传统拖轮拖带的骑吊式安装方案，将沉管固定在两艘专用安装船上，通过 10 艘大马力拖船的拖拽，驶向海底隧道施工现场。深中通道研发团队在港珠澳大桥的装备研发经验和使用基础上，进一步研制了长距离沉管隧道浮运安装一体船，不仅可以降低沉管运输团队的规模，提升船队之间的有效协作能力,而且还可以降低沉管埋放过程对周边航道的影响。

　　此外,在国家重点研发计划"涉水重大基础设施安全保障技术研究与工程示范"项目中,深中通道联合港珠澳大桥管理局进行联合研发,针对涉水重大基础设施全寿命服役性能、灾变机理和风险评价、不良地质条件下海底沉管隧道病害诱发机理及防控技术、饱和交通下海底钢壳沉管和互通式隧道火灾防控及智能交通管控技术等进行攻关,为深中通道建设提供了重要的技术支撑。其成果已在我国华南(深中通道、虎门大桥等)、华东(平潭海峡公铁大桥、舟山跨海大桥等)、西北(新疆柳沟水库、达子庙水库等)、西南(雅砻江两河口水电站)、东北(中俄黑河大桥、绥满高速兴安岭隧道、大连湾海底隧道等)五大区域 19 项重大涉水工程中进行了示范试验和应用,直接支撑了深中通道等重大涉水工程的设计建设和虎门大桥的安全运营,取得了显著的经济社会效益。同时,实现了工程建设与环境的友好协调发展,生态效益显著。为国家"一带一路"项目——马尔代夫"中马友谊大桥"提供技术支撑。此外,项目所建立的系列技术示范现场,为科学研究、技术培训、科普宣传等创造了良好的条件。

　　这种技术创新与经验的传承,体现了我国在重大工程建设中的战略思考和持续创新精神。深中通道中的技术骨干,很多都是港珠澳大桥的建设者,他们的名字在新闻报道中频频出现,成为连接两大工程的重要纽带。通过这样的跨项目技术供给,我国不仅在沉管隧道领域取得了全球领先的地位,更为社会的进步和技术的发展作出了贡献,体现了建设者希望将港珠澳大桥的经验传播得越广越好的愿景。这一过程,不仅加深了技术积累和人才培养,也为未来更多重大工程的成功奠定了坚实的基础。

　　(4)依托区域及国家基础科研技术供给

　　深中通道工程在实施过程中,紧密依托国家级和省级的科研课题,获得了关键技术和设备研发的有力支持。这种做法不仅充分利用了国家和地方在科技创新方面的资源和优势,也体现了重大工程项目与国家基础研究之间的深度融合。

　　依托深中通道,承担了国家重点研发计划"涉水重大基础设施安全保障技术研究与工程示范"、广东省重点领域研发计划"复杂海洋环境下钢壳混凝土沉管隧道建设关键技术"、"重大跨海通道全寿命周期安全保障关键技术"等省部级课题,累计获得国家和省级财政科研经费超过 4 800 万元。通过与国家级和省级的科研项目合作,深中通道工程能够直接受益于前沿的科学研究成果,将这些成果转化为工程中的实际应用。这种技术供给模式,不仅加速了深中通道工程中先进装备和关键技术的研发进程,也提升了整个工程的技术水平和创新能力。例如,项目中的沉管隧道施工技术、智能化建造系统等,很多都是基于国家级和省级课题的研究成果,这些技术的应用,显著提高了工程的施工效率和安全性,同时也推动了相关技术领域的发展。例如深中通道的国家重点研发计划以保障国家涉水重大基础设施安全为总目标,建立风险评估与安全管控技术体系,确保海底隧道防火、智能动态管控、应急救援预案全覆盖,提升极端环境和不利荷载作用下超大跨桥梁灾害预警、寒区工程抗冻性能及保护能力。自立项开展研究以来,项目主要依托区域及国家基础科研技术供给,这不仅是深中通道工程成功实施的关键因素之一,更是我国重大工程建设实践中的一项重要经验,它展示了在国家重大战略需求与基础科研之间建立有效链接的重要性。通过这种方式,既促进了科学研究成果的转化应用,也为国家基础设施建设提供了强有力的技术支撑,进一步巩固了我国在世界工程科技领域的领先地位。

4. 深中通道工程先进装备适应性选择

适应性选择是深中通道先进装备选择和应对该工程适应未来不确定性的关键策略。这一策略不仅需要考虑装备的先进性,还要综合考虑补偿性、学习性,并确保装备和技术在长期内的稳定性和效能,特别是面对环境深度变化时的响应能力。

(1) 先进性与环境适应。先进性要求的核心在于装备和技术能够适应重大工程在不确定情景下的变动需求。这不仅意味着技术和装备必须在当前处于行业领先地位,更重要的是它们必须具备预见性和灵活性,能够随着工程环境和任务需求的变化而调整。这种适应性思维要求工程主体放弃传统的线性最优化方案,转向能够动态适应复杂环境的灵活策略。

(2) 补偿性与复杂性管理。补偿性的概念被运用到重大工程实施过程中,是因为即便通过复杂性降解简化了对问题的认知和分析,工程固有的复杂性和不确定性依旧存在。装备的适应性选择必须能够补偿由于简化假设带来的复杂性偏差,通过一个不断试错、修正和优化的迭代过程,得到真正适应工程需求的技术方案和装备。这种过程体现了主体面对不确定性时的有限理性选择,也是对复杂性管理的一种实践。

(3) 学习性与技术选择。学习性强调的是在面对众多技术方案和装备时,主体必须通过不断的适应性学习来积累经验和提升选择能力。这种学习不仅包括对特定技术的掌握,更重要的是对整个技术生态和工程需求变化的理解。通过持续的学习和实践,工程主体可以更精确地识别和选择那些真正能够满足工程需求、适应环境变化的先进技术和装备。例如,针对深中通道沉管的长距离浮运和安装方式,研发团队经历了两年的反复讨论,否定了拖带、新造半潜船等多个方案,最终确定了沉管浮运安装一体船方案。

（4）长期功效与环境稳定性。考察技术方案和装备的先进适用性,关键在于它们能在工程的长生命周期内持续发挥作用,并在面对环境可能的深度变化时保持其性能的稳定性。这涵盖了从工程实体形成前的环境适应,到工程实体形成后的工程-环境互动系统的稳定性考量。有效的适应性选择策略应能够预见并应对这些变化,确保技术和装备在整个工程生命周期内的适用性和有效性。

深中通道在先进装备适应性选择方面的实践,不仅体现了对当前技术挑战的应对,更展示了对未来不确定性的前瞻性规划。通过综合考虑先进性、补偿性、学习性和长期稳定性,深中通道成功地将复杂性管理和技术创新融入了工程实施的各个方面,确立了一种面向未来的、可持续发展的工程实施模式。

6.4.2　基于产业链供应链融合的深中通道技术创新

1. 深中通道以企业为主体的创新模式概述

重大工程的特点包括对先进工艺技术存在需求。为应对复杂的地质、水文和气候条件带来的巨大挑战,迫切需要利用技术创新来解决施工难题。例如,深中通道工程是一座"桥、岛、隧、水下互通"集群工程,投资超过 400 亿元,包含一个主跨 1 666 m 的海中悬索桥和长约 6.8 km 的海底隧道,面对极大的施工难度和有限的前序经验,需要大量的技术创新以提高施工安全性和降低工程风险。此外,重大工程的技术创新不仅旨在实现工程目标,还有助于推动相关产业技术的升级和提高国家的创新能力,对于发展中国家来说,这类工程能直接提升国家的生产能力和经济发展水平。如港珠澳大桥使用的桥梁钢结构用钢量达 42.5 万吨,设计使用寿命为 120 年,在紧迫的工期内保证了巨大体量和高质量标准的钢结构制造,通过供应商培育战略显著提升了供应商的制造水平,推动了中国桥梁钢结构技术的进步,增强了相关产业的国际竞争力。

深中通道展现了企业作为创新主体的典范,不同标段的承包商通过高效整合企业内部资源与项目资源,以及以国家和省级研发课题为支撑,成功开展了一系列技术创新活动。这种创新模式不仅促进了企业自身的技术进步和项目管理能力的提升,而且加强了企业在行业内的竞争地位。通过这种模式,企业能够主动识别技术缺口,设计研发计划,并实施创新项目,最终实现技术突破并应用于工程实践中。这一过程中,企业不断加强与研究机构的合作,共同探索新材料、新工艺和新设备的应用,将科研成果转化为现实生产力,以推动整个产业的技术升级和创新能力的提升。例如,深中通道项目 S09 标段通过研发构建岛隧工程绿色建造技术体系,结合深中通道工程特点和实际需求开展人工岛和沉管隧道绿色建造关键技术研究,提出绿色效益综合评估测算方法,量化绿色建造产生的施工运营综合效益,实现海上作业能源的高质量利用,最大限度地保护珠江口海洋环境,将深中通道打造成新时代绿色公路建设标杆工程,为跨江(海)通道工程绿色建造提供一套可复制、可推广的经验,对支撑"交通强国"国家战略实施具有重要现实意义。

2. 深中通道产业链供应链的多主体协同创新模式

重大工程技术创新不单单是为了实现工程本身的目标,它还肩负着推动行业技术进步、增强国家创新实力的社会责任。这类技术创新与常规工程创新区别明显,具有目标明确、组织边界宽、项目临时性强等特点,同时也面临资源需求大、时间限制紧、不确定性大、创新动力不足等挑战。与局限于特定领域的传统创新不同,重大工程技术创新因涉及范围广泛,通常需要跨多个领域整合资源、技术和成果来推进技术革新。面对这些挑战,促进不同参与方之间的合作创新成为一种有效策略,通过知识共享建立合作伙伴关系,是减少技术创新风险和成本的有效方式。重大工程的合作创新是一个多利益相关者协同工作一起创造新的产品、方法和工艺的过程,这个过程中包含了知识创造、知识共享和知识应用。合作创新中知识共享可以帮助企业获得技术能力、缩短提升时间,从而提升合作创新能力和项目绩效。

深中通道是一个集成了众多行业、企业及创新资源的复杂系统。在这一项目中,业主扮演着至关重要的序主体角色,负责整合各方资源,推动产业链与供应链中的多主体协同创新。通过建立以业主为核心的协同创新机制,业主能有效协调来自不同领域的企业——包括设计单位、建设单位、材料供应商及技术服务提供商,实现资源共享、信息互通和目标一致。在这种模式下,业主不仅是项目的发起者和推动者,更是连接各参与主体的桥梁和纽带。通过制定开放、合作的创新政策,建立合作平台,促进了知识的交流与技术的融合,激发了企业的创新潜力和创新热情。这种多主体协同创新模式,不仅加快了深中通道工程的建设进程,提高了工程质量,还促进了相关产业的技术进步和产业升级,对推动区域经济发展具有重要意义。

例如,在深中通道管理中心协调和领导下,武船重型工程股份有限公司、中铁宝桥集团有限公司、中铁山桥集团有限公司、中交公路长大桥建设国家工程研究中心有限公司、无锡金诚工程技术服务有限公司、湖北天高桥梁工程有限公司针对深中通道项目桥梁所采用的正交异性钢桥面板容易疲劳损伤的问题,结合当前信息技术、互联网技术的发展,进行跨海工程建设技术的产业升级,构建了钢箱梁"四线一系统"智能制造生产线(见图 6-3),制定钢箱梁智能制造实施标准。此外,依托深中通道项目进行的高品质焊接接头无损探伤检测技术及标准研究,为同类检测技术标准化工作提供了依据,开发的自动化检测技术和相控阵检测技术,大大提高了检测的效率,更好地服务桥梁钢结构制造,保证制造工期,并降低了检测成本。在 U 肋内焊技术领先世界的同时,该项目的研究也让相应的检测技术和质量控制方法走在世界前列,形成系列化的配套应用技术,对国家桥梁技术的整体进步具有积极意义。

图 6-3 钢箱梁智能制造生产线

此外,深中通道项目智慧梁场以项目部为主导,联合了中铁大桥科学研究院有限公司、北京云建信科技有限公司等,以实现梁场生产过程可视化、施工流程标准化、业务管理数字化、机械设备智能化、管理决策智慧化为目标,建立了"1+3"模式的信息化管理系统框架,"1"即指 BIM 协同管理平台,"3"分别为钢筋自动化加工系统、混凝土智能控制系统和监控监测系统。

在国家重点研发计划"涉水重大基础设施安全保障技术研究与工程示范"项目中,在深中通道业主协调下,广东省交通集团有限公司与中国科学院寒区旱区环境与工程研究所、交通运输部公路科学研究所、中交公路长大桥建设国家工程研究中心有限公司、中国科学院武汉岩土力学研究所、中交公路规划设计院有限公司、招商局重庆交通科研设计院有限公司、清华大学、同济大学、港珠澳大桥管理局等共 20 家单位联合研发,建立了风险评估与安全管控技术体系,确保海底隧道防火、智能动态管控、应急救援预案全覆盖,提升极端环境和不利荷载作用下超大跨桥梁灾害预警能力、寒区工程抗冻性能及保护能力。

在实践中,这一模式要求业主具备高度的组织协调能力、前瞻性的战略规划以及开放的创新意识。同时,也需要参与企业之间建立基于信任的合作关系,形成有效的沟通机制和协作流程,确保创新成果能够及时应用于工程建设之中,实现共赢发展。通过这种多主体协同创新模式,深中通道展现了新时代下基础设施建设项目管理的新理念、新方法,为类似的大型项目提供了宝贵的实践经验和理论参考。

3. 深中通道创新生态系统

深中通道在解决复杂技术问题中的跨界性、资源和知识整合等方面的创新做法与经验值得我们在创新生态系统层面进行深入总结与思考,例如:

协同创新的多主体结构。深中通道的技术创新主体不再局限于传统的设计方和承包方,它已经延伸到了装备制造商、新材料供应商、信息技术与数据服务提供者,以及气象水文机构等多个领域。这种跨界合作的模式形成了一个全生命周期、多阶段动态更替的协同创新网络。从概念设计到立项,再到设计、施工和运营等各个阶段,深中通道的创新主体和创新内容都在不断地变化和适应,展现了协同创新的多主体结构在应对技术挑战中的重要性。

动态演化的生态机制。在深中通道的创新过程中,形成的创新生态系统包括业主、设计方、施工方、咨询机构、高等教育机构、科研机构以及政府部门等,围绕深中通道面临的技术挑战,共同寻求系统而有效的解决方案。这种创新生态系统展现了一个多主体参与、非线性发展、动态变化、集成性强的复杂系统的特点。它的动态演化机制能够有效地适应项目需求的变化,整合来自不同领域的创新资源和能力,促进技术突破和应用,确保项目的顺利实施和高效运营,进一步推动相关行业和区域经济的发展。

6.4.3 基于产业链供应链融合的深中通道沉管"产—供—管理"一体化

深中通道在其产业链与供应链管理实践中,展现了构建以企业为主体、以工程问题为导向的管理体系的重要性,这一体系的核心在于创新生态系统的有效管理。该体系不仅聚焦于解决工程建设中直接遇到的具体问题,而且通过激发跨界合作与知识共享,应对了涉及的复杂技术挑战。这种以工程问题为核心的导向不仅促进了跨行业、跨领域的资源整合,也加强了不同主体间的协同创新,为解决复杂的工程技术问题提供了系统性解决方案。在深中通道项目中,产业链与供应链的管理体系特别强调了多主体协同创新的模式,其中包括企业、研究机构、政府机构等多种组织形式。这些组织围绕工程需求和挑战,共同构建了一个互动、协作的创新网络。在这个网络中,业主发挥着核心的协调和整合角色,通过建立开放和合作的创新政策,推动了技术信息的自由流动和创新资源的有效配置。这种创新生态系统不仅加速了技术突破的实现,也促进了项目的顺利进行,确保了工程质量和效率的大幅提升。

此外,深中通道的产业链供应链管理体系还体现了对持续创新的追求,通过不断地学习和适应,面对新出现的技术挑战和工程问题,及时调整和优化管理策略与协作机制。这种动态演化的能力,不仅增强了项目应对复杂环境变化的灵活性和韧性,也为相关行业的技术进步和产业升级提供了有力支撑。深中通道项目通过构建一个以企业为主体、以工程问题为导向的产业链供应链管理体系,有效地推动了创新生态系统的形成和发展。这一体系不仅解决了工程建设中的实际问题,促进了技术创新和知识共享,还为未来重大工程项目的成功实施提供了宝贵的经验和指导,展现了现代重大工程项目在产业链与供应链管理上的新思路和新模式。下文以深中通道沉管隧道产业链供应链管理作为深中通道产业链供应链管理示例。

1. 深中通道沉管隧道产业链供应链概述

深中通道以"东隧西桥"为设计方案,全长 23.973 km,从机荷高速的 K5+695 起点延伸至 K29+669 的翠亨东互通终点。途经东人工岛、机场枢纽互通立交、海底隧道、西人工岛、非通航孔桥、深中大桥(主跨为 1 666 m 的海中悬索桥)、万顷沙互通、中山大桥(主跨为 580 m 的斜拉桥)等关键结构,其中海底隧道全长 6 845 m,沉管段达到 5 035 m,估算总投资约 103.59 亿元。

沉管隧道采用的钢壳混凝土组合结构,是将混凝土填充于双面钢板之间,并通过焊接在钢板上的连接件将钢板与混凝土整合为一个共同受力的整体结构。在此结构中,钢板主要承担拉力并对混凝土进行约束,起到抗渗和抗裂的作用。连接件的角色是传递钢板与混凝土之间的剪力,提供抗拔效果以增强钢板稳定性。混凝土则主要承受压力,为钢板提供稳定的约束。这种新型的钢壳混凝土组合结构不仅提高了材料利用率,还大幅增强了承载能力、抗震和防水性能。深中通道沉管隧道是国内首次采用这种组合结构的工程,其建设条件、技术标准和工程复杂度均为国内同类工程之首。

深中通道沉管隧道工程面临的主要建设挑战包括沿线的水沙环境、航道和航运条件、航空限高、水利防洪以及浮运安装的气象条件。为应对这些挑战,项目设计为 100 km/h、双向八车道的高速公路,预期使用年限为 100 年,行车孔建筑限界净宽 18 m、净高 5 m。特别值得一提的是,项目采取超宽沉管隧道设计,通过两孔一管廊的横断面布局,中间管廊用于日常巡检及设施安装,同时简化了设计和施工过程,实现了成本控制。海底沉管隧道部分长 6 845 m,其中沉管段长 5 035 m,由 32 个管节和最终接头组成,于 2018 年 6 月正式启动施工。根据项目招标情况,沉管隧道相关参建单位及施工内容如表 6-1 所示。

表 6-1　深中通道沉管隧道的标段划分

标段	主要内容	中标单位
GK01	沉管隧道(E1、E3、E5、E7、E9、E11、E13—E24、最终接头钢结构、1 个钢壳制造试验段)管节钢壳的制作及运输	广船国际有限公司
GK02	沉管隧道(E2、E4、E6、E8、E10、E12、E25—E32、1 个钢壳制造试验段)管节钢壳的制作及运输	中船黄埔文冲船舶有限公司
S08	沉管隧道 E24—E32 管节预制及浮运安装等相关工程	保利长大工程有限公司、广州打捞局联合体
S09	沉管隧道 E1—E23 管节(含最终接头)预制及浮运安装等相关工程	中交第一航务工程局有限公司、中交广州航道局有限公司、中交第四航务工程局有限公司联合体

2. 沉管隧道先进装备的产业链供应链

沉管钢壳智能制造"四线一系统"。以"互联网＋BIM 技术＋智能机器人"为抓手,深度推动造船行业与交通行业深度融合(军民融合),在重工业领域首次研制成功了包含钢壳小节段车间智能化制造、中节段数字化搭载、大节段自动化总拼生产线的钢结构智能制造生产线,实现了智能制造零的突破。其中钢壳小节段车间智能化制造是核心,其"四线一系统"智能制造生产线具体包括板材/型材智能切割生产线、片体智能焊接生产线、块体智能焊接生产线、智能涂装生产线、车间制造执行过程的信息化管控系统。智能制造生产线的建设和投入,实现了钢壳智能制造,提升了钢壳结构制造品质及工效,促进了我国交通行业与造船业技术水平的提升,打造了国家南方现代化造船基地,提高了国家战备能力。

世界首制钢壳沉管混凝土智能浇筑装备及智能化管控系统。为保障自密实混凝土浇筑质量,深中通道研发了智能化浇筑装备,通过传感器(温度传感器、定位仪、混凝土液面测距仪等)和智能浇筑小车,实现混凝土自动布料、快速自动寻位、自动浇筑以及浇筑速度控制。同时,基于 BIM、智能传感和物联网技术,研发涵盖混凝土生产、运输、浇筑、检测的钢壳沉管混凝土浇筑全过程智能化、信息化管理系统,利用大数据辅助决策,实现"管节预制全过程信息化管控",做到沉管预制各环节任务智能分配、实时监控记录,以及施工缺陷快速定位、自动生成报表的优质、高效、智能化、精细化管理,从而提升混凝土浇筑品质,降低混凝土浇筑过程损耗,实现资源配置优化、降本增效(见图6-4)。

E1—E32管节应用智能浇筑装备累计浇筑混凝土近91万立方米,除去结构性管内损耗,损耗率小于0.02%。脱空检测结果表明,混凝土浇筑质量良好,脱空均满足验评标准要求。损耗率及现场文明施工控制均优于国际类似工程。

混凝土智能浇筑系统　　　　　　　　钢壳沉管智能浇筑设备

图6-4　沉管隧道智能浇注设备

世界首制阵列式智能冲击映像设备实现脱空位置精确定位智能化检测。为实现无损、快速、高效、精确检测钢壳混凝土脱空缺陷,基于现场原型试验及典型工程示范应用,借鉴传统冲击检测仪,利用弹性波近源波场的响应特性,建立冲击响应强度指标与脱空高度的对应关系,结合定位、激振器、传感器、控制主机等功能,提出脱空位置精确定位智能化检测方法,研发阵列式智能冲击映像设备,实现钢壳混凝土的快速检测,同时可精准检测缺陷脱空位置、脱空面积、脱空高度,可视化处理形成二维或三维图像。基于项目足尺模型底板+顶板开盖盲检对比,位置综合符合率达95%,脱空高度识别准确度超过90%,满足项目需求。冲击映像法+中子法总体性能及精度均超过国际类似工程(见图6-5、图6-6)。

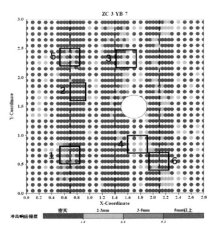 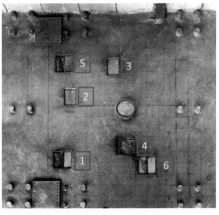

图6-5　冲击映像法脱空监测实验对比图

图 6-6 智能冲击映像脱空检测设备

世界首制运输安装一体船实现沉管长距离智慧安装。为降低施工风险,保障水上公共安全,提高对接精度,减少疏浚量,结合项目需求,研发沉管运输安装一体船"一航津安 1"。"一航津安 1"是一艘具有原创性的集沉管浮运、DP 定位和循迹、沉放、安装功能等综合作业于一体的专业沉管施工船舶,具有航迹线控制、自航速度快、抵抗横流、减少航道通航影响、可实现应急回拖、施工风险可控、管节结构适应性强等功能与优点,可提升长距离管节浮运施工安全保障能力,并大幅提升浮运安装工效,实现智慧安装。同时,相比传统管节浮运安装方式,可大幅减少浮运航道疏浚量达 1 500 万立方米,节省造价约 9 亿元。另外,该船配备沉管沉放姿态控制系统,可实现沉管水下 50 m 的精准沉放与毫米级对接(见图 6-7)。

自主研发水下 DCM 关键装备及控制系统。国内首次实现将深层水泥搅拌桩(DCM)技术应用于沉管隧道基础,结合项目沉管隧道海域工程地层特点,对不同地层条件下 DCM 的水泥掺量、搅拌次数及施工质量进行研究,提出 DCM 的地层适用性及施工控制要点,开发基于大型深层水泥搅拌专用船舶的地层自适应智能加固技术,研制具备制桩自动化、定位精确化、施工可视化、计量自动化等功能的 DCM 专用船机先进设备,形成海上 DCM 施工船舶的全套核心技术,并首次成功应用于国内沉管隧道软弱地层基础处理,为沉管隧道基础处理提供了新工艺和新方法。项目全线 70 万立方米 DCM 复合地基处置结果检测合格率达到 100%(见图 6-8)。

图 6-7 沉管运安一体船

图 6-8 DCM 施工专用船舶

世界首制沉管隧道自动化自升式碎石铺设整平船。为解决珠江口大回淤条件下沉管隧道碎石基床快速铺设难题,攻克离岸深水条件下碎石基床整平船抬升系统、抬升锁紧系统技术瓶颈,研制出世界首艘集定位测量、石料输送、高精度整平、质量检测于一体的自动化自升式碎石铺设整平船,实现 4 天铺设完成标准管节(165 m)碎石基床,解决了回淤风险,满足了项目沉管隧道碎石基床整平的高精度要求,检测合格率达到 100%(见图 6-9)。

图 6-9　沉管隧道自升式碎石铺设整平船及铺设三维图(示意图)

3. 沉管隧道工业化制造的产业链供应链协调

深中通道工程的实施标志着中国基础设施建设在工业化制造、智能化生产以及产业链供应链协调方面迈入了新的里程。本节将深入探讨深中通道沉管隧道的工业化制造过程和信息化管理系统,特别关注项目中技术创新和管理创新的具体实践。

（1）工厂化智能化生产技术应用

深中通道项目通过集成 BIM 技术和智能化生产系统,实现了沉管隧道管节生产线的自动化、数字化和信息化,大幅提升了生产效率和管理水平。

沉管钢壳智能建造。依据智能制造生产模式,结合船厂现有的流程及先进设备设施,在深中通道项目钢壳生产建造中对适合智能化生产的关键工序开展智能制造研究。钢壳结构的建造生产可按照现代造船模式的成组技术组织生产,使小批量生产能获得贴近大批量制造的经济效益。成组技术是将类型众多的零件按照相似性原则进行分类以形成种类较少的零件族,把同一零件族中众多分散的零件小生产量组合成较大的成组批量。成组技术为实现智能化生产奠定了良好基础。同时,钢壳结构的建造生产可按照现代造船的空间分道理念进行零件的分道生产。各种不同类型的零件可在同一个跨区间直线流通,型材下料、板材下料、零件成形加工、片体(小组立)制作、块体(中组立)制作均可在同一个跨区间完成,直线流动避免了零部件的跨区转运和反复的来回流动,减少内耗,从而提高效率。分道建造的实施,有利于零件的智能化流水线生产。广船国际有限公司、中船黄埔文冲船舶有限公司均为华南地区大型的现代化造船企业,生产设备先进,大多数具备数控电脑,同时预留了网络接口,为开发车间智能管控系统进行信息化资源共享提供了基础。综合考虑钢壳结构的建造流程和现有智能制造装备技术水平,经对钢壳结构建造生产中的切割下料、片体(小组立)制作、块体(中组立)制作、小节段涂装的施工工序进行研究,发现相关制作工序和流程相对简单,施工对象大小和类型比较相似和固定,有利于使用机器人及流水线进行智能化生产。同时,上述工序的作业环境为车间内,具备相应的动能管线和配套基础,进行智能化生产线改造也可节约一定的经济成本。

沉管隧道数字化建造体系。项目设计了沉管隧道预制数字化平台,该平台采用国际先进的多层技术构架,通过 C/S、B/S、App、微服务等多种技术融合,建立高效的智能浇筑系统,使用智能控制浇筑设备,并与拌合站和运输车辆实时联动,实现智能的生产管控和物料运输的动态调配。通过 Http、WQTT 等多种传输协议保障数据的安全性,平台可以灵活地进行数据迁移、数据挖掘、数据分析、处理海量的数据,实时完成大容量数据处理。该技术支持分布式部署和集中部署两种模式,在高并发的情况下可以通过增加物理设备进行负载均衡。平台采用 MySQL 数据库存储数据,提供开放性数据接口,具备与其他业务系统进行各类型数据对接的能力。平台运用了大数据处理机制,使用户能够快速、准确地获取所需数据资源。

沉管隧道智能建造关键技术。一是沉管隧道智能浇筑技术。为保障自密实混凝土浇筑质量,基于浇筑设备,开发智能浇筑控制系统,实现钢壳自密实混凝土高品质浇筑。基于 BIM、智能传感和物联网技术,研发涵盖混凝土生产、运输、浇筑、检测的钢壳沉管混凝土浇筑全过程智能化、信息化管理系统,利用大数据辅助决策,实现沉管预制各环节任务智能分配、实时监控记录,以及施工缺陷快速定位、自动生成报表的优质、高效、智能化、精细化管理,实现"管节预制全过程信息化管控",提升混凝土浇筑品质,降低混凝土浇筑过程损耗,实现优化资源配置、降本增效。二是沉管隧道水下基槽开挖技术。基于 BIM,建立基槽设计模型、基槽地质模型、基槽开挖模型、基槽类航道模型等四类基槽模型;建立抓斗挖泥船模型、凿岩施工船舶模型、专用清淤船模型、耙吸挖泥船模型等四类施工船舶模型;二次开发土质分类快速计算工具、三维色差图工具,设计允许超挖量计算工具、回淤量计算工具、断面分析工具、地形塌陷工具等六类工具。基于"数字孪生"理念、总装与轻量化处理模型,发布网页端;以 BIM 轻量化模型网页端、项目船舶调度系统、项目综合管理系统为基础,建立具备数据统计与三维可视化功能的项目信息数据共享中心;开创基于 BIM 的信息共享、协同工作的新型疏浚工程项目管理模式。三是沉管隧道碎石整平关键技术。整平船的开发方案是在"津平 1 号"整平船的基础上,针对性地开展相关技术的研究与设计应用。该装备采用自升式平台结构,集定位测量、石料输送、高精度铺设、质量检测于一体,可满足深中通道工程最宽管节 55.46 m 及其他所有管节的碎石基床铺设,具有一次驻位铺设范围大、施工速度快、铺设精度高、桩腿快速拆接灵活、满足航空限高等特点。

(2) 供应链协调与信息化管理

BIM 智慧管理平台。深中通道隧道工程结构新型复杂,设计过程方案变更频繁,设计攻关难度大。项目在设计阶段同步利用 BIM 技术,建立精细化 BIM 模型,设计优化辅助方案和二维出图,充分发挥 BIM 技术具有的可视化、协调性、模拟性和优化性特点,探索和研发钢壳混凝土隧道工程三维正向设计技术,优化和提升工程设计水平,促进 BIM 技术在工程设计中的深度应用。此外,以 BIM 三维模型为基础,深中通道项目开发了 BIM 智慧管理平台,集成智能设备系统、智能传感器等,实现了施工过程的智能化作业和管理的全方位提升。该平台有效实现了信息采集、协同和远程控制,提高了生产和管理的效率。智慧梁场管理平台架构图展示了各功能分区以及模块化管理的智能应用规划,是信息化建设理念在深中通道项目中的具体体现。

智能安全管理。深中通道项目通过智能安全管理系统,利用视频监控、智能传感器等技术,实现远程、实时、高效和智能的安全监控与管理。该系统有效预防了安全事故的发生,保障了施工安全。智能调度系统的应用使整个生产过程全程可控,实现科学、信息化的智能调度管理,从而有效解决了车辆监控、合理调度等问题,提高车辆利用效率。

绿色施工管理。项目在环境保护、节能减排和资源回收再利用方面进行了积极实践,配置了环境监控监测仪、智能洗车机等设备,实现了施工现场环境的实时监测和数据共享。这一做法不仅体现了项目的绿色施工理念,也符合国家对基础设施智能化升级改造的总体要求。

深中通道工程的沉管隧道工业化制造和信息化管理系统展示了如何通过基于产业链供应链管理的多方协调,实现跨组织的技术创新和管理创新,推进大型基础设施项目高效执行。这些创新实践不仅为深中通道项目本身的成功提供了坚实保障,也为未来类似项目提供了可借鉴的经验和模式。

6.5 本章小结

随着我国重大工程建设能力的提升,一方面,原本不具备建设条件的工程建设愿景逐渐成为现实,也使得建设与管理面临着越来越复杂的局面;另一方面,重大工程建设管理经验的丰富,也形成了许多新的理念、新的范式、新的技术、新的工艺等,逐渐在重大工程建设管理的整体层面上形成了变革性的业态。这也使得原先的产业链供应链在重大工程建设管理活动中形成了具有新质生产力意义的内在驱动力和规定性,随着重大工程的产业链供应链管理也表现出具有新型生产关系的新特征。本章提出,产业链供应链一体化是解决深中通道管理新格局形成过程中可能出现的堵点、卡点与断点的关键手段,不仅提升了工程建设管理生产力的供给质量与能力,而且能够增强生产力应对复杂环境变化的适应性。本章提出的深中通道产业链供应链管理,实质上是对构建深中通道工程新质生产力的管理,深中通道工程产业链供应链管理能够为我们提供新的工程生产力要素,以生产力结构调整提升对工程复杂性的适应性,以生产力新的"质性"提高深中通道工程生产力的品质。具体来讲,就是通过产业链供应链管理转化为一种形同"降维打击"的思维,即以深中通道工程分布式供应链体系、深中通道工程施工现场工厂化与准工业化建造、深中通道工程智能型工程生产方式作为嵌入点,实现产业链供应链的融合。在上述理论分析的基础上,本章进一步通过对先进装备研发、技术创新、沉管隧道"产—供—管理"一体化三个方面的论述,详细解读了深中通道是如何实现产业链供应链管理,进而提质增效的。

参考文献

[1] 中国社会科学院工业经济研究所课题组.推动产业链与创新链深度融合[J].智慧中国,2021(12):20-24.

[2] 曹雅丽.强筋骨活血脉 夯实制造业高质量发展根基[N].中国工业报,2023-04-14(001).

[3] 谢志成.攻坚产业链现代化 提升制造业竞争力[J].群众,2020(5):29-30.

[4] 陈伟乐,张士龙.海底沉管隧道基础处理及沉降控制技术的新进展[J].公路,2020,65(8):395-399.

[5] 高伟,陈劲.中国工业母机产业基础能力、国家产业治理结构共同演化与"链创耦合"机理研究[J].中国软科学,2023(12):1-15.

[6] 张杰,逯艳.提升产业链供应链韧性和安全的理论探究与实现路径[J].社会科学文摘,2023(10):94-96.

[7] 陈伟乐,宋神友,金文良,等.深中通道钢壳混凝土沉管隧道智能建造体系策划与实践[J].隧道建设(中英文),2020,40(4):465-474.

[8] 朱建波.重大工程工厂化预制的激励与管理创新研究[D].南京:南京大学,2016.

[9] 邝展婷.细数深中通道桥隧安装"神器"[N].中国船舶报,2021-04-09(002).

[10] 金文良,宋神友,陈伟乐,等.深中通道钢壳混凝土沉管隧道总体设计综述[J].中国港湾建设,2021,41(3):35-40.

[11] 金文良,李宏钧,彭英俊,等.深中通道岛隧工程绿色建造技术探索[J].公路,2023,68(10):256-263.

[12] 曾赛星,陈宏权,金治州,等.重大工程创新生态系统演化及创新力提升[J].管理世界,2019,35(4):28-38.

[13] 何海艳,郑立宁,周国华.使用者介入重大工程创新的双重委托-代理激励机制[J].科技管理研究,2023,43(17):1-10.

[14] 刘健,罗林杰,卜庆晗,等.一座世界级跨海集群工程的BIM探索与实践[J].中国公路,2021(14):47-49.

第七章

深中通道防灾减灾管理

　　深中通道建设全过程中面临复杂自然灾害和人为灾害风险的挑战。本章基于复杂系统管理思维，对深中通道建设全过程中可能面临的灾害进行复杂性分析，进而凝练深中通道防灾减灾管理的复杂系统管理思维与要点，并从管理体系创新、管理制度创新以及技术创新三个方面介绍深中通道防灾减灾管理创新举措，全方位保障深中通道"平安百年"目标顺利实现的途径，为类似重大工程防灾减灾管理提供有益的借鉴。

7.1　深中通道防灾减灾管理概述

7.1.1　深中通道防灾减灾管理内涵

从一般意义上来说,所谓灾害是指"自然发生或人为产生的、对人类和人类社会具有危害的事件与现象。灾害是一种超出受影响地区现有资源承受能力的人类生态环境的破坏"(UN/ISDR,2007)。这一定义强调了灾害的两个基本特点:一是灾害既可能是自然环境产生的,也可能是人的行为造成的;二是灾害现象要有严重的危害后果,而这又要视后果是否超出地区本身的承受能力而定。

何为防灾减灾? 所谓"防",主要是防止与预防,对于大规模严重自然灾害,一般是难以防止的,这就要做好"预防"工作,即做好对灾害发生的防备。因为有防备就可以减轻、减小、减少灾害造成的损失。而所谓"减灾",则主要是指灾害一旦发生即可减轻其造成的损失。在此基础上,"防灾减灾管理"则指的是以"预防其发生"和"减轻其损失"为主要目的而采取的一系列灾害管理措施。例如,在灾害来临之前安排的各种预防性管理措施,在灾害发生被识别时或发生过程中期(后期)采取的减轻灾害损失的应急管理措施。

"防灾减灾管理"与工程管理中的"安全管理"之间有着密切的关系。在工程领域,"安全"有狭义与广义之分,广义的工程安全包括工程物理实体的安全和工程施工过程中人员财产的安全,而狭义的安全仅指的是后者。将"安全"与"防灾减灾"联系在一起,不难发现,安全不仅涵盖了对灾害的预防和减轻,还包括对各种潜在危险和风险的管理和控制。

根据上述概念辨析可以看出,在工程管理领域,安全所涵盖的范围更加广泛,而"灾"是安全管理、安全风险控制中极其重要,也是复杂度更高的一类管理对象。所以说,相比于一般安全事故,灾害涉及的时空尺度往往更广,波及的人员更多,其摧毁性、破坏性更大,并且管控难度更大。因此,"灾"是安全管理的重中之重,而面向"灾"的安全管理从结果上看即是"防灾"与"减灾";反过来,"防灾减灾"从过程上看也是安全管理在一类复杂的、具有巨大损失后果的自然或人为事故上的防范与管理。综上,灾害、防灾减灾和安全管理的概念辨析如图 7-1所示。

本章所论述的关于防灾减灾管理方面的内容,主要针对的是在深中通道建设和运营过程中可能发生的一类对人类生命安全以及财产等产生严重危害的灾害,进行预防或者减轻其所带来的损失的管理理论、方法与技术。

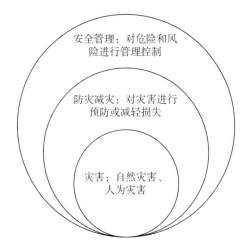

图7-1 灾害、防灾减灾与安全管理三者关系图

7.1.2 深中通道面临的灾害风险分析

深中通道作为连接珠江东西两岸地区间的重要跨江交通通道,是集"桥、岛、隧、水下互通"于一体的世界级跨海集群工程,由于其所处的独特地理位置与工程自身的重要定位,深中通道在设计、施工与运营维护的工程全过程中都体现了源于自然、社会、经济环境的复杂性、工程高度集成化的复杂性以及这二者相结合所涌现出的复杂性,因此,在其建设的全过程中时刻面临着各式各样的潜在灾害。

图7-2展示了深中通道在全生命周期内可能面临的由自然环境、人类行为与工程本体的各类不良因素导致的各类灾害,在这些灾害中,小部分灾害是由单个致灾因子导致的,而大部分灾害的发生则是受到了多重灾害因素叠加的影响。例如,爆炸、火灾等重大事故的发生主要是由于运营期内通行车辆驾驶员受自身或环境因素的干扰发生行为异变,进而与其他车辆或工程主体发生碰撞,其致灾因子较为单一。然而,诸如工程主体在寿命期内产生质量问题这类灾害,例如隧道渗水、桥体被侵蚀、桥梁表面开裂、结构变形等,则不仅可能是由于工程本身建设材料差、施工品质差,或对工程耐久性设计的保障不足、后期维护不到位,还可能受到所处海域恶劣的气候环境的影响。类似地,发生在施工期的灾害通常都是由多重致灾因子叠加影响产生的。例如,由于深中通道所处位置气候多变、地形与水文环境复杂,加上工程施工人员繁多,施工安全保障难度大,容易在遇到恶劣天气时发生安全事故,在躲避灾害天气时亦可能发生船只搁浅、设备故障等

灾害。以上种种,都是深中通道在工程寿命期内可能发生的部分典型灾害,除此之外可能还存在一些事先并不能预知的灾害风险。

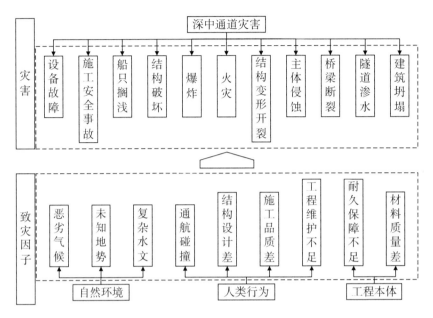

图 7-2　深中通道涉及的灾害类型

从灾害发生过程上看,深中通道面临的灾害分为在施工过程中所面临的灾害与运营期间面临的灾害;从灾害类型上看,可划分为自然灾害与人为灾害。划分情况如图 7-3 所示。

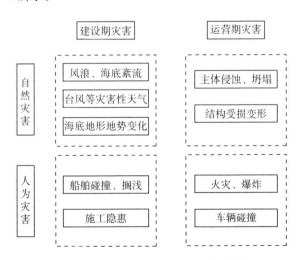

图 7-3　深中通道不同阶段面临的灾害

1. 施工过程中面临的灾害

由于深中通道具有建设时间长、地理位置独特以及海上工作等特点，在建设时期可能由复杂自然因素诱发灾害。就深中通道建设环境来说，第一，其地形地貌复杂，近场区大致可分为三大地貌区：东西部低丘陵区及零星发育台地，海积平原、滨海平原和泻湖平原，中部伶仃洋海域。拟建工程主体位于珠江的内伶仃洋海域，伶仃洋水面地形复杂，可分为两深槽三浅水。场区处在地貌上属河口三角洲，为珠江入海口，海底表层为河流堆积形成的巨厚淤泥层。深圳岸临近深圳机场南侧，为海积平原与台地过渡区，在接线段为城市建成区。中山侧沿线穿越的地貌单元为海积冲积三角洲海积平原区，区内地势平坦，地面标高介于 2.5—5 m，地下水位颇高，埋深 1.8—2.4 m。沿途水道分布密集，植被茂盛。由此可以看出，深中通道建设过程中不仅要面临风浪、海底紊流等自然灾害，还要面临复杂的海底地形地势变化所带来的自然灾害。第二，工程气候环境复杂多变，灾害性天气频繁，制约海上作业。雷暴日年均 61.6 天；能见度小于 1 km 的雾日年均 19.3 天；热带气旋年均 1.84 个，正面袭击时最大中心风速达 40 m/s。因此，深中通道在建设过程中要频繁面临台风灾害的风险，并且如果没有进行及时观测防范以及应对处理，将会造成严重的经济和生命损失。除此之外，还有一些常见的自然灾害，如地震等，但在建设区域发生较少，相对风险较低。另外，在建设过程中还会面临复杂水域通航人为因素所带来的灾害，深中通道建设所处的海域为船只行进多发区，而在建设过程中只要所需要的设备、运输船只等长期或者频繁地在海域内出现，就有可能出现船只碰撞的危险，社会船舶的出现以及其运行的不确定性也是工程建设过程中需要面临的灾害因子之一。此外，还面临着一些常见的工程施工安全问题的影响。

2. 工程运营期间面临的灾害

在深中通道运营期间最典型的灾害就是各类人为因素所诱发的灾害，深中通道位于虎门大桥下游约 30 km，距离港珠澳大桥上游约 38 km，路线全长约 24 km，是一项大型桥岛隧集群工程。深中通道直接连接珠江口东、西两岸深圳和中山两市，起于深圳市广深沿江高速机场互通立交，通过广深沿江高速支线对接机荷高速，终于马鞍岛翠亨东互通，对接中开高速。项目远景年限设计交通量达到 93 006 pcu/d，且通车后即达到高交通量水平，同时货车比例接近 50%，其中重型货车比例较高，为 9.4%—12.2%。大量的重型货车通行，且货物种类多样，火灾荷载大，一旦发生火灾，其规模难以控制，将给隧道运营安全及防灾带来巨大挑战。因此在工程建成后会出现火灾、车辆碰撞的人为灾害，而且工程全程位于海上，通行环境封闭，紧急避险功能弱。一旦发生交通事故且得不到及时处置,将造成车辆阻塞难以疏散,严重者甚至可能导致整个城市交通网瘫痪。此外,隧道内火灾事故具有蔓延速度快,有毒有害气体浓度高、温度高、能见度低等特点,且由于人员、车辆疏散困难,如果不能第一时间进行有效控制,极易造成巨大灾害损失,如果危及隧道主体结构及防水设施,损失将更难以估量。此外,由于运营期间长期处在高盐、高浓度以及复杂的环境变化中,自然灾害所带来的影响也会对结构的安全和稳定性带来一定的挑战,结构的变形开裂或者腐蚀等问题一旦出现,可能会产生建筑坍塌、设施失灵、结构掉落等危险,而在高车流量的情况下,上述问题一旦出现便会造成人员伤亡等严重后果,给经济发展和人员生命安全带来巨大损失。

综上所述,防灾减灾管理是深中通道管理中一类重要的实践活动。在所有可能的灾害中,存在一类关系到深中通道建设全局性的、更加难以预知的、潜在危害更严重的复杂性灾害,例如,海上复杂环境所导致的大范围自然灾害,或是威胁到工程整体运营安全的严重人为灾害。这类复杂灾害的发生或是源于未知的要素和机理,或是源于复杂关联下的层级性涌现,抑或是源于异质性知识获取和融合不足,一旦出现,将对深中通道的工程系统、相关的自然环境系统乃至工程所关联的社会经济系统产生严重后果。因此,必须对深中通道这一类复杂灾害的防范和应对开展系统性的研究。

7.2 基于复杂系统思维的深中通道防灾减灾管理

7.2.1 深中通道防灾减灾管理复杂性分析

深中通道面临诸多灾害威胁,且不少是一些"来龙去脉"相对简单的灾害,对这类灾害,主体一般可以根据常规的机理与成熟的经验和知识来应对。而本章主要聚焦讨论深中通道面临的一类与"复杂性"有着紧密关联的灾害风险防范与应急管理问题。对于这类复杂性防灾减灾管理问题,其复杂性有以下几个方面:

1. 孕灾环境的复杂性

重大工程建设和建设后的功能释放与环境特别是自然环境有着密切联系,在工程全生命周期内可能出现的各类自然灾害对重大工程的影响和威胁最大。另外,虽然重大工程基本出发点是为人类造福,但在形成人造工程实体的过程中,经常要改变原来的自然环境与生态平衡,这本身就可能破坏原来的自然规律,进而成为某种自然灾害的潜在诱因,形成孕灾环境。就深中通道而言,其位于自然环境恶劣、气候复杂多变的伶仃洋海域,持续不断的高温、破坏力巨大的台风、规律复杂的深海紊流、几十米厚的深厚软土、密集繁忙的航运交通、敏感脆弱的生态环境、濒危的一级保护动物中华白海豚等多种因素相互交织在一起,使得深中通道所处的自然环境愈加复杂和具有挑战性。虽说人们在工程前期已经做了大量的调研与勘探工作,但无论如何都难以全覆盖和完全准确而精细地确知工程现场的环境细节和规律。况且,人类对自然现象复杂规律的认识能力总是相对有限的,有些复杂规律甚至是人们在很长时期内都无法完全确知的,例如伶仃洋海域深海紊流的内部机理。不仅如此,对于自然环境这类人力难以控制的因素,在大部分情况下,人们即使知道它的存在,也无法做到完全驾驭和规避,这更增加了防范灾害与减轻灾害影响的难度。

2. 诱灾要素的异质性

深中通道与其自然环境和周边社会经济系统形成了一个复杂巨系统,而这个系统也可以看作深中通道所面临的灾害风险管理系统,在此之中存在大量的引发灾害的要素。这些要素既有来源于恶劣的自然环境的,也有来源于复杂的人类行为的,还有可能受到二者的交叉影响。其多样性不仅体现在数量多,还体现在其具有异质性与自适应性,即这些要素的属性、作用和功能之间既有较大的差异,部分要素又因为能主动调整自身的状态与行为增加了复杂性程度。例如,一旦这些因素中的部分因素发生变化,就会对系统的稳定性造成影响,并通过系统的关联性使影响逐级放大,导致不可预知的灾害后果。除此之外,大量诱灾因素之间的内在关系错综复杂,各因素之间以及与外界的交叉影响又显示出多层次与多维度性,例如,深中通道在建设过程中所面临的台风等恶劣气候不仅作用于工程主体建筑,还极大地影响了建设期内工程施工人员、运营期内通行驾驶人员等人类活动,进而引发各种连锁反应与次生、衍生灾害。

3. 灾害要素间的强关联性

由灾害要素的多层次性可以看出,灾害要素之间存在着紧密且复杂的关联。首先,要素之间的关联种类多种多样,且要素间不仅有显性关联,可能还有隐性关联。正因如此,灾害要素的强关联性意味着一旦某一要素发生扰动,极有可能通过要素之间的传导涌现出影响系统性的严重灾害。例如,深中通道作为一个桥岛隧集群工程,本身就具有高度集成化的特点,工程各部分之间强关联性十分突出,因此,这类问题的严重性不可低估。进一步地,由于集成化程度高,深中通道在建设过程中涉及大量施工协调部门,在保证灾害发生时的应急救援等工作的协调效率和效果方面也面临着大量新问题。例如,长隧道面临的火灾风险,通常是由于人的微小失误或偶然驾驶行为、车的性质/状态,并在隧道环境特征的影响之下,造成了驾驶车辆故障和行为偏离,而后续多车辆紧密行驶或者多匝道车辆并行汇流等复杂情况使得多车辆之间存在强关联性，单个车辆状态或行为偏差影响其他诸多车辆从"安全状态"切换为"非安全状态"，进而产生一系列连锁反应。

4. 致灾传导链及后果的难预测性

在上述针对灾害要素强关联性的介绍的基础上，可以看出，强关联作用下微小的改变也会迅速发生扩散、产生"级联效应"，影响诸多紧密要素的状态或行为，最终产生难以预料的结果。因此，即使在低层次的微观部分中也存在着宏观状态的部分零星信息，但由微观向宏观灾害转化的完整机理尚不明确，其演化过程往往迅速且不可控，后果也具有突发性或难预测性。所以面对灾害风险，有时候即使掌握全部相关要素的特征与类型，也难以将所有的可能灾害"清零"。这是因为，一方面，人们难以完全掌握风险从冒头至形成、泛化的所有因果链，在对灾害的风险管理活动中，各个领域与层次还都实实在在地显现出一类有独特性的不确定现象。另一方面，即使人们知道灾害风险传导的全部因果链，也很难将源头性灾变的变量要素控制在微小的精度范围内，即"安全阈值"；又或者这种控制本身会带来高昂的成本代价，在实践操作中实现的经济性不佳。因此，面对这类情况，做好灾害发生中以及灾害发生后的应急管理就显得十分必要，这也是后续要介绍的防灾减灾管理要点之一。

以上对深中通道灾害风险管理的复杂性分析，促使我们在复杂整体性意义上，从最初对复杂灾害物理形态的直观感知开始，进而在复杂系统空间层面上进行复杂性抽象与分析，并提出相应的解决方案。

综上所述，深中通道灾害风险管理的复杂性，究其根本，在于该系统中的"未来"，"整体"通往"未来"，"整体"的路径在"未来"，"整体"在实实在在成为现实前在本质上总是未知的、不确定的和自组织涌现的。这里的不确定既包括时间维度上未来路径的不确定，也包括空间层次上由涌现、演化与自组织形成的整体形态的不确定，而且无法从这两个视角上根除这类不确定性，即该系统具有本质不确定性。因此，这类基于复杂性的灾害与风险管理问题难以用传统的、简单思维的方法解决，也不能仅仅用过去的规律和经验来外推和移植，需要我们直接地、完整地面对问题的复杂整体性，利用基于本质管理思想的灾害防范管理思维、模式与方法，通过对系统复杂性属性的把握实现源头管控。此外，正如前文所说，我们无法完全预知深中通道灾害风险源及其致灾机理，更无法精准把控所有可能的灾害风险源，因此，在源头管控的基础上，针对各类难以控制的、偶发的、不可预知的复杂灾害，需要设计基于适应性管理思想的灾害应急管理组织、模式与方法，以真正提高防灾减灾管理的实效与水平，为深中通道工程套上无死角的保护罩。

7.2.2 深中通道防灾减灾管理思维原则

深中通道防灾减灾管理活动主要是在明晰了其复杂性特征的基础上,在系统复杂性思维的引领下进行的。防灾减灾管理复杂性思维是基于复杂性思维,对灾害潜在根源、萌芽、形成、演化路径,以及相应的防范、减灾策略的设计与实施的认识,是防灾减灾管理活动的引导。深中通道防灾减灾管理思维原则主要有以下三个:源头管控思维原则、适应性思维原则、底线思维原则。

1. 源头管控思维原则

前文提到,重大工程灾害的产生、演化及其后果都具有高度不确定性,因此,如果完全依赖于事后的应急响应是远远不够的,需要在灾害发生之前,通过源头管控来尽可能减少灾害风险的发生。具体地说,在深中通道的建设中,源头控制思维旨在通过在工程建设的各个阶段,特别是在规划和设计阶段,将各种潜在的灾害风险考虑在内,并采取合适的措施将风险降到最低,当防灾减灾工作由事后的被动控制提前转为事前的主动控制时,将大大降低灾害的复杂性程度,从而保障工程项目的稳定和可持续性发展。例如,在深中通道设计初期,管理主体就意识到在建成后,隧道-人-车会构成紧密相连的具有高度复杂整体性的系统,尤其在个别路段更可能会由于多种因素组合而演化出不同的复杂灾害,这些灾害的发生存在着高度不确定性,并且由深中通道的独特性所决定,很难根据历史数据确定解决方案。因此,为了尽可能地减少隧道环境可能会带来的复杂灾害,在设计初期通过计算机模拟实验、八自由度行车模拟等方式,解析了路段与出入口交通冲突本质与故障发生的深层次规律,充分把握了人的多种驾驶行为与隧道构成设计之间的耦合关系,从源头上把握了运营期灾害风险,从而进行线形、灯光、标识等方面的优化调整,尽可能地减少隧道内车辆碰撞、火灾等灾害发生的风险。

2. 适应性思维原则

适应(adaptation)源于拉丁文 adaptatus,原意为调整、改变,它在不同学科中的含义各不相同,但基本内涵是一致的,即主体根据外界环境与条件的变化,主动改变自身特性、行为、组织模式与功能等,使自身保持与新环境的协调以继续生存、发展,并持续发挥作用与提高能力,这种行为现象与过程称为适应。

在进行防灾减灾管理时,适应性思维指的是管理主体要具有主动跟随环境与灾害风险的变化,提高认知、分析和驾驭灾害复杂整体性的行为能力的意识。其中既包含主体通过主动提高自己的认知水平来适应复杂多变的系统环境,又包含主体在不断提高自身能力的基础上对减灾方案进行不断的迭代优化以提升其应对可能的灾害情景的适应性。例如,深中通道具有超长隧道结构,因隧道本身具有密闭空间、视野受限、黑洞白洞效应等特点,容易产生车辆碰撞、火灾、爆炸等安全问题。针对这类复杂灾害的应急管理,需要预先设计能够适应全路段可能发生的相关灾害的最佳减灾方案,即相比于其他减灾方案,所制定的方案能够最大限度在各个可能发生灾害的路段、各个可能发生的灾害等级、灾害发生的各个阶段都发挥其应急救援疏散等功能的及时性与有效性。因此,深中通道基于以防为主、防消结合的原则,从整个消防救援系统的角度出发,在火灾场景设计、消防救援设备配置、紧急通风预案等多个方面考虑隧道的运营安全性,所设计的消防减灾方案包括危险源消除、事故预防、事故预警、事故报警、事故处置与应急联动等多个功能,真正做到全方位、全过程、全覆盖的防灾减灾管理。

3. 底线思维原则

在我国经济快速发展的过程中,不管是在哪个阶段、哪个领域,始终有一个准则,那就是以人为本,这是时代的要求,也是科学发展观的核心。在重大工程防灾减灾管理工作中,不管面对如何复杂的灾害、如何多变的环境,始终要坚持的底线思维就是以人为本。人是工程建设的主体,是最重要的生产力要素,人的生命是无价的,防灾减灾管理的根本目的和原则也是保障人民的生命安全,在任何情况下都不能以牺牲人民的生命安全为代价来追求其他目标。只有在底线思维的基础上,才能更好地进行防灾减灾管理工作。深中通道在建设的全生命周期始终坚持以人为本的底线思维:第一,在施工建设期始终将现场人员的生命安全放在第一位,通过日常的班组安全教育、可视化的安全监控、严格的安全管理体系等等,保障在施工过程中不出现一例人员受伤事故,坚守以人为本底线;第二,在运营期也充分考虑了人员的行驶舒适度和安全性,通过在设计阶段进行八自由度仿真模拟,充分考虑人在不同行驶状态下,隧道内光线、线形以及标识等对于人员行驶的影响,从而进行优化,尽可能地减少人员行驶中会出现的问题,避免造成人员伤亡事故。

7.2.3 深中通道防灾减灾管理复杂系统管理要点

在明确了深中通道防灾减灾管理复杂性认知、指导原则的基础上,即可形成如下的深中通道防灾减灾管理工作的基本要点:

1. 本质管理

在解决复杂性管理问题时,在采用相对性的近似方法,或者先分解再还原等手段时,一些关键细节要素或微观传导链路困难被"模糊化"或被"简约"了,而在复杂系统中,"失之毫厘"的系统输入可能会带来"差之千里"的功能输出。因此,在防灾减灾管理中,有时需要我们直接、完整地面对灾害的本质属性,即复杂整体性。这种直接面对灾害风险复杂性本质属性(复杂整体性、还原论不可逆性)的管理称为本质管理。当我们聚焦深中通道面临的灾害风险时,本质安全管理的核心是针对安全活动与问题的本质属性进行分析、方案设计与实施等安全管理行为。

本质管理的基本特征在于它直接以还原论不可逆性这一本质为起点分析与解决防灾减灾管理问题。回忆前文所提到的,深中通道所面临的灾害风险的复杂整体性、高度不确定性均充分体现了其物理与环境独特性,因此,对应的本质管理需要从其独特性入手构建管理活动与行为准则,强化防灾减灾管理工作的精准性。

因此,为做好、做实、做细深中通道防灾减灾管理工作,我们需要围绕该问题对深中通道的工程-环境复合系统进行深入复杂整体性本质属性的分析。现实中,在深中通道工程现场,各类人员、设备、原材料在动态的气候环境、复杂的工艺规范和管理程序下逐渐形成一个物质型复杂系统。这个系统是"自然""物"与"人"等资源共同组成的复合系统,"自然"遵循自然系统规律,"物"的硬系统体现了多种工程技术领域知识的共同作用,而"人"的系统由于重要性、自组织更加复杂了。因此,系统的灾害风险状况既取决于当时特定的自然环境,又取决于工程装备、材料的状态,还取决于人员的心理、行为状况,以及管理制度与程序。

可以看出,深中通道工程现场基于强关联性表现出来的实体复杂性远远大于工程设计估计和预测到的虚体复杂性。首先,在施工建设过程中,各要素横向之间的实际关联性大大增强,施工人员、机械设备、各部件供应和施工工艺等要素之间紧密配合缺一不可。其次,现象因果关系不再是直接和显现的,复杂性使得对工程建设过程中的许多问题失去了现实上的可预测性;并且,工程面临的灾害具有不可预见的突发性,常常按非因果律方式出现,导致人们在灾害发生前和发生时无法认识它,例如,在海上施工的过程中,海底复杂的环境变化、紊流变化会超出人们的预测范围,在波动的时候即使再有经验的专家也无法快速、及时地发现问题的所在。最后,由于施工过程中要素多、关联紧密,某种因素的弱小影响可能会被扩散、放大,从局部性变成全局性,从微创性变成灾害性。这些本质性特点使得在深中通道工程建设现场,即使每一个设备质量都尽可能高、每一个工艺环节都尽可能完善、每一个人员技术水平都尽可能完美、每一个管理程序都尽可能严密,但正如墨菲定律指出的那样,总会在某一个环节有出现失误的可能,总会有某个差错导致灾害的可能。特别是与工程安全有关的任何一个小小的偶然事件,不论是设备、人员、管理还是环境方面的因素,或以上某几方面因素的组合,只要它导致某一个哪怕是非常小的故障发生,工程强关联性就有可能导致该故障的扩大与故障之间相互作用的增强,并因此涌现出系统性灾害。所有这些又远远超出现场人员与工程设计人员的预料,最终导致原来正常的操作成为更大灾害的起因。

可以看出,深中通道复杂灾害的复杂整体性对其灾害风险管理的影响巨大。针对这一影响,要主动建立灾害风险防范体系,从引发复杂灾害的本质因素入手,挖掘本质因素,进而控制本质因素,最后实现从源头上化解复杂灾害发生的风险。例如,深中通道运用"智慧工地"系统,内嵌一机一码、工艺监测、安全预警、隐蔽工程数据采集、远程视频监控等监测、管控技术,使得施工现场内人的不安全行为、设备的不安全状态等都得到了精准识别和有效控制,从源头就开始防范因系统局部要素行为异化而演化成事故的可能,真正意义上实现了工程建设全过程、全方位管控。

2. 应急管理

在进行防灾减灾管理工作时,管理主体不仅仅需要基于本质管理思维做好防范工作,同时需要主动根据可能发生的灾害的状态、演化过程,快速做出适应性的应急响应,即应急管理。这是因为,由于环境的深度不确定以及一些灾害诱发因素及传导链的隐蔽性,一些灾害通常难以完全避免。这时候最重要的就是做好应急管理部署工作,在灾害出现苗头或灾变趋势未扩大时,及时采取应急措施,最大限度地降低灾害后果。

例如,深中通道施工现场位于交通繁忙的珠江口伶仃洋上,伶仃航道、龙穴南航道及龙横航道穿过本标段施工水域。台风集中在 5—10 月,最多时每年可达 6 个月。由于海上施工量大、海上施工点多面广,超强台风给海上临时结构物及永久结构物的抗风性能带来严峻挑战,且海上施工防台期间人员转移、船机设备安置、大型设施转移加固工作量巨大,防台应急协调难度大。为此,深中通道管理中心专门成立防台应急领导小组,编制防台专项应急预案,对应急预警及响应、信息报送、防范措施、转移安置、灾后恢复以及内外救援力量等进行了详细说明,并重点根据当年度施工船舶、作业人员以及设备设施拟投入最高峰的数量,逐一部署防台锚地、人员安置点以及设备设施加固措施。针对台风如果造成施工人员生命威胁如何及时有效开展救援工作这一问题,深中通道管理中心在内部建立互救机制,集结参建各方力量,成立自救应急救援队伍,应急时统筹资源、统一调配,形成应急合力。如 2018 年防范台风"山竹"时,项目 S05 合同段提供应急拖轮帮助 S04 合同段紧急转移无动力船舶,使得所有船舶在要求时限内安全转移到位。每年标段与标段间联合开展防台应急演练,加强联动。同时,当项目自救能力不足时,鼓励各单位购买外部救援服务,主要包括拖轮租赁以及海上施工定点气象服务。比如 S09 合同段与广州港股份有限公司拖轮分公司签订大型非机动船应急拖轮租赁合同,防台抢险时将供派遣调度。同时,充分发挥总部应急资源优势,广州打捞局、保利长大工程有限公司等参建单位海上专业救援资源和经验丰富,必要情况下可为项目各标段提供救援指导、救援装备支持。

3. 柔性组织

深中通道防灾减灾管理是一项系统工程,而系统工程需要通过与之相适应的管理模式、组织机构、管理机制、管理流程、管理方法以及管理技术等来实现,也就是说,需要有基础性的工程防灾减灾管理组织体系。对于一般工程来说,因为问题相对简单,并且管理主体的能力也相对较强,往往只需要一次性地设计与构建管理组织,这一组织就能够"从头到尾"地处理工程防灾减灾管理全过程中的各种问题。但是,对于重大工程防灾减灾管理,问题类型多且复杂,管理主体能力也常感不足甚至欠缺。因此,在实际中,很难一次性成立一个在工程防灾减灾管理的全过程中能够驾驭所有防灾减灾管理问题的组织。相反,这时要通过重大工程防灾减灾管理组织在管理过程中的"柔性"和"适应性"的调整(包括变动主体构成、改变管理机制与流程)来提高它的整体能力。

也就是说,深中通道复杂灾害风险管理的基础性核心是构建独特有效的防灾减灾组织及其组织运行管理机制以保证本质管理的实施。柔性组织管理强调根据防灾减灾的需求和环境变化快速做出调整和改变,以应对不断变化的挑战和需求,也就是具备前文所提到的适应性。就一般的组织管理模式来说,通常采用固定的层级结构和流程,可能存在部门间的壁垒和信息孤岛,而柔性组织管理模式更加注重组织的灵活性和适应性,强调跨功能、跨部门的协作和合作,以及大量资源的弹性配置。

那么,究竟如何形成深中通道防灾减灾柔性组织管理呢?我们首先可以从组织平台的四个要素即问题(任务)、主体、资源、环境出发,这里的环境指的是管理组织内部的运作环境与协调机制,而非建设过程中的外部自然环境。在面对深中通道灾害风险管理的实际活动时,上述四个要素会出现各种变化,这时柔性组织管理应产生各种变更来体现其适应性功能。其中,问题(任务)的变化是根本的和主导的,起着导向性作用,组织平台的所有变更应该说都是由问题(任务)变化引起的。第一,平台主体的变更。问题的变化必然会对主体的事权、知识和能力提出新的要求。深中通道在现场施工的过程中,建立了现场综合减灾组织体系,以项目部为核心,指挥建立风险管理组,下设所属作业队以及作业、操作班组,在风险管理组中,针对不同风险有不同的团队进行控制,在面对不同的复杂管理问题时,灵活性地更换智慧团队,保障风险最小化。第二,平台结构的变更。问题(任务)的变化,可能会引起平台主体之间的相互关联及作用发生变化。这时,会直接要求对平台结构进行变更或者重组,以涌现出新的必要的能力和功能,这通常表现为工程管理模式的变更。深中通道在面对复杂灾害风险管理时,每个阶段有每个阶段的工作模式重点,以施工前抓源头、施工中抓落实、施工后抓改进的工程管理模式,在施工前把握灾害风险源头,进行源头把控;施工中保证制定的风险管理体系以及应急预案等切实实现,尽可能降低灾害所带来的危害;施工后根据现实的情况、实施的变化不断改进灾害管理方案,保证运营的安全性。第三,平台机制的变更。主要指的是平台内部工作流程、技术应用等的变更。深中通道在建立深中通道管理中心的基础上,不断丰富建设团队,例如在面对台风灾害时,在深中通道管理中心组织架构的基础上,联合广东海事局深中办共同设立了水上监管信息化系统——智慧海事共享信息中心,以及购买外部救援服务等,丰富组织团队架构,来应对灾害风险管理问题的变化。

上述深中通道防灾减灾柔性组织管理平台表现出的多方面"柔性"品质充分体现了它在应对复杂性管理问题(任务)时,通过适应性机制构建驾驭管理复杂性的能力的基本原理。也就是说,通过柔性组织管理,来更好地应对复杂系统中多变的环境和需求,以实现灾害风险管理的核心目标。

4. 多尺度管理

在重大工程管理活动中,同一个管理特征、要素、参量等会在同一个维度上出现可分辨次序的现象,我们称此现象为重大工程管理的多尺度现象。重大工程管理多尺度概念是对重大工程管理活动中的某一管理特征或要素在一个维度上表现出的次序性与层次性现象的抽象。同样,在深中通道灾害风险管理过程中,在以本质管理为核心、柔性组织管理为基础之上,需要进一步精细分析灾害风险管理问题的复杂结构和解决方案,这时就需要进行灾害多尺度管理。具体来说,综合考虑深中通道建设面临的综合灾害风险,可以进行如下划分:

(1)时间多尺度。深中通道在2010年初就开始了设计选线流程,2016年正式开始建设,2024年建成通车。在十几年的建设全过程中,不同阶段需要面对不同的建设目标以及灾害挑战,例如,在施工过程中需要面对台风、深海紊流等自然灾害的影响,在运营期需要考虑车辆运行后会产生的碰撞、火灾等灾害风险。在灾害控制管理过程中,也可以划分为灾害前、灾害发生过程中以及灾害结束阶段。在灾害发生前,针对可以控制的灾害需要进行预防,不可控的例如自然灾害等,需要进行预测管理;在灾害发生时,需要及时进行应急响应管理,尽可能地降低灾害带来的影响;灾害结束后,需要根据实际发生情况进行总结分析,不断优化迭代灾害控制方案。通过对建设阶段、灾害发生阶段两个时间尺度的划分,并将二者进行有效结合,来精细化灾害控制方案,保障灾害危害最小化。

(2)空间多尺度。深中通道作为集"桥、岛、隧、水下互通"于一体的跨海集群工程,全长约 24 km,自身就是一个大空间尺度的实体,贯穿于非常广阔的地理空间。建设区域的不同,必然会遇到不同空间尺度的地域与自然环境,需要面对不同的灾害风险,从而显示出不同的工程特点和差异性极大的管理问题。例如,深中通道 S05 合同段在进行深中大桥施工时,施工现场位于交通繁忙的珠江口伶仃洋上,作业平台邻近航道,航道交错,船舶航迹多变,通航环境复杂。这时就需要根据具体的水域交通情况、障碍性情况进行针对性的分析,针对通航问题进行特定研究。需要依据对深中通道区域、地理位置的划分与分析,来更加准确地制定相关灾害应对方案。

(3)结构多尺度。深中通道集群工程的特点决定了不同结构需要面临的关键问题也具有多尺度特点,例如,深中通道桥梁在面对台风灾害时需要解决其抗风性能结构问题、隧道在长时间的深海复杂环境中需要解决其抗腐蚀结构问题等,结构的不同导致其面对具体灾害时的控制管理细节和施工工艺也不尽相同,需要针对不同工程工况下可能会发生的灾害风险进行风险评估和管理,并制定应对措施。

(4)组织多尺度。深中通道在建设过程中会涉及多个领域和利益相关方之间的关系和影响,面对灾害时同样如此,会涉及政府部门、企业、社会公众等多个相关方。例如:在空间多尺度中提到的,在进行通航碰撞灾害管理时,不能只考虑自身的建设,还需要和社会方面相协调,在不影响其正常运行的情况下进行灾害控制管理;在面对台风灾害时,仅仅依靠深中通道管理中心自身的力量是远远不够的,需要气象管理局、外部救援团队、锚地管理主体等多方的协助,通过跨部门、跨行业的协同合作来共同面对整个生命周期内的各种灾害。

7.3 深中通道防灾减灾管理创新

在明晰了灾害风险管理的复杂性特征、深化了复杂性系统思维、把握了防灾减灾管理要点的基础上,若要实现真正的防灾减灾目标,还需要根据工程自身的实际情况、面对的问题及挑战制定相应的对策与方案。因此,本节聚焦于深中通道为实现防灾减灾目标所进行的创新实践,主要包括管理体系创新、管理制度创新、管理技术创新三个方面。

7.3.1　防灾减灾管理体系创新

深中通道作为国家投资的重点工程,在当前的跨海集群项目建设中,具有典型的创新性,多个领域水平都处在国家前列。深中通道在建设过程中面临的灾害正如前文所述,要素多、关联复杂,建立防灾减灾管理体系就变得尤为重要,并且需要根据当前的实际情况、发展目标、环境变化以及组织构成来优化创新其管理体系,使其结合柔性组织管理以具有高度适应性,来应对复杂灾害风险变化,为防灾减灾管理决策提供有力支持。

为实现深中通道防灾减灾的根本目标,深中通道按照系统性、统筹性以及创新性原则,建立了安全风险分级管控和隐患治理双重预防的防灾减灾管理体系,如图 7-4 所示。

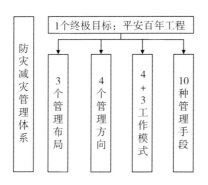

图 7-4　防灾减灾管理体系

具体来说,防灾减灾管理体系的一个终极目标就是实现平安百年工程、生产安全零责任事故。在明确了管理目标、实现核心的基础上,通过三个管理布局,即海、陆、空三位一体,使项目在海、陆、空领域均以同等严格的安全标准进行管理,推进安全管理一体化。掌握四个管理方向,也就是以"三控"(人、设备、风险)为核心,以"三化"(智能化、信息化、标准化)为助力,以通航安全保障为先决条件,保障管理体系的全面化、现代化、系统化。在此基础上,采取 4+3 的工作模式,以建设方主导、施工方落实、监理方监督、第三方协助为管理体系,以施工前抓源头、施工中抓落实、施工后抓改进为工作模式。在建设的不同阶段,面对灾害管理控制柔性调整其管理模式、管理重点,在具有保障的基础上反应式地调整具体方案,保障管理模式的有效进行。在布局、方向以及模式的引领下,采用本质安全、风险管控规划、通航安全保障、双重预防机制、安全生产责任、平安工地建设、安全标准化体系、班组安全管理、应急管理能力、打造深中安全文化品牌十种管理手段,保障、把握本质安全管理的核心,坚持以人为本的底线以及多尺度管理的精细化。以精细化管理保障高水平建造,用以人民为中心的发展思想推动高水平安全,形成一流管理体系。

在深中通道防灾减灾管理体系的创新发展下,管理主体面对灾害时的应对能力有所提高,形成了一个健全的、高效的管理架构。通过多方的协同合作、跨部门的资源整合,提高了应对灾害时的执行效率和资源配置效率,推动了高质量建设和高水平安全,能够更加科学、有效地预防和应对灾害,保证工程的安全运行和长期效应,形成防灾减灾管理体系创新成果和实践经验,为其他工程提供借鉴与参考。

深中通道强化平安工地建设,推动工程安全管理规范化、现场管理网格化、风险管控动态化、事故隐患清单化、工程防护标准化。构建了安全风险动态管控系统,对工程建设期间的安全风险管控关键信息进行采集传输、汇聚整合、分析应用以及相关业务处理,并委托专业第三方实行风险动态管控(见图 7-5)。

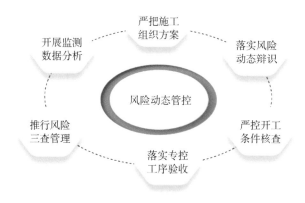

图 7-5　深中通道动态风险管控

7.3.2　防灾减灾管理制度创新

面对深中通道防灾减灾的诸多管理难题,如技术复杂、参与主体众多、一线员工的防范意识薄弱等等,想要真正解决问题,光有柔性的组织管理体系是远远不够的,需要形成一套系统的制度体系,使各方在进行工程管理时"有法可依"。只有形成一套符合具体实际、贴合工程问题、把握建设关键的制度体系,深中通道的顺利建成才有所保障,长效管理才有抓手。

在建设过程中,深中通道需要面对高度复杂化的施工环境、超高要求下的设备使用、超大规模下的人员协调,在其独特性、复杂性、不确定性的影响下,需要有更精细化、更贴合实际、更专业化的防灾减灾管理制度体系。因此,深中通道管理中心与时俱进地创新制度体系建设,为此,项目预先策划、前瞻部署,开工前编制《项目安全生产规划》对安全标准化建设进行了详细部署,按照"三化、三集中、四控制"建设模式,分阶段推行"深中定制"安全标准化建设制度体系。通过标准化的制度要求,来尽可能地降低产生施工不确定性的可能,保障施工在柔性协调的同时又具有底线标准。

　　具体来说,深中通道全线推行安全标准化建设 15 项,重点实施了夜间警示标准化、水域防护标准化、船舶管理标准化、上下爬梯标准化、安全通道标准化、消防管理标准化、吊装作业标准化、产业工人安全培训标准化等,打造了富有跨海集群工程特色的"深中定制"安全标准化制度体系,取得了显著成效,有效保障了海上施工安全。同时,深中通道进行安全信息化管理,依托项目搭建的智慧深中 BIM 平台,整合视频监控、安全风险动态管控、智慧海事等系统,规划了"五位一体"安全信息化布局。其中,智慧深中 BIM 平台实现了班组人员实名制、门禁系统准入制、船舶及特种设备管理、隐患排查整治以及平安工地建设信息化;视频监控系统通过智能工卡、监控视频、工地物联网等,形成深中大屏"安全天眼",实现对人机船环的实时管控;安全风险动态管控系统集预防、预控、预警三大功能于一体,并着重进行重大风险源本质安全监管与施工动态跟踪,实现对风险的可视化、信息化管理;智慧海事系统依托 VTS、AIS、定向雷达等组成的信息化系统平台,实现船舶管理"全过程、全天候、可视化、轨迹化",达到快速响应、智能调度的效果(见图 7-6)。

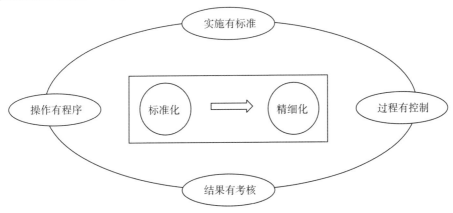

图 7-6　防灾减灾管理制度创新

　　通过创新的标准化制度建设,辅以信息化、智能化管理手段,对灾害风险进行实时把控,为实现防灾减灾最终目标提供了可靠保障,有利于提高建设效率、降低建设风险、保证建设水平。

7.3.3 防灾减灾管理技术创新

深中通道作为当前世界上体量最大的跨海工程,在面对灾害时也存在着许多世界级的技术难题,如前文所提到的悬索桥抗风技术、复杂水环境下的海底沉管隧道抗腐蚀技术等,对防灾减灾管理技术提出新的更高要求,现有的技术无法满足建设需求,技术创新成为实现防灾减灾目标的关键支点。因此,在建设过程中,深中通道坚持自主创新、博采众长,开展关键核心技术研发,着力解决行业"卡脖子"技术难题,实现了防灾减灾管理技术创新,保障了建设目标的实现(见图7-7)。

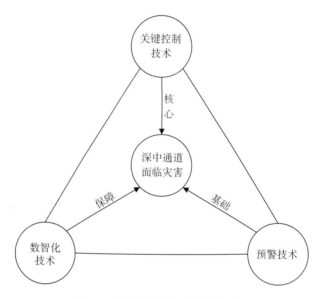

图7-7 防灾减灾管理技术创新体系

具体来说,可以将深中通道防灾减灾技术管理创新分为三类,分别是预警技术、关键控制技术、数智化技术。

预警技术是针对无法避免的例如台风、船舶运行碰撞、运营期火灾等灾害性问题,根据统计数据和数值仿真,结合海域环境信息、气象信息等内容,对灾害提前进行安全预警、检测,构建安全预警系统。关键控制技术则指的是面对灾害时的结构性关键核心技术。深中通道这一类涉水重大基础设施在超长的工程寿命期内,长期性能会退化,且易受强台风、巨浪、急流、船撞、火灾、冻融等恶劣因素作用而致灾,这时就需要突破涉水复杂环境多灾害耦合作用下重大基础设施安全防控等核心技术瓶颈,确保海底隧道防火、智能动态管控、应急救援预案全覆盖,提升极端环境和不利荷载作用下超大跨桥梁灾害预警、寒区工程抗冻性能及保护能力。数智化技术指的是深中通道在建设过程中有大量的数据信息,包括人员、机器、船舶、相关参数等内容,面对如此大量的信息需要通过数智化技术对其进行汇总处理,保障在所有阶段、所有层次都实现信息可视化。例如,大型设备通过引用"互联网+"智能技术管理,建立智慧海事共享信息中心与隧道火灾智能化系统等,用智能化技术来辅佐主体在灾害发生时进行快速处理、应对,降低灾害所带来的损失。

首先,灾害风险最常发生于施工过程中,而深中通道施工现场环境尤为复杂多变,传统的人工监控方式难以实现对施工现场的全面把控。其次,工地施工过程中存在的安全隐患难以及时发现和处理,一旦发生安全事故,后果往往十分严重,且很难查证。最后,大量劳务人员行为管控难度大,难以确保施工人员的安全意识和操作规范。在当今信息化、智能化的时代背景下,物联网、大数据、云计算等新一代信息技术在工程建设领域的应用日益广泛。基于此,深中通道构建智慧工地的数智化管理,针对传统工地管理中存在的施工现场监控难、安全事故预防与应对不及时、人员行为难以管控等诸多难点,通过数智化管理模式全面提升对工地现场的全面感知、智能分析和决策。

深中通道智慧工地以 BIM 协同管理平台为载体,通过智能工卡、设备传感器、GPS 定位器、智能终端、工地物联网等技术,积极推广智慧工卡、一机一码、工艺监测、安全预警、隐蔽工程数据采集、远程视频监控等设施设备在施工管理中的集成应用,将劳务人员、施工机械、材料、船、特种设备、混凝土搅拌站、试验室、视频摄像头等现场要素智慧物联,实时自动采集和分析人、机、设备、材料、法、环等日常过程作业信息,实现人员动态统计、设备轨迹和安全监控预警、材料追踪、试验室监控、远程视频监控、应急调度指挥等综合应用,进而实现智慧动态管控,提升项目管理信息化水平,推动现代工程管理水平及工程品质的提升。

特别地,为实现防台过程中施工船舶可视化、轨迹化监管,项目联合广东海事局深中办共同设立了水上监管信息化系统——智慧海事共享信息中心,在后场能实时查询施工水域船舶停靠情况、每艘施工船舶定位和航行轨迹,以及进行对讲呼叫,让所有船舶在紧急情况下能"看得见、听得着、叫得动"。

深中通道智慧工地技术路线以全面提升施工安全、效率和管理水平为核心,通过实施一系列创新的信息化、智能化措施,构建了一个高效、精准、可控的施工现场管理体系。其技术路线分为产业工人实名制、船舶设备信息化、安全管控和联合应急指挥三部分(见图 7-8)。

在产业工人实名制方面,深中通道实施了严格的实名制登记制度,基于构建

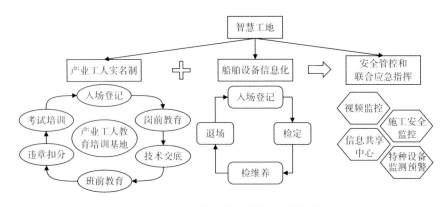

图 7-8　深中通道智慧工地技术路线框架图

的产业工人教育培训基地,对每一位劳务人员在入场登记、岗前教育、技术交底、班前教育、违章扣分、考试培训等全过程进行闭环信息化管理,对每一位入场人员进行身份确认和信息录入,确保人员信息的准确性和可追溯性。

在船舶设备信息化方面,深中通道实施"一机一码,一船一码"的精细化管理,对每一个设备机械的入场登记、检定、检维养、退场进行全过程实时监控和数据分析,提高设备的使用效率和安全性。

在安全管控和联合应急指挥方面,深中通道依托信息化平台建立了信息共享中心,对施工现场进行全方位、多角度的安全监控。通过实时采集和处理施工现场的数据信息,及时发现并预警潜在的安全隐患,确保施工过程的安全可控。

总的来说,深中通道的技术创新以关键控制技术为核心,以预警技术为基础,以数智化技术为保障,以"理论研究—技术研发—系统集成—应用示范"为主线,采用实体工程现场调研与观测理论分析、数值仿真、模型试验和工程示范等手段,针对防灾减灾管理技术问题开展研究,形成具有重要科学价值和显著社会经济环境效益的创新性成果,提升我国涉水重大基础设施安全保障技术水平。

7.4　深中通道通行安全的智能化管理

7.4.1　深中通道运营期面临灾害挑战

深中通道运营期面临以下挑战:

其一,双向八车道高速公路海底钢壳沉管隧道防灾救援存在技术挑战。工程隧道采用沉管工法,双向八车道技术标准,断面宽度达到 46.0 m,特别是在深圳侧加减速车道段,达到双向十二车道。类似规模的海底隧道国内外没有先例,在隧道结构体系、钢壳材料、断面型式、通风与防灾救援等方面存在较大技术挑战。

其二,工程交通量大且货车比例很高,如危化品运输车辆通行存在重大安全挑战,隧道运营安全及防灾面临巨大挑战。工程属于国家高速公路网,两岸接线均是高接高,主线无收费站,通过枢纽互通直接与周边高速公路实现快速交通转换。工程远景年限设计交通量达到 93 006 pcu/d,且通车后即达到高交通量水平,同时货车比例接近 50%,其中重型货车比例较高,为 9.4%—12.2%。大量的重型货车通行,且货物种类多样,火灾荷载大,一旦发生火灾,其规模难以控制,将给隧道运营安全及防灾带来巨大挑战。

其三,在超大断面沉管隧道通风及防灾方面,没有明确规范指导;机场互通渐变段隧道截面变化显著,匝道多排烟气流组织困难。工程超大断面沉管隧道,类似规模的海底隧道国内外没有先例,且部分关键指标在国内外现行规范中没有明确指导。工程隧道东侧机场互通立交与主线隧道交会,隧道内多处分合流,渐变段隧道断面截面变化显著,机场互通地下枢纽渐变段为双向十二车道,且纵坡较大,气流组织复杂,匝道曲率半径小,排烟疏散难度大。

其四,隧道两端通过人工岛进行桥隧过渡,并设置地下互通匝道。工程隧道两端均通过人工岛进行桥梁段与隧道段的过渡,出入口的纵坡较大,东岛处通过机场互通与相邻高速公路连接,设置地下互通匝道;西岛处通过小半径匝道进出西岛。在车流量大、交通流复杂、大车比例高的同时,涉及在隧道段的多种交通流交织、变线、地下匝道的分合流等问题。

其五,隧道火灾探测及灭火技术难度大,超长海底隧道疏散、协调救援难度大。深中通道主线隧道断面大,一方面,实现火灾探测及灭火的技术难度大;另一方面,海底隧道一旦发生火灾,疏散救援以及后期维护难度大,应急救援涉及部门众多,沟通协调难度大。因此,防灾等级高的特点,对火灾探测、灭火以及结构耐火保护提出更高要求。

7.4.2　深中通道智能交通事故灾害管控

1. 深中通道交通事故灾害智能化管控理念

深中通道作为跨海桥隧一体化大通道,存在结构特殊、交通饱和、大车率高等特点,其安全行车的需求极其突出。从安全的角度,深中通道智能交通管控的根本目的在于:

(1)以动态风险控制为引领,以提高交通运行"平顺性"为手段。在日常状态下保障交通流平稳运行,减少速度差,控制运行风险,并尽可能提高通行效率。

（2）以事件条件下交通态势研判为引领、合流控制技术为支撑。在事件条件下，采取合理控制事件上游车辆流入速率，在车道部分封闭情况下合理设置合流控制的策略，尽量减轻事件上游路段的交通流混乱程度，减少车辆在海底隧道密闭空间中的积压。

为实现上述管控目的，提出如下深中通道管控理念：根据双向车道及节点构成网络的拓扑结构，对深中通道进行合理空间划分，科学布设检测设备对各空间进行交通流等运行数据的充分感知，上传至监控中心；在日常状态下，通过监控中心的"智能化风险评估及管控系统"，对深中通道进行动态风险实时评估、预测及预警，通过制定合理的车道安全管控策略和运行速度智能管控策略，针对风险致因实现交通流时空合理调节，降低运行风险和事故发生概率；在事件条件下，通过监控中心的"智能化风险评估及管控系统"，实现交通态势快速研判，及时发布事件信息，根据封闭车道的情况应用合流控制策略保障事件上游车辆平稳合流，同时进行车道管理和速度控制，从而维护事件影响范围内的交通秩序，减少次生事故的发生。上述策略发布方式主要有：各空间可变情报板、车道控制标志、可变限速标志等。具体如图 7-9 所示：

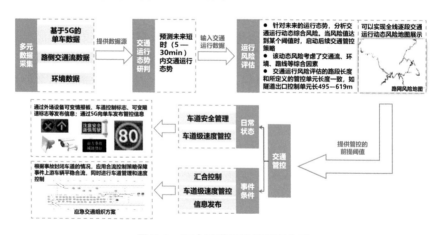

图 7-9　深中通道智能管控理念图

上述管控理念主要针对深中通道主线路段进行智能管控。对于深中通道，机场互通作为水下互通，分合流均在水下，视野受限，且流量较大，大车率高，因此容易引起拥堵。尤其是在过饱和、大交通流量下，对汇入匝道的车流进行控制是缓解深中通道隧道段拥堵、保障安全的重要手段。然而，由于深中通道属于高接高，匝道控制的实施条件有限，视野受限条件下水下匝道排队等待路权的风险过大，因此对于深中通道而言，不推荐采用匝道控制的方式进行智能管控。

2. 深中通道智能交通事故管控方法

（1）深中通道交通运行动态风险评估。为寻找出适合深中通道交通运行特点的动态风险评估方法，深中通道共选择五种方法进行建模和分析，包括自适应神经网络模糊推理法（ANFIS）、决策树分析、基于决策树和 ANFIS 的综合分析法、Logistic 回归分析、支持向量机分析。另外，为确定合适的建模数据采集时间段，分别选择事故发生前 0—5 分钟、事故发生前 0—10 分钟、事故发生前 0—15 分钟、事故发生前 0—20 分钟、事故发生前 0—25 分钟、事故发生前 0—30 分钟，以及各对照组相同时间段内的交通流数据进行交通运行动态风险值的定义和动态风险评估建模。

（2）深中通道互通立交安全评价体系构建。针对国内八车道高速客货车混行导致路段通行效率低和出入口事故率高的问题，基于海因里希事故理论，分析预测年限内不同交通流状态下驾驶行为变化规律与交通冲突水平，提出综合考虑驾驶行为、安全设施与交通流特征的路段与出入口车道管理策略，为设计提供安全设施技术支撑。通过分析高速公路冲突影响因素，建立综合考虑冲突数和严重程度的分/合流区冲突度评价模型。基于实际驾驶或模拟试验，分析车辆在时间和空间上的相互干扰，解析冲突过程与冲突产生原因，基于事故规律的对比验证，界定互通立交冲突等级划分标准，进而构建互通立交安全评价体系。

（3）深中通道车道安全管控策略生成。在获得事件发生路段上游路段的流量后，可通过各路段的流量-密度曲线关系获得各路段相应的密度值。之后，根据交通波理论，可推算拥堵空间影响范围及随时间推进的拥堵演化情况。基于通行能力分析和合流区车辆汇入间隙理论分别给出强制合流点上游车辆汇合控制的启动阈值和转换阈值，为策略的实施制定核心算法，为事件条件下高速公路封闭部分车道时的智能合流控制提出解决方案。

（4）深中通道全线单元化智能管控。为了更好地实现深中通道智能管控精细化，借鉴"智能体"的思路，提出采用"管控单元"的方式对深中通道全线进行划分，定义每个管控单元的管控需求和功能，根据功能确定所需外场设施。

管控单元的意义在于，通过划分管控单元并定义其功能，将智能管控的主要功能与具体路段及设施"绑定"，从而更加明确具体路段在智能管控中的作用和需求，为管控设施的设计和管控算法的落地提供依据。基于管控单元的物理连接和由交通组织模式确定的逻辑关系，从智能管控的角度，定义以管控单元为节点的深中通道交通运行网络及其拓扑结构，为开展全线的统筹运行和系统化管理提供更贴合交通运行管理需求的对象。管控单元在信息层面将检测器数据与位置信息和单元功能性进行关联并扩展到整个单元，解决了检测器布设带来的离散性与精细化管控对状态连续性掌握要求的矛盾。管控单元的划分和定义，为运行事件的定位、关联单元确定、上下游联动控制提供了便利。此外，对未来部署、运行"智能网联车"，定义路侧控制单元和基础设施协同，做好运行逻辑网络和功能上的准备，具有积极意义。

7.4.3 深中通道隧道火灾防范与应急管理

1. 深中通道隧道面临火灾挑战

深中通道沉管隧道与港珠澳大桥沉管隧道相比，具有以下典型特征：①双向八车道，规模更大；②不限制危险品运输车辆，各种车型均可通行，火灾风险远大于港珠澳大桥沉管隧道；③宽体沉管隧道侧墙排烟口设置方案（港珠澳大桥沉管隧道）排烟效率低，无法满足八车道隧道需求；④两侧布置的自动喷淋灭火系统在八车道沉管隧道内无法全面覆盖车行道，需要考虑新的布置方式；⑤危化品泄漏、燃烧、爆炸带来的防灾救援难度更大。

深中通道沉管隧道在通风、消防及防灾方面面临的主要挑战有：①国内外对沉管隧道的通风、消防及防灾救援设施设计没有明确规范指导；②无超长、超宽断面沉管隧道的排烟设计经验；③水下互通立交的通风、防灾及救援经验缺乏；④对大规模隧道火灾通风防灾尚无统一标准；⑤如何保障火灾时疏散通道通风防灾安全尚无明确规范指导。工程隧道东侧机场互通立交与主线隧道交会，主线隧道内多次分合流，主线渐变段隧道断面变化显著，机场互通地下枢纽渐变段为双向十二车道，且纵坡较大，气流组织复杂，匝道段曲率半径小，排烟疏散难度大。

深中通道主线隧道为双向八车道隧道，断面大，一方面，利用现有技术实现火灾探测与灭火具有难度；另一方面，深中通道为海底隧道，一旦发生火灾，疏散救援以及后期维护难度大，因此其防灾等级高，对火灾探测、灭火以及结构耐火保护提出更高要求。除此之外，深中通道为超长海底隧道，疏散距离长，救援难度大，应急救援涉及部门众多，沟通协调难度大。

国内外关于隧道防灾研究的重要性和必要性早已达成共识，然而截至目前，国内外的相关研究成果还不足以为各种隧道的防灾救援提供一个有效的指导标准，国内甚至没有一部系统的关于公路隧道火灾的规范和标准，关于跨海、跨江特长公路隧道防灾救援技术更是没有相应的标准与规程。随着国内正在建设和规划的特长海底公路隧道日益增多，代表性的项目有港珠澳大桥沉管隧道、深中通道沉管隧道、大连湾海底隧道、琼州海峡隧道、渤海湾海底隧道等，对防灾救援技术提出新的更高要求，现有的技术还难以满足运营需求。

可见,如何保障深中通道沉管隧道在饱和交通条件下实现通风排烟、火灾防控、防灾救援、安全运营等将是水下特长隧道建设迫切需要解决的关键技术问题。

2. 深中通道隧道防灾减灾措施

(1)超大断面特长海底沉管隧道通风及防灾关键方法

①构建超大断面特长海底沉管隧道防灾通风标准。防灾通风标准是隧道通风系统设计的基础。根据项目交通量、交通组成及联网收费情况等,结合危险货物运输安全及超限车辆通行管理体系研究成果,以及日本、欧美、PIARC 技术报告和国内有关规范,调研国内外类似隧道工程经验,并采用数值模拟、试验验证等方式,制定重交通量、高货车比下的超长海底隧道防灾通风标准,确定正常工况、阻塞工况的通风卫生标准和需风量(包括主线和立交匝道隧道),并确定隧道火灾排烟设防标准(火灾热释放率)。

②预估超大断面沉管隧道多因素耦合作用排烟效率及参数。结合超大断面特长海底沉管隧道防灾通风标准和危险货物运输安全及超限车辆通行管理体系研究成果,针对深中通道海底沉管隧道的特点,通过理论分析、数值模拟等方法,对超大断面侧向集中排烟模式下多因素耦合作用排烟效率进行分析,包括不同火灾热释放速率、隧道坡度、坡向、风口间距变化情况下对排烟效率的影响,火灾工况下不同通风排烟模式的烟流流场分布特征、烟雾扩散特性和排烟效果,提出主线和立交匝道隧道的排烟量、排烟口设置形式和设置间距,为设计提供技术支撑。

③生成超大断面沉管隧道通风方案及火灾排烟方案。结合上述通风标准和排烟参数定量分析,针对本工程隧道平纵横断面布置型式及机场互通立交水下匝道布置方案,采用理论分析、数值模拟等方法,研发超大交通量、高货车比等特殊场景下特长海底隧道通风与火灾排烟方式,初步拟定主线和立交匝道隧道的通风方案及火灾排烟方案。

根据相似理论,采用物理模型试验方法,建立深中通道特长海底沉管公路隧道通风大比尺物理模型,对通风系统的整体方案和分合流局部段进行气流组织模拟及分析,同时开展风道和排烟道突变处的流态特性、风流组织、阻力损失等研究,对排烟口设置形式和设置间距进行优化。对初步拟定主线和立交匝道隧道的通风方案及排烟方案的可靠性进行验证分析,并对通风方案及排烟方案进行优化,最终提出主线和立交匝道隧道的通风及火灾排烟的推荐方案,为设计提供技术支撑,如图 7-10 所示。

④设计超大断面特长海底沉管隧道通风防灾运营策略。针对深中通道海底

图 7-10　超大断面特长海底隧道火灾排烟物理实验

沉管隧道的超大断面尺寸、大纵坡、重交通量、复杂救援与疏散条件、机场互通水下复杂立交的特点，制定隧道通风系统节能运营模式和通风系统防烟、排烟运营策略，确定隧道正常运营工况下的通风控制方案及火灾工况下的紧急通风控制策略。

⑤构建超大断面特长海底沉管隧道疏散通道通风系统。结合本工程疏散通道的特点和需求，采用国内外工程及研究资料调研、数值模拟等手段对疏散通道火灾工况下的防排烟系统设置标准及方案制定，并对其有效性进行分析，为设计提供技术支撑。

（2）机场互通地下枢纽通风、排烟与应急疏散方案

①超大断面隧道变截面区域通风排烟方案。该地下枢纽隧道断面大，分流、交会区段较多，隧道截面变化显著，且出入口较多，使得通风排烟容易形成死角，气流组织难度大。采用实验、模拟等手段，确定超大断面隧道变截面区域通风排烟方案，为设计及运营提供支撑。

②小曲率半径、大坡度地下枢纽通风排烟方案。该枢纽匝道多，且曲率半径小、纵坡较大、长度较长，排烟动力相较于阻力与普通隧道有明显差异，火灾时的排烟难度大。采用实验和数值模拟，分析该结构的通风气流特性及火灾时的烟气蔓延特性，并研究常用排烟方式对该类结构的适宜性，确定高效、经济的通风排烟方案，为设计及运营提供支撑。

③地下枢纽排烟与人-车策略。针对该地下枢纽交通流复杂，分流、交会区段较多，匝道曲率半径小且长度大的特点，并结合前两个在特殊区段通风排烟方面的研究成果，确定该地下枢纽火灾排烟的方案及与之相适应的人员、车流疏散策略及方法。

（3）超大断面特长海底沉管隧道火灾防控技术

①超大断面特长沉管隧道高精度火灾快速探测及定位技术。基于超大断面特长沉管隧道火灾场景特性,不同火灾探测报警器在超大断面特长沉管隧道各种典型火灾工况下的响应速度,研发了多种火灾探测联合报警模式下的超大断面特长沉管隧道高精度火灾快速探测及定位技术。

②超大断面沉管隧道灭火关键技术。研发了超大断面特长沉管隧道泡沫水喷雾灭火应用技术,以及隧道高压细水雾灭火技术;综合考虑施工维护成本、灭火效果、对排烟效果和人员疏散的影响等因素,通过对两类系统的灭火效果进行初步对比分析,提出适用于超大断面沉管隧道的高效灭火系统;在试验分析基础上,提出适用于超大断面海底隧道的灭火系统设计关键参数。

③超大断面沉管隧道结构防火保护技术。开展超大断面沉管结构温度场三维数值模拟,以及高温下超大断面隧道管节结构三维热力耦合分析,重点分析高温下隧道接头剪力键力学性能变化;采用 RABT 升温曲线,开展高温下超大断面隧道结构防火保护试验分析。

（4）运营期沉管隧道突发事件的应急救援

①事故致灾机理及事故分级定准。结合深中通道交通流及可能发生的火灾事故灾害特点,从各类事故造成的后果、救援采取的措施、涉及的部门等角度出发,分析特长沉管隧道火灾事故类别,划分应急救援预案级别,并提出对应级别的响应措施。

②沉管隧道事故应急资源配置标准。从火灾事故应急救援的角度,结合火灾通风排烟及火灾防控技术研究成果,分析隧道应急救援配置要求及其布置方法,建立隧道应急救援设施配置标准。

③沉管隧道火灾人员疏散特性及疏散设施关键参数。针对深中通道海底沉管隧道不同的火灾场景,利用 CFD 方法对火灾过程进行数值模拟,分析不同火灾情形下烟气流动规律,对烟气控制措施的有效性进行评估;分析火灾情况下人员疏散特性;结合烟气流动规律和人员疏散特性,提出深中通道火灾事故救援时效性要求,确定逃生疏散时间、安全门尺寸、设置间距等关键参数。

④深中通道隧道系统集成火灾智能化管理。火灾作为深中通道面临的危险系数高、危害程度大、应急管理难度大的灾害之一,仅仅依靠技术创新是远远不够的,在管理上更要实现集成化、系统化、智能化,以实现深中通道面对火灾风险时的应急保障。

因此,深中通道将综合考虑先进性、可靠性、可扩充性的要求,建立可实现系统集成管理的软、硬件平台,实现数据的汇总管理、设备的集成控制及各系统功能的统一整合,并支撑顶层智慧应用。系统集成设计范围包括西人工岛监控所计算机系统、管理中心计算机系统、系统集控平台功能设计等内容。从深中通道运营的数据监控、实时环境监测预警、巡检养护、信息互联到应急管理等多方面进行火灾管理。具体来说,通过系统集成平台建设,可以实现以下功能:①对各系统设备的运行状态进行控制、调整;②对全线道路交通状况的监测、预警与管控诱导;③可针对日常运营工况与各类应急工况的不同管控需求制定控制预案,根据预案内容对各类设备、设施进行联动控制;④对各系统、设备运行状态的全面监测;⑤对影响通道运营与通行的各类环境参数的全面监测与预警,包括交通气象、隧道环境、海洋环境等;⑥对其他监测系统信息的获取,包括"两客一危"车辆定位信息、结构健康监测系统信息等;⑦对设备设施的电子化巡检养护管理;⑧可利用情报板、扬声器、调频广播、网站、微信、App 等进行多种形式的信息发布;⑨可实现与上级管理中心、相邻路段管理中心、外联单位等的信息互联互通与协调管控;⑩可同时提供对桌面端、移动端的应用支持;⑪可实现跨平台、多维度的图形化、可视化、分级互动的感知与调度信息展示,为管理决策提供支撑。

3. 深中通道隧道集成系统的构建

(1) 数据信息采集

集成系统中的信息采集主要包含三个方面。一是交通信息采集。造成隧道火灾的主要原因还是隧道内出现交通事故,因此,对于隧道内的交通信息进行采集是必不可少的,此系统对交通流量、车流速度、占有率、现场交通状况、车型比例等信息进行采集,信息的形式包括数据、图片、视频等。交通信息采集主要由监控系统、收费系统的相关设施完成。

二是环境信息采集。隧道环境不佳也会导致火灾,当隧道内的光线或者风速、风向发生改变,会影响到火灾的情况。本系统的环境信息主要针对隧道环境信息、交通气象信息和海洋环境信息。具体包括以下内容。①隧道环境参数:温湿度、光强、一氧化碳/能见度/二氧化氮、风速风向、气压等;②气象环境参数:温湿度、雨量、能见度、风速风向等;③海洋环境参数:剖面海流(流速、流向)、波浪(波高、波周期、波向)、潮位。隧道及气象环境信息采集由监控系统相关设备完成,包括气象检测器、光强检测器、风速风向检测器、一氧化碳/能见度/二氧化氮检测器、光纤光栅温度探测器、大气压差检测器、巡检机器人等。海洋环境参数的采集通过项目施工期已经建立的海洋环境监测系统及外部单位数据互联共享实现。

三是本系统通过与其他系统通信还会对以下信息进行采集:火灾检测系统

采集的火灾告警信息、温度检测信息;紧急电话系统上传的分机状态信息、报警记录信息;相邻路段的交通管控信息;结构健康监测系统上传的结构告警信息等。这些信息都有效地保障了管理人员可以第一时间发现信息数据异常,并跟踪记录,保证信息的有效性。

除此之外,本系统还会对设备状态信息以及设备标识信息进行采集,采集各系统设备的工作状态数据以及设备标识信息,从而保证设备的正常运行。

(2)系统互联

系统集成平台能够通过专门的系统互联模块实现与其他管理系统的信息交互,以满足深中通道运营管理的要求,并实现与其他外部单位和部门之间的协调配合。信息交互的对象包括交通工程内部功能子系统、深中通道其他功能系统与外部管理系统三类。

首先是内部功能子系统的信息交互,主要包含监控视频管理系统、电力监控系统、火灾报警系统、紧急电话系统以及大屏幕显示控制系统。其中火灾报警系统在监控所设置了火灾报警控制主机,用于接收光纤光栅感温探测主机上传的温度检测信息和隧道内火灾报警控制主机上传的火灾告警、手动报警按钮、消火栓箱开箱、灭火器箱开箱、消火栓按钮信号。火灾报警控制主机可向系统集成平台实时上传上述信息,系统集成平台通过图形用户界面向管理人员显示上述信息,预案管理模块可根据收到的报警信息启动相关预案。

其次是与深中通道其他功能系统的信息交互,主要包含结构健康监测系统,海洋环境监测与预警、景观照明系统。结构健康监测系统可实时监测各类主体结构的运行状态,并对异常情况发出告警信息,从而避免由于结构问题引发火灾。

最后是与外部管理系统的信息交互,深中通道的运营管理须融入省交通集团指挥调度协作体系,根据集团监控中心要求上传数据、视频,接收下发的控制指令。深中通道的交通管控与应急处置还需要与相邻路段、有关政府部门等外部单位之间进行协调配合,如中开高速、沿江高速、中山东部外环高速、虎门大桥、南沙大桥、广深高速、机荷高速、气象部门、交通管理部门、公安消防部门、海事部门、环保管理部门、医疗救助部门等,实现信息交互与共享。信息交互的内容包括交通管控信息、气象信息、航道信息、出行服务信息、环境信息、火灾告警信息等。因此,系统集成平台应该具备与外部管理系统进行信息交换的功能。系统集成平台可对以上各方开放信息交互的系统互联接口,各单位可以客户端的身份接入深中通道系统集成平台,并实现信息接收以及信息反馈的信息互联功能。

（3）告警及预案管理模块

对于隧道运营中出现的各种问题，进行及时的告警以及预案管理是必不可少的，告警可以第一时间帮助管理者发现问题，预案管理能够保障问题发生时有所准备。

告警管理模块负责告警信息的发现、接收、显示和发送。告警管理模块能够对系统集成平台采集的各项数据进行分析和判断，并与设定的阈值进行比较，对于超限的数据可自动生成报警信息并确定告警级别。

告警管理模块也可接收其他功能模块和系统发来的告警信息，包括但不限于监控系统的交通事件监测告警信息、设备集控模块的故障告警信息、火灾监测系统的火灾告警信息、紧急电话系统的分机告警记录信息、电力监控系统的告警信息、结构健康监测系统的告警信息、外部管理系统发来的告警信息等。

告警管理模块具有人工告警输入功能，管理人员可以将收到的外部告警信息（如路政巡查人员的电话告警）录入管理系统。告警信息录入界面应通过固定的格式对告警信息的内容组成要素作出规定，包括时间、地点、事件类型、信息来源、告警级别等，可起到对信息录入操作的提示作用。告警管理模块具有告警信息自动显示与发送功能。可通过系统人机界面发出声光告警对管理人员作出提示，也可将接收到的告警发送给预案管理模块来启动相关预案。通过系统互联模块可以将告警信息发送到外部管理系统。

预案管理模块能够存储各类预先制定好的管理控制预案。一旦接收到告警信息，该模块能自动提示管理员调用相应预案，并根据预案内容和执行流程，逐步引导管理员进行操作，供其确认或修改。同时，管理员也可根据实际情况，手动从预案库中选择并启动预案。系统随后会根据预案内容对相关设施设备进行联动控制，并与相关系统进行信息交换。

此外，预案管理模块还具备预案编辑功能，允许系统管理员修改现有预案或制作新预案并添加到系统中。该模块会根据预案的类别和级别进行合理划分和有序展示，以便管理人员快速、便捷地选择和调用。管理人员可以同时调用多个预案，或在已启动的预案中进一步调用和启动其他预案。为确保预案的有序执行，预案管理模块提供了直观、合理的管理界面。值得一提的是，控制预案主要分为分项控制预案和应急专项预案两大类。

通过系统内的告警模块和预案管理模块可以有效提高应对火灾等突发情况的应急处理水平，保障隧道的运营安全。

（4）交通智慧管控

在隧道火灾灾害的运营管理中，对于交通的监控以及管控是至关重要的，深中通道通过本系统的智慧管控实现了对隧道的交通信息检测、危险品运输车辆管控、交通风险预测以及机场互通水下匝道智慧管控。

①全线交通智能监控

以通道沿线布设的毫米波雷达、视频AI分析、高清卡口等路侧监测设施获取的数据为基础，通过数据融合，实现各类监测设施获取的车辆行驶状态及特征信息的匹配对接，形成全线交通流动态全息图谱。

利用倾斜摄影地图、三维仿真模型搭建深中通道数字交通孪生平台，根据全线交通流全息图谱提供的车辆特征信息调用数据库中三维车辆模型信息，在仿真平台中再现交通实景，为道路管理者提供全天候、全角度的模拟仿真监控功能，通过与视频监控联动，管理者可获得仿真与实景、宏观与微观相结合的交通监控效果。

利用交通数字孪生系统，一方面，可以对实时采集的各种交通流数据进行分析挖掘，研判交通运行特征与交通状态；另一方面，也可以结合系统运行过程中积累的历史交通状态数据，并打通与高德、百度等网络地图平台的应用接口获取周边路网上下游的交通量、事故事件等交通状况信息，利用人工智能与大数据分析工具，对未来交通运行态势进行综合分析预判，为实施交通管理提供决策支撑。更进一步，还可以进行仿真推演，模拟异常事件对交通的影响、评估预案实施效果等。

通过对车辆的位置、速度、方向等数据进行实时监测与分析，可掌握道路上行驶的每一辆车的运动轨迹，并可对其驾驶行为做出分析研判，及时发现超速、逆行、停车等违规行为，也可判别出急刹车、急加速、急并线等具有安全隐患的危险驾驶行为，通过与卡口车辆识别数据有机融合，可实现对车辆的迅速锁定并在系统中标定。同样，系统也可根据车牌、车型等特征值，实现对"两客一危"车辆、大型货车、预约上岛车辆的标定与轨迹追踪。将上述车辆的实时位置监测信息与视频监控系统联动，实现对重点车辆的自动视频监控追踪，包括云台摄像机的跟拍追踪和固定摄像机的自动切换追踪。

②危险品运输车辆管控

系统对接"国家重点营运车辆动态数据交换平台"，实时获取相关注册车辆的行驶路线、位置与车辆信息；通道两端设置危化品车辆智能识别系统，通过车型特征、车身喷涂标志等主动发现危险品运输车辆。

系统通过与雷达监测系统、视频监控系统联动，可实时追踪车辆行驶位置，联动对应位置情报板发布警示诱导信息，并提示路政巡查车辆上路引导。

③主线交通车道级智慧管控

智慧管控模块应通过对外场交通流及环境数据的密集、实时、动态采集,实现现状交通运行风险评估以及未来 5—30 分钟的风险实时预测。根据既定的报警机制,当风险值超过阈值或应急事件发生后,实施报警,同时触发管控模块,通过可变情报板、可变限速标志、可变车道控制标志发布精细的管控策略,实现在无事件情况下削除风险峰值、有事件情况下尽快恢复行车道通行能力和效率,实现日常和应急状态下的车道级别的精细化管控,最大限度保证交通运行平稳,从而提升深中通道交通安全水平。具体功能包含:现状交通运行风险评估(用不同颜色显示风险分级),未来 5—30 分钟交通运行风险实时预测(用不同颜色显示未来风险分级),风险阈值判断、风险报警机制制定及管控策略触发,事件过程管理及统计,分车道限速策略生成及发布,车道控制策略生成及发布,应急交通组织方案生成及发布,可变情报板信息联动策略生成及发布。

④机场互通水下匝道智慧管控

机场互通 E 匝道、F 匝道及主线合流处,由于通视条件不佳,驾驶人视野受限,存在一定行驶安全隐患。为加强交通诱导管控,监控系统与交安设施设置了车辆检测、可变信息屏、智慧信标等设施,系统集成平台应利用上述设施,实现以下交通管控功能:主线及匝道交通流的实时监测;根据车辆距离合流点的距离与交通流数据预测车辆到达合流点的时间;通过信息屏发布相邻道路的车辆到达合流点的距离和时间信息;根据合流预测数据控制智慧信标的闪烁频率与发光颜色(红、黄、白);根据合流预测数据在匝道隧道入口和合流点前的可变信息屏上发布限速信息等。

⑤应急智慧响应

如果隧道内真实发生了火灾等问题,需要管理者迅速应对,解决问题、发现问题原因,因此本系统在建立事件主动发现能力与应急响应预案的基础上,建立风险预警处置体系。利用各项监测设施和分析手段及时发现可能事故、事件发生的风险诱因,如交通拥堵、危险品运输车辆驶入、车辆温度异常、车辆危险行驶等,在平台展现层上向管理者发出动态风险预警提示,并启动相关管控预案,联动实施实时诱导、管控措施,变被动的事件驱动响应为主动的风险驱动预警,通过发现潜在风险来采取主动预防措施达到提前消除事故隐患、防患于未然的效果。平台还可以对积累的海量、多源监控数据进行多维度交叉分析与数据挖掘,挖掘趋势与事件之间的发展规律和联系,持续丰富预警信息库,不断提高风险防范能力。

在深中通道三维动态实景仿真平台上搭建应急救援可视化平台,对接交通监控与事件检测系统,直观展示事件发生位置、消防资源分布、救援力量实时位置与运动轨迹等信息,并实现监控视频智能调用与跟踪监视,助力管理者对特殊、突发、应急事件做出有序、快速、高效的响应。

通过数字孪生技术,建立应急处置推演、研究、学习的整体模型,实现学习与应用一体化、演练与处置一体化。建立与深中通道一致的路、桥、岛、隧三维模型,以及路政人员、养护人员、应急人员、车辆、设备等的三维模型,在三维系统中推演、优化应急处置过程,将获得的知识、经验同步到应急处置系统。

将对应急资源的管理纳入日常工作,进行定期分类分级的巡查、检测,及时维修、填补,确保应急时能正常运行、使用。借助交通数字孪生平台的行程时间预测功能,根据当前及预测交通状态,评估不同位置救援力量到达事件地点的时间,辅助决策应急救援调度方案。对事件影响态势进行推演,并在可视化平台上动态展示影响蔓延趋势,辅助决策实施近、中、远不同范围的管控措施。

7.5 本章小结

深中通道建设全过程中面临着复杂的自然环境、超高的技术挑战、灾害的不确定性变化,想要实现百年品质工程的建设目标,确保工程在复杂多变的环境中安全、稳定地运行,需要以全面、系统的防灾减灾管理作为保障。因此,深中通道从复杂系统管理的思维出发,对其建设全过程中的灾害复杂性进行系统分析,从孕灾环境、诱灾要素、要素关联以及灾害传导和后果多个方面进行总结,进而明晰防灾减灾复杂系统管理要点,坚持本质安全管理,实行柔性组织管理,保证多尺度管理,全方位保障防灾减灾的顺利进行。

在进一步明晰管理要点后,结合深中通道自身所面临的挑战与问题,与时俱进地开展创新,实现管理体系创新、管理制度创新以及管理技术创新。在管理体系创新方面,深中通道在海、陆、空均以同等严格的安全标准进行管理,推进安全管理一体化;在管理制度创新方面,项目预先策划、前瞻部署,开工前编制《项目安全生产规划》,对安全标准化建设进行详细部署,按照"三化、三集中、四控制"建设模式,分阶段推行"深中定制"安全标准化建设制度体系;在管理技术创新方面,深中通道从预警技术、关键控制技术以及数智化技术三个方面出发,全方位突破技术壁垒,解决技术难题,为防灾减灾管理工作保驾护航。最后,以深中通道运营期交通事故灾害以及火灾防范与应急管理为专题,介绍本工程如何通过智能化手段为深中通道运营的百年安全保驾护航。

参考文献

［1］宋瑞刚,刘洪洲,李翔,等.深圳至中山跨海隧道工程方案研究［C］//中国公路学会隧道工程分会,重庆市交通委员会.2013年全国公路隧道学术会议论文集.北京:中交公路规划设计院有限公司,2013.

［2］盛昭瀚.大型复杂工程综合集成管理模式初探:苏通大桥工程管理的理论思考［J］.建筑经济,2009(5):20-22.

［3］程书萍.重大基础设施工程管理中的适应性选择原理与策略［J］.运筹与管理,2017,26(2):153-157.

［4］谢梦罗.大型跨海通道海上施工防台风应急管理与对策探讨:以深圳至中山跨江通道为例［J］.建筑安全,2022,37(9):79-82.

［5］李真.基于计算实验的工程供应链协调优化研究［D］.南京:南京大学,2012.

［6］王茜,程书萍.大型工程的系统复杂性研究［J］.科学决策,2009(1):11-17.

［7］盛昭瀚,薛小龙,安实.构建中国特色重大工程管理理论体系与话语体系［J］.管理世界,2019,35(4):2-16,51,195.

［8］交通运输部.交通运输部关于做好平安百年品质工程创建示范推动交通运输基础设施建设高质量发展的指导意见［J］.中国水运,2024(3):26-29.

［9］雷丽彩.有限理性假设下的大型工程群体决策问题研究［D］.南京:南京大学,2012.

［10］陈伟乐,宋神友,金文良,等.深中通道钢壳混凝土沉管隧道智能建造体系策划与实践［J］.隧道建设(中英文),2020,40(4):465-474.

［11］邓小华,宋神友,曹正卯,等.深中通道海底隧道排烟系统总体方案［J］.隧道建设(中英文),2020,40(8):1176-1184.

第八章

深中通道绿色建设管理

　　重大工程绿色建设管理对落实我国生态文明建设战略、绿色发展战略,行业层面的交通强国、绿色公路方针等具有重大而深远的意义。深中通道本身也对其绿色建设工艺技术及管理决策方法提出了更高的要求。本章系统介绍了深中通道绿色建设管理的内涵与挑战,以及深中通道落实绿色建设管理的重要举措,包括绿色统筹规划、绿色管理体系、绿色技术创新,最终在资源节约、生态保护、减污降碳等多个方面取得了良好成效,为我国交通基础设施建设的绿色发展树立了典范,为实现人-自然-工程和谐共生作出巨大努力。

8.1　深中通道绿色建设管理背景

重大工程建设作为我国经济发展的龙头,在国民经济发展中占据重要地位,是一个地区乃至国家经济发展的重要载体,同时,它也是我国环境保护绿色发展的重点行业。因此,实现深中通道绿色建设管理对落实我国国家层面的生态文明建设战略、绿色发展战略,行业层面的交通强国、绿色公路方针具有重要意义。深中通道自身的绿色目标也对其绿色建设工艺技术以及管理决策方法提出了更高的绿色要求。因此,深中通道绿色建设管理不仅具有国家层面的时代背景,同时也是交通行业的重要任务,更是工程本身层面的现实要求。

8.1.1　国家层面的时代背景

随着经济的快速发展,资源约束、环境污染、生态系统退化等形势也日趋严峻,党中央、国务院高度重视生态文明建设,提出将生态保护融入社会经济建设的各个领域和方面,使之成为国家现代化高质量发展的重大战略之一,并且要在实践中探索出一条具有中国特色、适应中国国情的生态文明建设之路。

在推动生态文明建设历程中,我国针对面临的新情况、新问题也在不断调整发展提出新的理念。在党的十八届五中全会上,习近平总书记明确提出创新、协调、绿色、开放、共享的新发展理念,这五大新发展理念是党中央治国理政思想的重大理论创新,五大理念相互贯通、相互促进、融为一体,是对发展规律的新认识、新概括。其中绿色发展理念作为党科学把握发展规律的创新理念,明确了新形势下完成第一要务的重点领域和有力抓手,为党切实担当起新时期执政兴国使命指明了前进方向。绿色发展理念以人与自然和谐为价值取向,以绿色低碳循环为主要原则,以生态文明建设为基本抓手,走绿色低碳循环发展之路,是突破资源环境瓶颈制约、消除党和人民"心头之患"的必然要求,是调整经济结构、转变发展方式、实现可持续发展的必然选择。

为了真正实现绿色低碳发展,使绿色发展方式、生产方式和生活方式逐步培育、渐成常态,党中央将碳达峰与碳中和纳入生态文明整体布局中来,习近平总书记在第七十五届联合国大会上宣布中国力争 2030 年前实现碳达峰,2060 年前实现碳中和,实现"双碳"目标。通过提出"双碳"目标,倒逼生产方式和发展方式转型,推动经济发展质量变革、效率变革、动力变革,加快构建现代绿色产业体系、生产体系,建设人与自然和谐共生现代化经济体系,使我国逐渐走出一条不以牺牲环境为代价的绿色现代化新道路。

面对国家对于绿色发展的新要求、新任务,深中通道作为国家重大工程,更要做好示范带头作用,走在工程绿色建设管理前列,切实做到生态保护和工程建设共融共生、互促互进,为生态文明建设提供可靠保障。

8.1.2 行业层面的重要任务

在加快推进生态文明建设以及大力实现"双碳"目标的背景下,交通行业是国民经济中具有基础性、先导性、战略性的重要服务性行业,交通基础设施建设也是环境污染、碳排放的重要来源之一。因此,交通基础设施建设的绿色低碳转型势在必行,这对于促进交通行业高质量发展、加快建设交通强国具有十分重要的意义。

为了真正践行绿色交通,推进公路转型发展,2016 年交通运输部正式印发了《关于实施绿色公路建设的指导意见》。实施绿色公路建设是公路行业落实创新、协调、绿色、开放、共享五大发展理念,不断提升发展理念的具体行动,是"六个坚持、六个树立"公路建设理念在新时期的拓展和提升,是绿色交通和绿色循环低碳公路在新时期的继承和延续,是节能、低碳、环保技术在新时期的沿用、丰富与创新,也是完成交通运输部 2020 年基本建成绿色循环低碳交通运输体系战略目标的重要举措。此次提出的绿色公路建设指导意见是指按照系统论和周期成本思想,以工程质量、安全、耐久、服务为根本,坚持"两个统筹",把握"四大要素",以理念提升、创新引领、示范带动、制度完善为途径,实现公路建设外部约束与内在供给之间的均衡和协调,推动公路建设发展的转型升级。

绿色公路建设是新时代赋予的新任务和新要求,是交通强国的重要特征和内在要求,是实现可持续发展、践行"绿水青山就是金山银山"的重要途径。虽然当前已经在绿色公路建设中进行了很多探索和实践,但是交通运输发展方式相对粗放、运输结构不尽合理、绿色交通治理体系不尽完善、治理能力有待提高等问题依然存在。深中通道作为新时代交通运输行业的重点工程,作为粤港澳大湾区的战略性通道,肩负着建设全寿命绿色公路示范工程的艰巨使命,要为建设绿色公路添砖加瓦,引领我国乃至世界交通行业科技进步,对跨江(海)通道工程绿色公路建设具有极强的示范作用,以及为交通强国建设、粤港澳大湾区建设和"一带一路"建设等国家战略提供有力支撑。

8.1.3 工程层面的现实要求

深中通道起于广深沿江高速机场互通东人工岛以东 100 m 处,通过深圳侧接线对接机荷高速,终点至中山市马鞍岛翠亨东互通,对接中开高速公路,在实现绿色公路示范工程的过程中,在建设条件、工程规模、环境要求等多个方面都面临着严峻考验。

1. 要充分考虑工程建设新工艺新技术对环境的影响

深中通道是集"桥、岛、隧、水下互通"于一体的世界级跨海集群、具备复杂巨系统特征的超级工程,其中海底隧道采用世界首例双向八车道钢壳混凝土沉管隧道,结构形式全新,是世界跨海通道工程综合难度和规模最大的钢壳沉管隧道;深中大桥主跨 1 666 m,是世界最大跨径的全离岸海中悬索桥,涉及世界最大海中锚碇施工;机场枢纽互通立交是世界首个全水下枢纽互通立交;西人工岛采用世界最大的钢圆筒和振动锤等"快速成岛"施工技术。面临多技术、多尺度、多人员的工程情况,工程规模宏大,面临巨大挑战。由于其结构形式全新,需要采用大量的新技术、新工艺,如何控制和把握新技术、新工艺给海洋环境所带来的影响也是建设过程中需要考虑的重点要求之一。

2. 要充分考虑大时间尺度上工程本体与环境的和谐

深中通道地处南亚热带海洋性季风气候区,气候复杂多变,超强台风频发,降雨量多且强度大。近 60 年间,对深中过江通道区域产生严重影响的热带气旋达 22 个,主要集中在每年 6—10 月份,登陆最大中心风速达到 40 m/s。高强台风暴雨对超大跨度、超高桥面的防风性能、工程结构稳定性、水下隧道互通防水性能、附属设施排洪能力等都提出极为严格的约束要求。同时,深中通道建设耗时数年,在整个建设过程中需要面对复杂的自然环境条件、海上通航条件,建设深入伶仃洋内部,在高盐度、高温、高湿的恶劣海洋环境下进行,面临着结构是否具有抗腐蚀保障的挑战,结构一旦腐蚀不仅会给工程百年品质带来巨大的影响,更会对周遭的海洋环境带来不可逆的危害。因此,如何在复杂多变的环境中保证其稳定耐久,是深中通道面临的严峻考验。

3. 要充分考虑严苛的环境制约和海洋生态条件

深中通道所处海域自然环境优美,海洋物种丰富,生态环境保护要求高。一方面,珠江口中华白海豚自然保护区为珍稀濒危水生动物保护区,主要保护对象是中华白海豚和江豚,与深中通道最近距离为 16.35 km。另一方面,项目区域泥沙含量是港珠澳大桥的 4 倍,项目建设会对水下环境造成疏浚扰动、水体污染等环境影响,还会对万顷沙海洋保护区和淇澳岛海洋保护区红树林生态系统和海洋生态环境造成影响。并且,由于建设规模大,涉及的资源、能源消耗体量巨大,如何对在建设期间产生的废气、废水的排放进行合理规划,尽可能减少对周围环境的影响也成为巨大的考验。

4. 要充分考虑节约集约、减污降碳的迫切需求

深中通道施工期长达 8 年,且长期在海上施工作业,要用到各类复杂的施工工艺、施工机械、施工船舶,同时涉及大量的钢筋混凝土工程,会产生大量的碳排放和能源、资源消耗,需要切实实现海上能源高质量利用,提高设备使用效率,全面降低施工过程中各类能源消耗,减少碳排放、碳污染。同时,深中通道通过特长超宽隧道与水下枢纽互通连接,地下工程的照明、通风、排烟等设施电耗将是整个工程运营能耗的主要部分,需要在考虑百年品质工程定位的基础上,提高年节电率,提升全寿命周期节能减排效果。

面对建设中的巨大挑战,深中通道排除万难,经过多方论证、多次考量、多次迭代,从多方面、多角度、多层次对工程建设进行把控,保证工程建设如期顺利进行,力争建成绿色公路示范工程,真正实现绿色建设管理。

8.2 深中通道绿色建设管理的内涵

在谈到实现重大工程绿色建设时,首先需要明确何为重大工程的"绿色"。一般意义下,这里的"绿色"是指工程建设者不仅关注工程本身的技术与效率,而且着眼于工程对环境、社会和未来的影响,所追求的不再停留在工程物理层面,而是体现出与自然和谐共处的理念,蕴含着对自然和人类社会的综合考量。

人-自然-工程和谐共生是深中通道绿色建设管理的复杂系统思维内核。要深度认识到工程与周围自然环境、社会环境共同组成人-自然-工程复合系统,其中的人类社会子系统、自然环境子系统和工程子系统之间相互依存、互惠共生。工程既可以为人类生活生产带来便利,也可以促进周围社会环境的发展。同时,其建造过程受到自然、社会规律的制约,并在未来大时空尺度上会对自然、社会环境带来诸多影响。深中通道建设管理要充分考虑到工程、环境、社会各要素之间的关系,不仅要考虑工程实体本身能否达到应有质量技术标准,还要从工程与自然社会环境的耦合关系出发,在保证工程本体质量的同时,提高资源和能源利用率,最大化地提高环境效益、生态效益,实现人-自然-工程和谐共生。总之,从更广义上看,重大工程建设管理中蕴含的"绿色"是一种文化和信念的表达,是我们追求持久发展和人类福祉的重要体现。

深中通道为实现"绿色",坚持可持续发展、统筹协调、创新驱动、因地制宜建设理念。具体地说,以贯彻落实交通运输部的绿色公路建设指导意见为抓手,以"绿色"为总领,以"高效、清洁、低碳、集约"为基本特征,以技术创新、智能建造为

支撑,建设绿色工程典型示范工程(见图 8-1),具体表述如下:

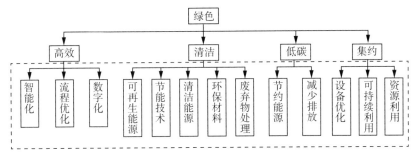

图 8-1　深中通道绿色建设内涵

1. 智能建造保高效

深中通道项目全长约 24 km,其中桥梁工程长约 17 km,包括主跨 1 666 m 的超大跨径海中悬索桥深中大桥、主跨 580 m 的斜拉索中山大桥、非通航孔桥及陆域引桥等。其中,深中大桥及中山大桥采用流线型整体钢箱梁,泄洪区非通航孔桥采用连续钢箱梁体系,项目全线桥梁所需钢箱梁总重约 28 万吨,钢箱梁制造规模体量大、工期紧,钢箱梁技术质量标准和安全环保要求显著高于常规项目。并且海底隧道采用世界首例双向八车道钢壳混凝土沉管隧道,结构形式全新,是世界跨海通道工程综合难度和规模最大的钢壳沉管隧道。除此之外,机场枢纽互通立交、西人工岛都需要采用先进的施工技术,既要保障建设的高效进行,又要保证达到环保建设要求,优化资源配置。因此,深中通道项目通过采用多种智能化手段,降低建造构件或施工过程中的损耗,实现降本增效。

例如:通过"标准化设计—工厂化生产—装配化施工"智慧梁场模式,实现优化资源配置、保证预制质量和提高施工效率;通过智能切割、智能焊接、智能总拼、智能涂装、智能管控、浮运沉放等,实现流水线自动化智能建造,提高施工精度和施工效率,减少施工劳动力,节省造价约 5 亿元,更加合理地统筹深中通道全生命周期的资源能源利用,具有显著的环境经济效益。

2. 清洁创新助环保

深中通道所处海域自然环境优美,海洋物种丰富,生态环境保护要求高,并且项目区域泥沙含量是港珠澳大桥的 4 倍,项目建设会对水下环境造成疏浚扰动、水体污染等环境影响,还会对万顷沙海洋保护区和淇澳岛海洋保护区红树林生态系统和海洋生态环境造成影响。并且深中通道项目采用沉管隧道形式穿越深圳水域,沉管基槽开挖及管节浮运航道疏浚是沉管浮运安装的关键前置条件,项目疏浚作业将产生大量疏浚物,如果全部外海水抛势必会对海洋生态环境构成严重威胁,并且造价昂贵。因此,深中通道采取先进的环保技术方法和施工工艺进行最大限度的保护。

例如:通过统筹消纳项目疏浚土,设计上优化减量、处理上统筹协调、方案上优化迭代,尽可能地减少对海洋渔业生态环境的影响,缩短运距,降低疏浚成本;同时,优先使用太阳能等清洁能源,进行应用材料、结构的环保性创新,尽可能地减少对生态环境的影响。

3. 低碳节约促节能

深中通道通过特长超宽隧道与水下枢纽互通连接,地下工程的照明、通风、排烟等设施电耗将是整个工程运营能耗的主要部分,并且由于深中通道建设规模宏大,陆地大规模预制加工及海上大规模施工作业过程中将消耗大量的建材和能源,其能耗和碳排放将远高于一般项目。由于大规模工程建设相对集中,根据深中通道项目需求研发先进的机械设备,创新技术措施,提升工厂化装配化水平,优化施工组织,可显著提高生产效率及能源利用率,降低深中通道建设能耗和碳排放。

例如:深中通道针对各类复杂的施工工艺、施工机械、运输船舶,选用能耗低、功效高、工艺先进的机械设备,积极应用节能减排技术,实现海上作业能源高质量利用;优化施工组织,合理安排工序,提高设备使用效率,全面降低施工过程各类能源消耗;采用智能台车显著降低沉管转运过程中的能耗和碳排放。

4. 集约统筹降成本

深中通道主体结构均为离岸建筑,但是施工区域航道众多,桥址区域台风频发、季风期长,海面风浪大,建设条件十分复杂,对海上施工影响巨大,严重制约着海上物资供应;并且随着国家对基础设施建设的要求越来越高,对成本控制和效益评估的重视程度也在不断提升,如何合理利用有限的资源,采用合理的施工方案来提升海上施工效率、节约成本十分重要。因此,深中通道通过多方面集约措施来实现对成本的控制和降低。

例如:深中通道沉管预制厂在港珠澳大桥沉管预制厂和预制梁场的基础上进行改造,集约节约利用既有场站,减少了大量土地占用,提高了已有设备的利用率,实现了大规模资源的统筹利用,而且沉管预制厂和预制梁场还计划作为永久设施,为大湾区以后其他基础设施建设提供持续的集约利用服务;通过采用全线栈桥,将水上施工变为陆地施工,显著提高了施工材料运输效率与施工效率,缩短了工期,减少了水上施工船舶对航道航运的干扰,显著了降低水上船舶施工作业对海洋环境的污染和对中华白海豚的生境扰动。

8.3　深中通道绿色建设管理的挑战

重大工程绿色建设可以理解为实现绿色功能/目标的工程建设管理活动与行为实践,即面向绿色目标实现的造物工程设计、实现与运行,最终使工程体现绿色功能和目标现实载体。通过对于深中通道实现绿色建设的背景和具体内容的分析,可以看出无论是在工程建设还是工程管理方面仍然面临着很大的复杂性挑战。

(1)增加新的管理要素和约束。深中通道在整个建设过程中,由于融入了"绿色"这一重点发展需求,管理的重点除了传统的成本、资源、人、机器等,还涌现出一系列新的管理要素或约束。重要的是,绿色管理贯穿于深中通道建设的全生命周期,从目标设计、规划与建设设计,到招投标、项目建设实施,再到运营管理各个阶段,赋予了质量、成本、工期和安全新的内涵,带来了新的管理约束,其传统的机制体制、技术方法等都需要进行针对性的优化调整,管理人员也需要根据周围环境的不断变化、绿色发展的新要求更新管理方案、管理体系,从而真正实现项目建设目标。

(2)绿色目标与其他目标冲突性增强。深中通道建设本身具有品质、高效、安全等多元目标,"绿色"更进一步在节能、环保、节约、低碳等方面提出新要求,这些多元目标往往体现出内在的价值冲突性。因此,深中通道需要针对多层次、多维度、多尺度的目标体系,以及各个目标之间的冲突矛盾,进行权衡考量,在实践的过程中要在保证绿色发展目标的同时整体性地考虑目标之间的关联,尽可能地实现多目标的均衡协调。例如,深中通道路线长约 24 km,其公路线位走向不仅受气候、地质、生态等条件的影响,而且反作用于自然环境,在进行公路最初设计的时候,不可能仅仅考虑一两个目标,尤其在深中通道独特的地理位置作用下,其项目建设需要满足航空限高、航运发展、珠江口防洪纳潮、中华白海豚洄游等要求,通道选线对海洋功能区、渔业资源、海洋生物多样性等具有较大的潜在影响。因此,深中通道选线不应仅局限于常规的工程选线、地质选线、环保选线等,还应综合考虑总体布局、航空限高、通航净空、航道资源、河床稳定、防洪纳潮、环境敏感目标和生态环境影响等,最终形成绿色选线方案。深中通道为了优化多目标、多要求之间的关系,从 2002 年起就开始进行选线工作的筹备,通过长达十年的多次反复比选论证,才形成最终的合理方案。

(3)组织管理协调的工作量增大。深中通道作为重大示范工程,其建设规模是远远超过一般工程的,因此其参建方的规模庞大。针对绿色目标新增的要求,深中通道的绿色建设管理需要融合环境治理、生物、化学等多学科领域知识,涉及的管理活动通常需要统筹与协调更多方面、更多层次的知识资源、技术资源、人力资源等。此外,无论是水污染还是大气污染的排放,由于其具有流动性和整体性,不可能只涉及深中通道建设的狭义的工地范围,势必涉及周边城市多方政府、多个部门和组织,因此在进行协调管理时会产生更多的问题。例如,深中通道建设过程中产生了大量的疏浚土,为了满足环境保护要求,仅仅依靠深中通道管理中心或某一地方政府的力量消纳疏浚土是远远不够的,因此,深中通道管理中心团队和广东省政府进行协同沟通,协同周边多个城市及环境管理局,共同进行疏浚土的消纳处理。

(4)绿色工艺、技术创新难度增大。技术是所有工程建设实践的重要基础与支点之一。深中通道作为世界级跨海集群工程,工程绿色目标的实现也亟须工程绿色工艺和绿色技术的创新应用。深中通道是世界上首例采用双向八车道钢壳混凝土沉管隧道的工程,其结构形式全新,在世界上没有先例可以借鉴,是世界跨海通道工程综合难度和规模最大的钢壳沉管隧道,其结构需要在满足工程品质、工程耐久性的基础上,实现结构选取的绿色化、节约化,面临着多目标的结构建设技术和工艺难度挑战。同时,若要尽可能地减少对结构进行维护时所消耗的成本、造成的资源浪费,需通过技术创新来满足建设要求,实现绿色目标。例如,深中通道针对岛隧工程开展了绿色建造技术体系研究,从钢壳混凝土到沉管隧道以及人工岛的建设都进行了关键绿色技术创新,为应对技术难题开展了针对性的研究。并且,在进行工艺、技术创新时既要满足工程建设的要求,也要满足绿色发展的要求,在双重挑战下完成对施工工艺、技术的创新,实现绿色技术创新管理。

8.4　深中通道绿色建设管理的重要举措

深中通道在建设之初就秉承尊重自然、尊重周围环境的理念,不仅仅是为了工程建设而建设,而是考虑以整个生命周期内的绿色需求、绿色目标为导向,坚持统筹协调,统筹工程建设全生命周期,强调均衡协调,更加关注各个阶段的耦合与紧密联系。不单单注重造物活动过程中如何实现绿色化,而是统筹考虑过程、结果以及未来可延续的"绿色化""生态化",突出了全生命周期理念,从整体上降低资源、成本消耗,实现最大程度的绿色化。

整体上看,深中通道管理中心在绿色统筹规划、绿色管理体系模式创新、绿色技术创新三个方面开展针对性的工程建设管理实践,为实现工程和环境和谐共生、融合统一作出巨大努力,如图 8-2 所示。

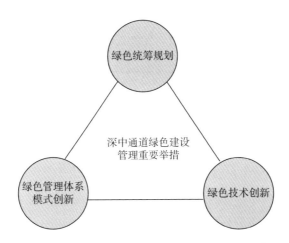

图 8-2　深中通道绿色管理体系创新的重要举措

8.4.1　深中通道绿色建设管理的统筹规划

深中通道管理中心针对工程整体的绿色建设管理,在国家"生态文明建设""绿色发展"等战略和交通建设行业的"绿色公路"等理念指引之下,统筹规划了深中通道绿色建设管理的整体实现路径,如图 8-3 所示。

具体而言,深中通道绿色建设管理以中共中央、国务院印发的《交通强国建设纲要》为总纲领,依据交通运输部《关于实施绿色公路建设的指导意见》《关于全面深入推进绿色交通发展的意见》,以及广东省交通运输厅《广东省推进绿色公路建设实施方案》《广东省智慧高速公路建设技术指南(试行)》等重要文件指示,遵循下列基本原则开展项目建设:

(1)坚持可持续发展。高度重视深中通道、环境、社会各方面、各要素的关系,提高资源和能源利用率,发挥项目先导性和基础性作用,实现在发展中保护、在保护中发展。

(2)坚持统筹协调。统筹深中通道的规划、设计、建设、运营、管理、服务全过程,强调均衡协调,突出建、管、养、运并重,降低全生命周期成本。

(3)坚持创新驱动。大力推动理念创新、技术创新、管理创新和制度创新,强化创新的驱动与支撑作用,为深中通道建设注入强大动力。

(4)坚持因地制宜。准确把握区域环境和工程特点,明确项目定位,确定突破方向,开展有特色、有亮点、有品位的工程设计,因地制宜建设深中通道绿色工程。

根据典型跨海交通集群工程深中通道线位选择难、工程规模大、耐久要求高、环保制约严、节能需求广等五项工程特点,深中通道以"创新引领、绿色智造、

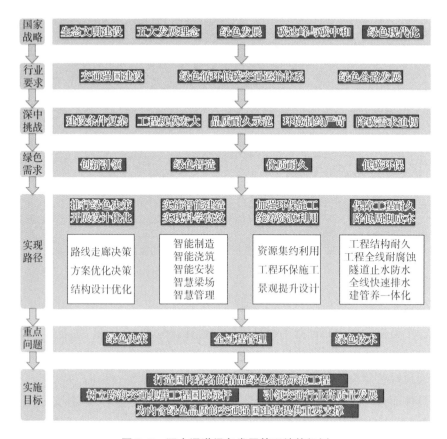

图 8-3　深中通道绿色发展管理统筹规划

优质耐久、低碳环保"为总体目标进行绿色建设管理：

（1）创新引领。以创新驱动发展，推动公路建设新理论、新结构、新方案、新技术、新材料、新装备等技术革新，形成过江跨海通道绿色建造系列工法、指南及标准规范，促进工程建设理念、品质升级。

（2）绿色智造。通过数字化平台和智能建造等赋能绿色目标实现。例如，通过"标准化设计—工厂化生产—装配化施工"智慧梁场模式，实现优化资源配置、保证预制质量、提高施工效率，并通过智能切割、智能焊接、智能总拼、智能涂装、智能管控、浮运沉放等，实现流水线自动化智能建造，引领交通行业高质量发展，将深中通道打造成交通强国建设标杆工程。

（3）优质耐久。针对性地采取一系列耐腐蚀技术措施保障超大跨度、超高桥面的防风性能、工程结构稳定性、水下隧道互通防水性能、附属设施排洪能力等重要性能的实现，并在设计阶段前瞻性地考虑后期检修、养护的便利性，实现生命周期综合投入最优，建设百年品质工程。

（4）低碳环保。积极应用节能减排技术,实现海上作业能源高质量利用;优化施工组织,合理安排工序,提高设备使用效率,最大限度地减少项目建设的资源能源消耗,降低施工运营的污染物和碳排放,最大限度地保护珠江口生态环境。

在国家及行业绿色战略、理念指引之下,深中通道结合本身建设条件复杂、工程规模宏大、品质耐久示范、环境制约严苛以及降碳的需求迫切四方面重大挑战,深入分析并总结出"创新引领、绿色智造、优质耐久、低碳环保"四大深中通道绿色需求,聚焦绿色决策、智能建造、环保施工等重点方面开展绿色创新实践,全力攻坚、保障落实,打造国内著名的精品绿色公路示范工程,树立跨海交通集群工程国际标杆,引领交通行业高质量发展,为内含绿色品质的交通强国建设提供重要支撑。

总的来说,深中通道建设坚持全生命周期思想,将绿色发展理念贯彻到工程设计、施工、运营、养护和管理的全生命周期,对规划设计、建设施工和养护管理全过程进行统筹考虑与系统管理。以人与自然和谐为价值取向,重点在工程决策阶段充分考虑工程对所在地生态环境与社会经济环境的影响;以绿色低碳为主要原则,特别关注施工全过程中绿色技术体系的运用、资源的集约利用以及节能减排措施的实行;以生态文明建设为基本抓手,坚持生态优先、保护环境,实现工程绿色和经济效益的双赢。

8.4.2　深中通道绿色建设管理体系创新

随着中国工程建设水平的飞速发展,工程建设领域早已形成了行之有效、符合实际的工程管理体系,但是随着国家发展要求的不断变化,"绿色"这一要求开始在工程建设中变得愈发重要,正如前文有所提及,在工程建设融入"绿色"发展目标后,尤其对于重大工程来说,管理的要素或约束、目标等都发生了变化,绿色工程管理也变得更为复杂,传统的管理体系已经无法达到绿色发展这一目标的要求。因此,急需创新发展绿色工程建设的管理体系,以跟上时代的脚步。当前已有部分学者针对工程的绿色管理体系开展了探究,提出要将绿色可持续发展的思想引入重大工程生命周期的各个阶段,通过集成的绿色管理的体制机制、政策标准和技术方法,形成一套完整的重大工程绿色管理体系来指导工程建设,以最大限度减少对环境的破坏,并节约资源。

想要实现绿色工程,不能仅仅停留在某一阶段的绿色,而是要实现各个环节、各个阶段的可持续、可循环绿色发展,因此,在各个阶段都要进行绿色管理。管理理念的先进性也直接影响到重大工程的发展,在绿色工程管理体系下,节能降耗、生态环保的理念不仅要应用于项目施工阶段,还要充分应用到工程建成前的决策阶段,以及建成后投入使用乃至未来建筑拆除等阶段。

首先,在决策阶段,需要对工程全生命周期有深刻或决定性影响的重要问题做出基础性、全局性、战略性选择,那么在进行重大工程决策时,务必将绿色发展可持续这一理念充分贯彻落实,对生态环境影响进行全面评价,对设计方案进行筛选评估,建立严格的管理标准决策方案,实现绿色决策。深中通道在决策前期就充分考虑了绿色发展的目标,由广东省交通运输厅及广东省交通集团组织部进行总领,交通运输部科学研究院进行牵头,由项目管理中心开展实施工作,并和交通运输部科学研究院进行沟通合作,在设计初期就结合工程建设要求、设计要求编制完成绿色工程实施方案,组织专家进行评审,完成绿色决策过程。

其次,在设计阶段,考验的就是在整个工程项目的实施过程中所采取的技术手段是否先进、合理、有效,能否满足绿色管理的要求。在绿色设计过程中不仅要考虑到技术本身满足工程建设要求情况、技术工艺的质量成本,还要考虑到其可能会对生态环境造成的影响,保障不会产生危害,保证工程设计的生态化。深中通道更是秉承这一要求,建设完善的技术设计团队,充分考虑绿色发展要求,针对性地开展绿色技术研究,保障其设计的可用、可持续、可实现。

最后,最重要的就是在施工方面,需要在保证质量、安全等基本要求的前提下,通过科学管理和技术进步,最大化地节约资源与减少会造成生态环境负面影响的施工活动。为了保障绿色施工的有效进行,绿色建设工程管理需要完善管理制度,充分对工作人员的行为进行约束,制定合理的施工标准,将减少污染与降低能耗的需求融入制定过程中。同时,在建设过程中,需要结合当下的实际建设情况不断对管理目标进行优化和创新,对工程管理的相关标准和内容进行定位,确保各项施工都符合绿色施工要求。同时,要定期开展绿色施工培训,使施工人员明确自身责任,将绿色环保的理念牢牢融入每个人的心中,让每个施工人员都掌握更多的绿色施工知识和技术,推进工程管理的绿色发展。深中通道在整个建造施工过程中,有着严格的建设管理标准,实现了标准化、精细化,交通运输部科学研究院不定期赴现场调研示范工作阶段性进展,及时提出示范工程建设管理的咨询建议,确保示范内容落地见效,发现新的实施亮点,共同擦亮亮点工程,保证示范效果。协助项目管理中心组织绿色公路动态培训和多渠道宣传工作,使绿色公路理念深入参建全员人心,确保示范工程全面、顺利实施。另外,在运营阶段,同样充分考虑到工程养护所带来的环境影响和资源消耗,制定完整的养护管理计划,建立绿色管理的原则、绿色运营管理组织结构及团队、绿色营销管理体系等,实现运营阶段的资源节约和能耗降低。

在进行了全生命周期的绿色管理之后,需要有针对性地进行绿色绩效评估,来核对和评价是否进行了切实有效的绿色工程建设。当前国内外已有部分针对绿色绩效的评估方法,比如:基于可持续发展的评估方法,考虑"4+N"的指标体系;基于碳足迹的绿色评估方法,通过定量分析工程的能源和材料消耗,识别能耗量大的方案、阶段、材料、过程等,进而有针对性地采取措施减少能源和材料消耗,减少碳排放;基于节能减排的评估方法,结合针对重大工程不同阶段的深入分析,经过整合计算和定量化情景分析等,建立节能减排核算指标体系。

除此之外,为了保障全生命周期的绿色工程管理,实现绿色管理体系创新,需要管理人员对各个环节进行严格把控,加强对现代技术的应用,通过现代化智能技术对各个阶段的数据、参数进行采集、计算和分析,制定相关的节能降耗管理方案和计划,保证工程的顺利进行。同时,建立完整的绿色建设监督机制,通过第三方的身份来对各个阶段的绿色措施实施情况进行把控和监督,保障工程建设绿色发展的目标。

深中通道绿色建设管理体系是在多主体的共同努力下建立的全生命周期管理体系,以自然规律为准则,以可持续发展、人与自然和谐共生为目标,完善内部的管理机制体制,结合绿色发展的目标,在各个阶段融入绿色建设思想,不断提升管理队伍的整体水平,将复杂的工作流程细化、简化,实现全过程绿色建设管理(见图8-4)。

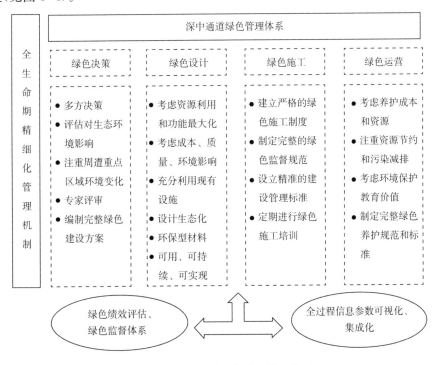

图8-4 深中通道绿色建设管理体系

8.4.3 深中通道绿色建设技术创新

工程是人们根据一定意图,依据一定科学技术原理与自然规律而创造人造物的活动与过程。因此,资金、人才与技术自然成为工程建设的三大重要基础与支点。技术是关于某一领域有效的科学理论和研究方法的全部,以及在该领域为实现具体意图或目标而解决设计问题的规则的全部。技术属于人的认识范畴,观其本质,技术的存在取决于人们的需要,并满足其需要。技术的生命力在于实践和应用,只有将技术用于指导实践才能发挥其价值,实现其意义。因此,工程作为根据意图构建人造物实体的一类重要的实践活动,其本身也自然地包含各类工程技术。并且,随着工程的规模和复杂程度不断增加,以及新需求、新条件的提出,建设主体通常缺乏满足工程需求的技术储备,从而在工程建设过程中产生技术需求与供给不足的矛盾。

重大工程技术是指人们根据工程建设实践和自然科学原理总结积累起来的经验、知识而形成的工程造物必需的各种工艺、方法、技能、工具与装备。相较于传统工程技术,更符合绿色发展理念,如节能、低碳、环保等的重大工程技术就是重大工程绿色技术。显然,从一般技术到绿色技术的发展,需要根据具体工程的独特性以及绿色标准适当地改进,即一般在原有的已掌握技术基本原理的基础上,结合绿色理念经过进一步改进、提高和完善而获得的更环保或更节约的工程技术。从改进的程度和难度上,可以分为:

(1) 绿色应用型技术。这类技术应用于工程常规性绿色施工或绿色设计当中,这是一类具有普适性,相对成熟、相对简单,目前已经得以推广及应用并被熟练掌握的技术,例如利用信息软件进行能耗模拟、节能采暖技术等,此类技术往往可以应用于各种绿色工程。

(2) 绿色改进型技术。此类绿色技术是人们一般已经掌握其基本原理,但是需要依据不同工程的绿色发展目标、绿色建造的独特性以及新的绿色要求标准而进行改进的技术,虽然具有一定的绿色环保能力,但还达不到工程绿色发展目标的要求,仍需要在原有的基础上进行改进、提高和完善。

(3) 绿色突破型技术。是指由工程建设的跨越性或工程与其环境耦合的复杂性而导致的基本原理尚不清晰、工艺尚不健全甚至还完全不被掌握的新技术。由于工程特有的绿色环保挑战,此类技术大多在之前的工程案例中尚未涉及,一般不能通过对已有的绿色技术进行简单整合或者改进而获得,而需要依据工程的具体特定情况,结合多方面的技术创新来实现技术阈值的突破或跨域。

由于重大工程建设全过程涉及一系列技术,包括工艺、方法、技能、工具与装备,且这些技术之间存在着相互关联性,例如某种新工艺通常需要配套的装备研发,数智化管理技术的高效运行离不开施工工艺过程的数据捕捉与感知。因此,重大工程绿色技术不仅仅是一项或零散的几项技术,而是对工程(重要部分)实体的实现具有支撑和保障作用的一套相互关联的绿色技术体系。

当前,在新时代公路建设全面绿色的新要求下,深中通道将绿色发展理念贯彻于深中通道设计、施工、运营、养护和管理的全生命周期,以"创新引领、绿色智造、优质耐久、低碳环保"为总体目标,构建绿色技术体系,最大限度地减少项目建设的资源能源消耗,降低施工运营的污染物和碳排放,最大限度地保护珠江口生态环境,推动公路建设新理论、新结构、新方案、新技术、新材料、新装备等技术革新,形成过江跨海通道绿色建造系列工法、指南及标准规范,促进工程建设理念、品质升级,打造国内著名的精品绿色公路示范工程,树立跨海交通集群工程国际标杆,引领交通行业高质量发展。尤其,深中通道岛隧工程是这一跨江通道工程中建设条件最复杂、施工过程对海洋生态环境影响大、综合技术难度高、生态保护要求严的分项工程,其绿色技术筛选、体系设计以及评估具有典型性。深中通道岛隧绿色建造技术体系设计与应用不仅让绿色成为深中通道建设的一抹亮丽底色,同时这也将为过江跨海通道工程岛隧建设提供一套可复制、可推广的绿色技术体系设计的经验。

首先,深中通道通过全面梳理筛选适合深中通道岛隧工程的绿色建造技术,并充分结合项目自身特点进行重新归类、整合,形成新的技术体系。针对深中通道伶仃航道桥海域环境、软弱覆盖层、基岩起伏大等复杂建设条件,根据开阔水域条件、筑岛结构形式、总平面布置、成岛工艺及地基处理,筛选人工岛修筑绿色建造关键技术,结合超宽、深埋、变宽水下隧道、大回淤、挖沙坑区域等特殊条件制约,筛选沉管隧道绿色建造关键技术,从全生命周期考虑形成深中通道岛隧工程绿色建造技术体系,为今后越江跨海公路通道工程绿色转型升级发展提供技术指引。

接着,上文提到,重大工程技术包含工程造物必需的各种工艺、方法、技能、工具与装备等等,同时,重大工程绿色技术从改进的程度和难度进行划分可以分为三种。为了进一步厘清深中通道绿色技术内容,下面将从重大工程技术定位以及其改进难度两个维度对深中通道绿色技术进行分类分级。

为了便于理解,将深中通道的绿色工程技术从定位上分为工艺、装备和工具三部分,其中,工艺包含具体的施工操作方法、施工流程、施工要求等,通过运用,体现出显著的生态环保效益;装备指的是进行工程建设配备的技术力量,绿色技术中的装备可以显著降低工程成本、提高工程效率;工具指的是帮助进行重大工程绿色发展管理的技术支撑，可以更好地辅佐管理，提高技术应用水平。具体分类如图8-5所示。

图8-5　岛隧工程的绿色建造技术分级

可以看出，深中通道在重大工程技术的多个方面、多个领域已经进行绿色改进、绿色突破创新等，具有显著的绿色技术发展成果。

8.5　深中通道建设管理的绿色成效

本节分别针对资源节约、生态保护、减污降碳三个典型绿色内涵，提炼深中通道绿色建设管理的具体做法与成效。

8.5.1　深中通道实现资源节约

1. 石材专供节约资金

不同于常规高速公路项目，深中通道项目工期长、施工任务繁重、施工工序衔接紧密，高峰期石材需求量达2万立方米/天，石材保障在深中通道项目中起着至关重要的作用，尤其是大体积混凝土浇筑、沉管管节预制及沉放安装工程的质量和安全与石材的供应量、品质关系密切。为保障深中通道的石材供应,在2015 年项目筹建时期的规划中便开始开办专供石场。经中山市研究决定,鉴于深中通道是国务院批准的重点建设项目,根据《国土资源部关于严格控制和规范矿业权协议出让管理有关问题的通知》(国土资规〔2015〕3 号),可以准许以协议出让方式出让项目配套资源矿产地的探矿权、采矿权,并根据采矿权审批登记许可权限。经中山市人民政府批准,中山市自然资源局于 2019 年对深中通道管理中心出具相关采矿权证。

根据中山市政府常务会议决定事项通知(中府办会函〔2017〕41 号),深中通道管理中心应根据深中通道建设需要,指定具备矿产开采资质的深中通道项目建设单位,按照采矿权新立登记程序向市国土资源局申请办理采矿权协议出让手续。协议出让后,石场石材开采、使用等过程,按照"谁指定、谁负责、谁监管"的原则,由深中通道管理中心负责落实监管责任。深中通道管理中心组织各参建单位集中讨论,并上报广东省交通集团,获批发文(粤交集基〔2019〕55 号)同意委托广东省长大公路工程有限公司(以下简称长大公司)进行石材统一供应,并负责缴纳矿产资源费等费用。长大公司于 2019 年 9 月成立石场项目部,负责专供石场的具体经营管理。

专供石场采矿权人为深中通道管理中心,深中通道管理中心委托保利长大工程有限公司进行矿区运营管理,并由广东爆破工程有限公司(采矿一级资质)承担矿区开采和加工工作。专供石场运营管理架构如图 8-6 所示:

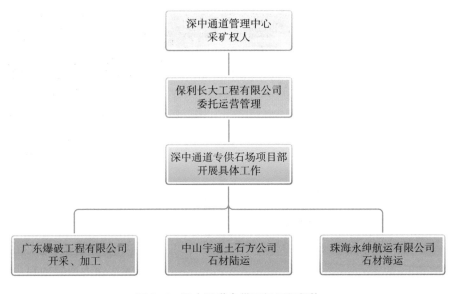

图 8-6　深中通道专供石场组织架构

保利长大工程有限公司收到深中通道管理中心委托书后,成立深中通道专供石场项目部,为完成深中通道项目石材供应任务,项目部组建了爆破开采、碎石加工、陆路运输、海路运输和边坡防护专业队伍,并建立日出货量可达6万吨的石材装卸点,形成一体化链条式点对点的石材配送体系。

专供石场石材供应按照各标段的需求计划保供,深中通道实现了单月两节管节常态化施工进度,实际工期比计划工期提前近一年,这极大降低了建设投资,同时互惠于中山和深圳两市人民。此外,因深中通道项目工期长、石材需求规格多、工程量大,如果均采用市场采购,石材价格受市场影响波动非常大,专供石场石材的定单价规格是在信息价的基础上下浮20%,信息价正常比市场价低20%—30%,专供石场石材单价比市场价低40元/立方米以上。近几年,石材价格飞速增长,深中通道项目因有专供石场,可根据信息价进行调差,信息价波动不大,石材价格得到有效控制,节约了建设投资资金和项目建设成本。

此外,深中通道专供采石场在成立伊始就树立了以"生态环保零责任事故,建设矿山文明施工标杆工程"的环境管理目标,并且通过以下多种方式保障管理目标的实现:

(1)工厂化加工模式。专供石场碎石加工的破碎车间、筛分车间、半成品料堆和成品料堆均采用围蔽施工,石材在逐级加工过程中均采用传输带输送模式,实现自动化、一体化。工厂化加工模式使生产线效率有了质的提升,同时在各级加工过程中,能很好地控制扬尘,有利于环境保护(见图8-7)。

图8-7 专供石场生产线工厂化作业

（2）道路全硬化,洒水喷淋相结合。为保障道路通畅,同时避免道路大量扬尘,进入矿山的主运输道路全程硬化,路面有破损及时维修;出矿道路设有洗车槽,确保车辆整洁干净(见图8-8)。

图8-8　专供石场运输道路照片

（3）全员管理与专人负责制。专供石场成立环保督察队伍,对矿区生产环境、场外便道无限次地进行巡视,配备足够的人员和机械设备,并指定专人专车负责,取得较好的效果。

（4）动态跟踪。为实时监控矿区粉尘情况,专供石场在矿区周边安装粉尘监控系统,实时采集、监控空气中PM2.5和PM10.0含量,定期向相关政府部门汇报(见图8-9)。

2. 设备资源集约利用

港珠澳大桥在沉管预制、箱梁预制工厂化生产方面积累了宝贵经验,已完成了智慧梁场及沉管预制“超级工厂”建设(见图8-10)。深中通道所在区域城镇化程度高,人口稠密,土地资源十分稀缺,因此建设过程中充分利用港珠澳大桥智慧梁场及沉管预制厂已建成的资源和设备,结合各预制厂选址和浮运航道的建设条件,沉管预制厂方案采用桂山岛和龙穴船厂的组合方案。而桂山岛沉管预制厂曾成功完成了港珠澳大桥海底隧道沉管预制,深中通道在充分利用原有设施的基础上进行了改造,成为全球最大的沉管预制厂。

在继承港珠澳大桥建设技术和管理经验的基础上,深中通道对沉管预制工厂进行了智能建造和产业升级,在世界上首次创设沉管预制智能“梦工厂”,实现生产线改造、核心装备研发等由传统工厂向信息化智慧工厂的巨大跨越,智慧工厂预制生产线只需300多名工人,比传统工厂生产线少用700多人。新设备和

图 8-9 专供石场环境指标动态监测

图 8-10 中山箱梁预制厂

新工艺全面提升了沉管预制工作的效率和质量控制,8 万吨沉管管节顶推从港珠澳大桥建设期间用时 7 天缩短至 3 小时,沉管预制效率从 75 天 1 节提升到 1

个月1节。除此之外,深中通道的60 m混凝土箱梁预制厂也充分利用原港珠澳大桥中山梁场制梁区建设。

通过在港珠澳大桥沉管预制厂和预制梁场的基础上进行改造,集约节约利用既有场站,大大减少了土地占用,提高了已有设备的利用率,实现了大规模资源的统筹利用;而且沉管预制厂和预制梁场还计划作为永久设施,为大湾区以后其他基础设施建设提供持续的集约利用服务,将绿色发展的理念拓展到了社会层面。

3. 品质耐久降成本

深中通道处于高温高湿环境,尤其是桥墩和水下隧道长期浸没在海洋环境,氯离子侵蚀易引起钢筋锈蚀。深中通道通车后具有较大车流量,在车辆等往复荷载及特殊温度场的作用下,钢桥面板易出现不同程度的疲劳开裂问题。一旦发生开裂或者腐蚀,就会对周围海洋环境造成巨大影响,同时需要消耗大量的资源能源去进行养护维修,因此,需要从源头上保障工程的品质耐久抗腐蚀、抗疲劳,尽可能地减少腐蚀的发生,从而实现资源节约利用。

深中通道针对大体积混凝土抗腐蚀、钢桥面板抗疲劳、主体结构防撞开展充分的研究,大幅降低氯离子在混凝土中的迁移速度,延缓混凝土内钢筋开始腐蚀的时间,延长结构寿命;采取防台风措施保障超大跨悬索桥的抗风稳定性,避免台风破坏造成桥梁构造物部件的折断、开裂、损坏,减少台风过境后因维护耗材、耗能等造成的资源消耗和经济损失;采用钢-混凝土组合梁及钢桥面板抗疲劳技术,可以全面提升钢桥的结构耐久性,减少后期养护;考虑船舶通航的一系列防撞方案,在确保主体结构安全的前提下,延长工程使用寿命,保障行车安全。采取上述技术措施可有效提升海中大型构筑物的耐久性,延长海上桥梁、沉管隧道的使用寿命以及养护周期,降低养护产生的资源消耗和维护成本。

8.5.2　深中通道实现生态保护

1. 景观提升设计创作

深中通道地处珠三角核心区位,是连接珠江口东西两岸的咽喉要冲,地理位置显要,将成为珠三角最具代表性的改革开放符号与文化地标。地理、政治、经济、文化等的多重重要性,要求深中通道景观必须具备强烈的识别性、标志性、独特性、符号性、意义性和传播性。项目深入伶仃洋深海,海陆空三维立体视点丰富,设计应充分考虑与周边环境协调一致,体现超级工程的宏大震撼之美,全面提升景观设计要求,以打造岭南地区新地标为目标。

为将深中通道建设成世界一流的跨海通道,使其在技术与美学上均能卓然超群,并实现与周边自然环境总体和谐,项目公开组织开展了设计方案国际竞赛,吸引世界上最优秀的设计咨询团队前来参与竞赛,集思广益,博采众长,希望通过竞赛引导设计创作,引入全球先进的跨海通道设计理念,提升工程品味。

深中通道总体方案设计灵感来自飘逸、优雅的传统风筝,整个连线就像放飞风筝的长线,西人工岛像风筝一样,面向东方太阳升起的地方,象征着追求超群、卓越,实现伟大中国梦。"天空-梦想"是方案设计的灵感。创造一个独特的,无论从结构上还是视觉上都是大胆新颖的通道,在结构上和美学上达到并创造一个更高的水平,像借助风力放飞风筝一样,勇于探索未知的领域。

深中通道方案设计基于桥、岛、隧集群工程一体化设计理念,所有的元素都共享一个平衡、和谐的设计主题,并在功能、尺度和比例上相互呼应,形成一个整体。方案将深中通道作为一个美学整体考虑,由形态各异而又相互呼应的各个不同构件组成,从微观到宏观上体现作为大型综合基建项目的独特造型,整体与周边环境有机结合,给世人展示永恒的美。

深中通道集高度美观和特征鲜明于一体,实现先进技术与美学设计融合,蜿蜒伸展的海上大桥、鲲鹏展翅的人工岛与周边烟波浩渺的珠江海域、千帆竞发的海上盛世等区域环境和谐统一,真正体现超级工程的宏大与壮美,将成为珠江口标志性门户地标。同时,设计充分考虑实用性,避免因刻意追求华丽而增加不必要的材料设备消耗,采用节能设计达到资源集约、环境友好的目的。

2. 绿色选线设计优化

深中通道独特的地理位置导致影响因素众多,项目建设需要满足航空限高、航运发展、珠江口防洪纳潮、中华白海豚洄游等要求,通道选线对海洋功能区、渔业资源、海洋生物多样性等具有较大的潜在影响。因此,深中通道选线不再局限于常规的工程选线、地质选线、环保选线等,而是综合考虑总体布局、航空限高、通航净空、航道资源、河床稳定、防洪纳潮、环境敏感目标和生态环境影响等方面,形成最终的绿色选线方案。

项目建设坚持绿色公路设计理念,秉持绿色选线原则,开展了路线走廊及公铁两用方案论证,在选线阶段最大程度平衡好工程建设与生态环境保护需求。路线走廊通过综合考虑营运里程和节能、规划的协调情况、路网协调性、主交通流的适应性以及两岸接线条件进行比选;走廊及公铁两用方案通过考察隧道长度、风险等级、功能、技术难度、海洋环境影响等多个方面开展比选。

深中通道项目将绿色选线作为重要控制性指标纳入选线设计,根据沿线湿地、海洋等不同生态区域调整路线的登陆位置及海中段穿越布局,对路线方案进行经济技术、环境影响比较,集约利用过江通道走廊带资源。经过长达十余年的反复论证比选,最终选择工程可行、环保合理的路线方案,最大限度避绕中华白海豚洄游区,尽最大可能减少疏浚量,降低对海洋环境敏感点的影响和对沿线生态环境的干扰,从根源上实现最大的绿色效益,为绿色公路建设奠定基础。

3. 海洋环境充分保护

深中通道所在区域是国家一级重点保护野生动物中华白海豚洄游区,属于珠江口中华白海豚国家级自然保护区。施工过程中产生的污水、污泥、废弃物料,运输及作业船舶或机械产生的废气油污,以及水下施工对海洋水体的扰动等,会给海洋环境带来不可估量的影响。因此,如此敏感的区域环境要求项目建设要有良好的施工工艺和先进的施工技术,减少对工程施工区及周边海洋底栖生物、鱼类尤其是中华白海豚的不利影响,为珠江口生态环境保护工作贡献交通力量。

深中通道项目通过先进的桥梁施工环境保护工法,有效减少了海上施工作业对海洋水体环境的扰动,将对海域中华白海豚、红树林等敏感目标的环境影响降到最低。

8.5.3 深中通道实现减污降碳

1. 节能照明充分减排

深中通道属于国家高速公路网项目,设计交通量将超过 100 000 pcu/d,其中重型货车比例较高,达到 9.4%—12.2%,重型货车通行需求大,且货物种类多样,火灾风险大。目前双向八车道高速公路海底沉管隧道没有先例,隧道东侧机场互通立交与主线隧道交会,隧道内多处分合流,渐变段隧道截面变化显著,机场互通地下枢纽渐变段为双向十二车道,且纵坡较大,气流组织复杂,匝道段曲率半径小,排烟疏散难度大。因此隧道运营安全及防灾救援问题突出,对火灾排烟及应急救援提出了极高要求。此外,隧道运营期通风和照明均会产生巨大能耗。

因此,深中通道针对通风排烟和隧道照明开展了充分的研究。深中通道进行了通风系统设计,采用半刚性管节结构,限制节段张开,即提高防水安全度,有效控制了隧道主行车孔及排烟道通风、排烟的漏风量,提高了隧道通风运营工效。其中通风设施包括隧道环境检测设备、行车主洞正常运营通风系统、行车主洞独立排烟系统、安全通道通风系统、匝道隧道正常运营工况通风系统等。在节能照明方面,深中通道隧道总长 6.8 km,根据沉管隧道单向四车道的空间结构特点、交通流和日照条件等的变化规律,设计采用针对性配光设计的 LED 照明灯具,通过对加强照明亮度、色温指标的二元精细化调节,实现隧道照明安全性与节能效益平衡。照明系统采用脉宽调制(PWM)数字信号方式进行二次反馈控制,实现对照明光衰的优化节能补偿。对照明供配电系统进行节能改造,并对隧道路面材料、立面材料的高亮度系数进行设计(见图 8-11)。

图 8-11　超宽沉管隧道照明系统效果图

深中通道根据隧道实际情况及面临的通风排烟、防灾救援等难题,采用纵向全射流通风＋重点排烟方案,解决了超长、超宽沉管隧道火灾排烟难题,可大幅度增加排烟效率及人员疏散可用时间。隧道通风智能控制等综合节能技术,大大提高了通风设备的有效利用率,降低了隧道通风排烟的运营能耗,增加了行车安全舒适度,全方位保障隧道火灾有效排烟效果。项目采用 LED 节能灯具,并通过优化照明供配电系统、精准调光、反光设计等实现提高转换效率、降低线损的目的,提高光源输出有效利用率,大幅降低隧道照明系统运营能耗。

2. 施工废物消纳管理

深中通道项目采用沉管隧道形式穿越深圳水域,沉管基槽开挖及管节浮运航道疏浚是沉管浮运安装的关键前置条件,项目疏浚作业将产生大量疏浚物,如果全部外海水抛势必会对海洋生态环境构成严重威胁,并且造价昂贵。同时,项目建设区域一带属河口平原地区,陆上土源、砂源紧缺问题突出,结合区域工程项目特点综合有效地利用疏浚土迫在眉睫。

因此,深中通道首先设计优化减量,原设计方案中需处置约 9 000 万立方米疏浚物,深中通道管理中心坚持"节约、环保"的原则不断优化总体设计方案,优化方案后的疏浚物处置总量减少了 7 077 万立方米,减少了 21.4%,大大降低了现场处置的压力和风险。其次,通过专题论证、政府协调,结合南沙龙穴岛、中山翠亨新区等城市规划填海工程,南沙新区城市建设,中山市马鞍岛、南沙区万顷沙等围垦区土壤改良,以及大万山南倾倒区外海水抛等对疏浚物进行综合处置利用,将工程废弃物转变为城市建设的料源(见图 8-12)。统筹广州市、中山市、深圳市、东莞市及(原)国家海洋局南海分局分派 6 000 万立方米疏浚物处置任务,其中广州市负责 1 000 万立方米、中山市负责 2 000 万立方米、深圳市负责 300 万立方米、东莞市负责 700 万立方米,(原)国家海洋局南海分局协助项目在大万山南等沿海海洋倾倒区申请 2 000 万立方米海洋倾倒指标。深中通道管理中心组织各参建单位积极向生态环境部门汇报疏浚物处置情况,按照工程计划申请海洋倾倒许可,通过海抛方式处置浮泥、淤泥等不可重复利用的废弃物。最后,项目结合翠亨新区规划填海工程建设需要,积极推行淤泥上岸的处理方案,减少对海洋渔业生态环境影响,缩短运距,降低疏浚成本。

图 8-12　沉管基槽疏浚物抛填成陆域

通过统筹消纳项目疏浚土,能够极大减少对海洋渔业生态环境的影响,实现多种渠道综合利用,节省大量土地资源和材料购买费用,缩短材料外运距离,节省燃料消耗,降低疏浚成本。这既符合绿色公路建设理念,还能带来巨大的社会、经济效益。

3. 低碳施工措施

公路建设涉及大量建筑材料及化石能源消耗,全生命周期碳排放占到交通运输排放量的四分之一左右,因此实现公路交通基础设施降碳减排是实现我国碳达峰、碳中和目标的重要抓手。深中通道作为展现我国交通强国技术发展水平的代表性项目,建设规模宏大,陆地大规模预制加工及海上大规模施工作业过程中将消耗大量的建材和能源,其能耗和碳排放将远高于一般项目。

由于大规模工程建设相对集中,因此可根据项目需求研发先进的机械设备。深中通道团队通过创新技术措施,提升工厂化装配化水平,优化施工组织,显著提高了生产效率及能源利用率,降低了深中通道建设能耗和碳排放;通过应用智能台车、钢筋部品化施工工艺、智能发电设备等,大大减少了柴油机油消耗、二氧化碳排放、电能消耗等,大大提升了钢筋加工精度以及钢筋施工效率,提高了发电设备的电能利用率,降低了发电成本(见图8-13)。

图8-13　施工节能供电设施

8.6　本章小结

深中通道作为连接深圳与中山的重要交通动脉,作为国家的重点示范工程,工程规模宏大,建设条件复杂,综合技术难度高,生态保护要求严,具备开展绿色公路示范工程建设的得天独厚的基础条件。依托深中通道开展绿色公路示范工程建设,以项目需求为导向,全方位、全过程贯彻绿色理念,积极开拓创新,提升工程建设品质,形成一套可复制、可推广的绿色公路建设经验,引领我国乃至世界交通行业科技进步,对跨江(海)通道工程绿色公路建设具有极强的示范作用,为交通强国建设、生态文明建设、粤港澳大湾区建设等国家战略提供有力支撑。

　　深中通道项目为实现绿色示范工程建设,其绿色建设管理在工程的每一个阶段都显得尤为重要,因此,深中通道深入剖析绿色建设管理的内涵与要求,坚持可持续发展、统筹协调、创新驱动、因地制宜建设理念,把握人-自然-工程和谐共生的复杂性绿色管理内核,从高效、清洁、低碳、集约四个方面对深中通道绿色建设管理内涵进行分析,把握建设方向与目标。进一步地,为更好地开展针对性的管理措施,深中通道项目对实现绿色建设目标的复杂性挑战进行全面梳理,包括从管理要素、管理目标、组织难度、绿色技术创新四个方面展开分析,为后续精准采取措施提供可靠保障。

　　针对分析出的深中通道项目绿色建设管理面临的挑战,深中通道通过管理体系创新来进行工程绿色建设管理,其中包括绿色统筹规划、绿色管理体系、绿色技术创新三个方面,为实现工程和环境和谐共生、融合统一作出巨大努力。深中通道项目通过关注各个阶段之间的耦合联系,统筹工程建设全生命周期,突出全生命周期理念,统筹考虑过程、结果以及未来可延续的"绿色化""生态化",以实现最大限度的绿色化。

　　当前,深中通道的绿色建设管理已经在资源节约、生态保护和减污降碳等多个方面取得了良好成效,切实贯彻绿色公路和品质工程理念,节省了大量土地资源和材料购买费用,降低了疏浚成本,带来了巨大的经济效益。同时,通过全方位的保障技术,直接降低了施工过程中对海域中华白海豚、红树林等敏感目标的影响扰动,对维护海洋生态平衡具有重要意义。

　　综上所述,深中通道的绿色建设管理是一个系统工程,涉及工程的方方面面。通过加强绿色建设管理、应对挑战并采取重要举措,深中通道在绿色建设管理方面取得了显著成效,为我国交通基础设施建设的绿色发展树立了典范。

参考文献

［1］绿色发展走向生态文明新时代[J].实践(党的教育版),2016(4):10-11.

［2］本刊编辑部.全寿命周期的绿色公路[J].中国公路,2017(15):40-42.

［3］深中通道完成海上引桥最高箱梁架设[J].建设机械技术与管理,2022,35(3):12.

［4］牛新星.习近平关于新发展理念重要论述的生成逻辑、理论内涵与实践指向[J].经济发展研究,2023(2):3-12.

［5］韩富庆,娄健,曾思清,等.基于绿色设计新理念的山区高速公路设计实践[J].公路交通科技,2020,37(S2):46-50.

［6］李程骅.以新发展理念统领改革发展新实践[J].南京社会科学,2016(6):6-9.

［7］郝丽,顾杰隽,李漾,等.深中通道电子档案全域管理体系与成套技术应用研究[J].兰台

世界,2023(12):69-72.

[8] 林健芳,林楚忠.以更大力度推进交通强省建设更好引领支撑保障广东高质量发展[N].中国交通报,2023-09-14(001).

[9] 张晓英.城乡融合区域协调共谱高质量发展协奏曲[N].青海日报,2024-01-27(010).

[10] 宋神友,陈伟乐,金文良,等.深中通道工程关键技术及挑战[J].隧道建设(中英文),2020,40(1):143-152.

[11] 陈楠枰,孔亚平.千锤百炼打磨生态旅游路[J].交通建设与管理,2020(2):14-19.

后 记

本书系统性研究和总结了在交通强国战略指引下,在整体上形成的深中通道工程管理新理念与新格局,以及战略性管理体系与管理着力点。

本书凝练了深中通道工程建设管理的复杂系统本质属性,从学理上厘清了运用复杂系统范式认识和应对深中通道工程管理复杂性问题的适用性与逻辑性,构建了相应的深中通道工程管理理论体系,明确了深中通道管理"四个一流"的全局性目标。

本书着重指出,由于当今科学技术的快速发展,科学技术越来越成为工程造物生产力中的重要组成部分,并在重大工程建设过程中转化为实际生产力;并且这一转化还会引起劳动资料、劳动对象和劳动者素质及其相互关联的社会性的深刻变革。

按此学理逻辑,深中通道建设生产力体系中,新的生产要素之间的变革与重构可以诱发或催化其中的科技要素的积极作用,具有这一属性特征的生产力已经不是传统意义上的生产力概念,而是一种重大工程建设的新质生产力。同时,重大工程建设过程中相应的各类社会关系则可以理解为与这类新质生产力相适应的生产关系,其中,工程产业链供应链一体化成为这一新质生产力的重要构件,并为深中通道建设提供了新动能。因此,深中通道产业链供应链管理实质上是对建构深中通道新质生产力的推动和打造。

以上内容对于更加全面、深刻地理解我国新时代交通行业重大工程高质量发展的内涵、落实交通强国实施路线具有积极的现实意义。

在研究过程中,深中通道管理中心与南京大学等高校组成的协同研究联盟相互合作、相互学习、共同探索、取长补短,表现出卓越的专业素养、勤奋的工作态度和严谨的科学精神,汇聚和涌现了许多当今重大工程建设管理实践与理论的智慧,所有这些都较充分地反映在本书的内容中。

除了本书作者,深中通道管理中心的王啟铜、陈越、金文良、许晴爽、刘迪、陈焕勇等,南京审计大学燕雪、东南大学朱建波、南京大学陶莎、南京航空航天大学时茜茜等也深入参与了本项目的研究工作和本书的写作。

深中通道管理中心有关部门及相关工程建设单位为本研究项目提供了重要的资料并组织了现场调研,给予了宝贵的支持与帮助,他们的宝贵经验与理论思考给了我们很多启发,对于他们的帮助和支持,我们在此表示最诚挚的感谢。

南京大学出版社领导及编辑团队对本书的高质量出版给予了极大的关心与支持,向他们表示衷心的感谢。

于 2024 年 6 月 30 日深中通道通车之日